utb 6324

Eine Arbeitsgemeinschaft der Verlage

Brill | Schöningh – Fink · Paderborn
Brill | Vandenhoeck & Ruprecht · Göttingen – Böhlau · Wien · Köln
Verlag Barbara Budrich · Opladen · Toronto
facultas · Wien
Haupt Verlag · Bern
Verlag Julius Klinkhardt · Bad Heilbrunn
Mohr Siebeck · Tübingen
Narr Francke Attempto Verlag – expert verlag · Tübingen
Psychiatrie Verlag · Köln
Ernst Reinhardt Verlag · München
transcript Verlag · Bielefeld
Verlag Eugen Ulmer · Stuttgart
UVK Verlag · München
Waxmann · Münster · New York
wbv Publikation · Bielefeld
Wochenschau Verlag · Frankfurt am Main

Stephan Kielblock

Kompass quantitative Forschung

Eine Navigationshilfe für die Erziehungswissenschaft

Verlag Barbara Budrich
Opladen & Toronto 2024

Der Autor:

Dr. Stephan Kielblock ist wissenschaftlicher Mitarbeiter am DIPF | Leibniz-Institut für Bildungsforschung und Bildungsinformation und lehrt an der Goethe-Universität Frankfurt am Main.

Bibliografische Information der Deutschen Nationalbibliothek
Die Deutsche Nationalbibliothek verzeichnet diese Publikation in der Deutschen Nationalbibliografie; detaillierte bibliografische Daten sind im Internet über https://portal.dnb.de abrufbar.

Gedruckt auf FSC®-zertifiziertem Papier. CO_2-kompensierte Produktion
Printed in Germany

utb-Bandnr.	**6324**
utb-ISBN	**978-3-8252-6324-9**
utb-e-ISBN	**978-3-8385-6324-4 (PDF)**
DOI	**10.36198/9783838563244**

Online-Angebote oder elektronische Ausgaben sind erhältlich unter www.utb-shop.de.

Druck: Elanders Waiblingen GmbH, Waiblingen
Satz: Michaela Moreels, Dillingen
Umschlaggestaltung: siegel konzeption | gestaltung
Titelbildnachweis: AbsolutVision/unsplash.com

Für Amina

Inhaltsverzeichnis

Vorwort

Angenommen, es gäbe Informationen, welche Sie in Ihrer praktischen Arbeit im Bildungsbereich unterstützen könnten. Wäre es da nicht sinnvoll, möglichst viele solcher Informationen zu kennen und anzuwenden? ‚Klar' sagen Sie nun sicherlich. Es ist aber nicht ganz so einfach: Viele dieser Informationen liegen in Form von wissenschaftlichen Publikationen vor, die sogenannte quantitative Forschungsmethoden nutzen. Sie müssen geschult darin sein, solche Publikationen zu lesen, um die relevanten Informationen verstehen und für Ihre Praxis nutzen zu können.

Das vorliegende Buch bietet Ihnen dafür die nötige Unterstützung. Sie lernen, sich in quantitativen Forschungsarbeiten zu orientieren, auf fundamentale Informationen zu achten und den Aufbau der jeweiligen Studie zu verstehen. Weiterhin vermittelt Ihnen das Buch ein konzeptionelles Verständnis der gängigen Analysemethoden. Wie die einzelnen Teile einer Publikation sich dann zu einem Big Picture zusammenfügen lassen, lernen Sie zum Abschluss dieses Buchs.

Kann man sich das Lesen von empirisch-quantitativen Publikationen nicht eigentlich sparen? Kann man nicht einfach das Fazit lesen, oder sich von Tools, die künstliche Intelligenz einsetzen, eine Zusammenfassung ausgeben lassen? – Nein! Entscheidend ist unsere kritische, kreative, emotionale und auf unsere soziale Welt ausgerichtete Auseinandersetzung mit den Forschungsarbeiten. Ziel ist, unser Denken zu schulen, damit uns Reflexionen, differente Interpretationen, differenzierte Kritik und solide Schlussfolgerungen gelingen. Dies ist unser persönlicher und einzigartiger Weg. Aufgrund unseres individuellen Hintergrunds und Kontextes finden wir unterschiedliche Facetten von Publikationen wichtig. Wir entwickeln eine persönliche Lesart komplexer empirisch-quantitativer Publikationen. Und dieses Buch bietet Ihnen einen Kompass, um diesen Weg sicher zu beschreiten.

Entstanden ist das Buch aus meiner langjährigen Erfahrung in der Vermittlung und Nutzung empirisch-quantitativer Forschungsmethoden. Bereits im Studium war ich Tutor für quantitative Forschungsmethoden und danach habe ich mehr als zehn Jahre Erfahrung in der ‚Quant'-Lehre auf Bachelor-, Master- und Promovierenden-Niveau gesammelt. Dabei habe ich mich stets für Einführungs- und Lehrbücher interessiert, aber natürlich auch weiterführende Bücher und Beiträge zu spezifischen Themen der empirisch-quantitativen Forschung gelesen. Einige Literaturempfehlungen zur weiteren Vertiefung sind am Ende dieses Buchs zu finden. Aus meiner Sicht fehlt eine grundständige Einführung, die über die Vermittlung der einfachsten Konzepte und Methoden hinausgeht und die Lesenden dezidiert darauf vorbereitet, mit empirisch-quantitativer Forschung auf dem allerhöchsten Niveau konfrontiert zu werden.

In meinen eigenen Forschungen spielen empirisch-quantitative Forschungsmethoden eine große Rolle. Ich nutze aktiv die in diesem Buch beschriebenen Vorgehensweisen, Konzepte und Methoden. Meine große Leidenschaft für die empirische Erforschung der Ganztagsschule habe ich in dieses Buch eingebracht, indem die 70 Beispiele aus dem Bereich der Ganztagsschulforschung stammen. Ich bin überzeugt, dass die – kohärent aus einem Themenbereich stammenden – Beispiele Ihnen helfen, die Anwendung der Konzepte und Methoden zu verstehen.

Für die Nutzung in Lehrveranstaltungen bietet sich das vorliegende Buch dezidiert an. Tatsächlich ist es aus einem Seminar-begleitenden Skript heraus entstanden. Es ist möglich, das Buch seminarbegleitend zu lesen und in den Sitzungen dann zur jeweiligen Fachrichtung passende empirisch-quantitative Texte zu besprechen. Einen Vorschlag zur Gliederung in zwölf Einheiten, sodass die Themen in einem Semester bearbeitet werden können, finden Sie am Ende dieses Buchs. Alle Themen bieten aber auch das Potenzial einer intensiveren Auseinandersetzung, sodass auch denkbar ist, das Buch in zwei Semestern zu bearbeiten.

Aufgrund der vielen konkreten Beispiele ist das Buch auch dazu geeignet, sich im Selbststudium damit auseinanderzusetzen, wie quantitative Studien gelesen, verstanden und genutzt werden können. Dies trifft nicht bloß auf Studierende der Erziehungswissenschaft zu. Im Prinzip kann das Buch zum Selbststudium von all jenen genutzt werden, die sich mit empirisch-quantitativen Publikationen auseinandersetzen wollen. Personen, die in der Bildungspraxis oder der Bildungsverwaltung evidenzbasiert arbeiten, finden mit diesem Buch eine wertvolle Navigationshilfe.

Die Entstehung des Buchs hat eine lange Vorgeschichte. Am Ende meines Studiums durfte ich Tutorien für die Vorlesung zu quantitativen Methoden von Prof. Dr. Ludwig Stecher geben. Danke, Ludwig, für die Vermittlung der Leidenschaft für die empirische Perspektive. Über die Jahre habe ich in meinen eigenen Lehrveranstaltungen viele Möglichkeiten der Vermittlung empirisch-quantitativer Inhalte im Kontext der Erziehungswissenschaft ausprobiert. Ich möchte all meinen Studierenden meinen Dank ausdrücken. Besonders möchte ich Timon Haas, Martina Schwind und Jennifer Robinson für ihr umfassendes Feedback danken. Auch meinen Kolleg:innen Amina Kielblock und Benjamin Herbert möchte ich ausdrücklich für die wertvollen Hinweise im Rahmen der Erstellung des Manuskripts danken. Barbara Budrich und Philip Bergstermann danke ich für die produktive Zusammenarbeit bei diesem Buchprojekt.

Nun wünsche ich eine spannende Lektüre und anknüpfend daran eine engagierte Auseinandersetzung mit empirisch-quantitativer Forschung.

Leun, im Mai 2024
Stephan Kielblock

A · Grundbegriffe und Kompass

Die quantitativen Methoden, die in diesem Buch behandelt werden, gehören zu den empirischen Methoden. Doch was bedeutet empirisch und quantitativ eigentlich? Wir werden zunächst einige Begriffe kennenlernen und uns mit der Vorgehensweise der empirisch-quantitativen Forschung vertraut machen.

Der Begriff *Empirie* stammt aus dem Altgriechischen und bedeutet Erfahrung. Empirische Methoden beziehen sich dementsprechend auf Sachverhalte, die wir durch Erfahrung begreifen können. Da die uns umgebenden erfahrbaren Dinge in einer bestimmten Beziehung (sprich: in einer bestimmten Relation) zueinanderstehen, spricht man hinsichtlich aller erfahrbaren Sachverhalte in der Fachsprache auch vom empirischen Relativ. Wir können dies einfacher ausdrücken, indem wir von der *empirischen Welt* sprechen. Wir meinen damit all das, was mit unserer menschlichen Wahrnehmung erfahrbar ist.

In der Vergangenheit war die pädagogische Forschung nicht immer empirisch ausgerichtet. Lange Zeit wurde mit Methoden geforscht, die eher der Philosophie oder der Auslegung von pädagogischen Texten zuzuordnen sind. Wenn Forschung im Bildungsbereich heute als empirisch bezeichnet wird, dann auch als Abgrenzung zu diesen eher philosophischen oder geisteswissenschaftlichen Strömungen pädagogischer Forschung.

Bereits in der zweiten Hälfte des 18. Jahrhunderts setzte sich Ernst Christian Trapp für eine empirische Herangehensweise in der pädagogischen Forschung ein. In den 1960er-Jahren (unter anderem durch Heinrich Roth) wurden die Stimmen für mehr empirische pädagogische Forschung lauter. Aber erst ab der Jahrtausendwende hat sich die empirische Forschung in der Erziehungswissenschaft in Deutschland auch in der Fläche verbreiten können. Heutzutage stellt die empirische Forschung die hauptsächliche methodische Vorgehensweise im Bereich der Erziehungswissenschaft dar.

Ein wichtiger methodischer Zugang der Erziehungswissenschaft ist die empirisch-*quantitative* Forschung. Der Begriff quantitativ bedeutet, dass man Zahlen nutzt, um die empirische Welt zu beschreiben. Die Zahlen sind dabei stellvertretend für bestimmte erfahrbare Sachverhalte in der empirischen Welt. Dies erlaubt es, eine ganze Menge (lateinisch: quantitas) an empirischen Sachverhalten gleichzeitig zu betrachten und zu analysieren.

Nicht selten werden in der öffentlichen Wahrnehmung die quantitativen Forschungsmethoden mit Statistik und Mathematik gleichgesetzt. Tatsächlich nutzen quantitative Methoden einige Vorteile der Zahlen aus und Statistik spielt dabei ebenfalls eine Rolle. Aber, wie in Abbildung 1 deutlich wird, umfasst quantitative Forschung mehr als statistische Berechnungen in der Welt der Zahlen.

Abbildung 1. Quantitative Forschung als doppelter Übersetzungsprozess

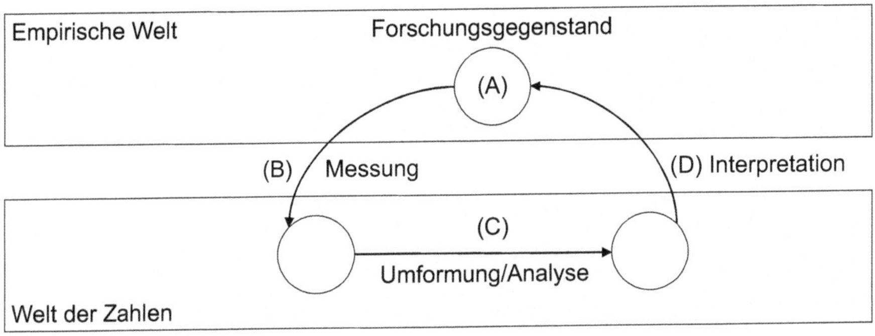

Quelle: Eigene Darstellung

Dies führt uns zum Verständnis der *quantitativen Forschung als doppeltem Übersetzungsprozess*. Wie in Abbildung 1 dargestellt beginnt die empirisch-quantitative Forschung mit der Auswahl eines spezifischen Teils der empirischen Welt als Forschungsgegenstand (vgl. A in Abbildung 1). Dieser Ausschnitt aus der empirischen Welt wird dann in die Welt der Zahlen übertragen, was die erste Übersetzung darstellt (vgl. B). Dieser Schritt wird als Messen bezeichnet. Die Welt der Zahlen hat einige Vorteile. Auch komplizierte Sortierungen und Analysen sind ohne weiteres möglich. Außerdem stehen gut entwickelte mathematische und statistische Werkzeuge zur Verfügung, um mit den Zahlen zu arbeiten (vgl. C). Das Ergebnis der Verarbeitung und Analysen der Zahlen sind in den meisten Fällen wiederum Zahlen. Diese liefern neue Erkenntnisse über die untersuchten Phänomene, indem sie einen anderen Blick oder eine andere Perspektive auf den ursprünglichen Ausschnitt aus der empirischen Welt erlauben (vgl. D). Diese zweite Übersetzung von der Welt der Zahlen zurück in die empirische Welt wird als Interpretation bezeichnet.

Einen Grundpfeiler empirisch-quantitativer Forschung im Bereich der Erziehungswissenschaft stellt die *Theorie und Praxis des Messens* dar. Forscher:innen in diesem Bereich sind überzeugt, dass man Einstellungen, Meinungen, Fähigkeiten, Fertigkeiten etc. von Personen im Prinzip genauso messen kann, wie man auch das Gewicht oder die Länge eines Objekts misst.

Beim Messen werden bestimmten empirischen Sachverhalten und Eigenschaften spezifische Zahlen zugeordnet. Dies geschieht aber nicht nach Belieben: Die Zuordnung basiert auf festgelegten Regeln, die sicherstellen, dass die Verhältnisse zwischen den Zahlen die Verhältnisse zwischen den empirischen Objekten sinnvoll und bestmöglich widerspiegeln. Zwei Arten des Messens können hier unterschieden werden: kategorial und metrisch.

Im einfachsten Fall werden Zahlen als Stellvertreter verwendet, um damit einzelne Individuen oder Gruppen von Individuen voneinander zu unterscheiden. Diese Variante des Messens, wird als *kategorial* bezeichnet. Unterschiedliche Zahlen kennzeichnen unterschiedliche Sachverhalte in der empirischen Welt; gleiche Zahlen kennzeichnen gleiche Sachverhalte.

Eine häufige Form der kategorialen Messung verfährt so, dass die Individuen, die hinsichtlich eines Merkmals gleich sind (beispielsweise Schüler:innen, die am Ganztagsbetrieb teilnehmen), alle dieselbe Zahl (beispielsweise „1") erhalten. Eine andere Gruppe von Individuen (beispielsweise Schüler:innen, die nicht am Ganztagsbetrieb angemeldet sind), erhalten eine andere Zahl (beispielsweise „0"). Die Zahlen können somit verwendet werden, um eine Gruppierung der Individuen vorzunehmen.

Eine zweite Art, wie Zahlen empirischen Sachverhalten zugeordnet werden können, ist, darauf zu achten, dass die Abstände zwischen den Zahlen sinnvoll und konsistent die Abstände bzw. die Relationen in der empirischen Welt abbilden. Diese Art der Messung wird als *metrisch* bezeichnet. Eine größere Zahl repräsentiert hinsichtlich eines Merkmals also eine intensivere beziehungsweise eine stärkere Ausprägung, während eine kleinere Zahl eine schwächere Ausprägung des betreffenden Merkmals bezeichnet.

Die metrische Messung besteht also aus festgelegten Regeln, nach denen Personen, bei denen ein Merkmal stark ausgeprägt ist (beispielsweise das prosoziale Verhalten), höhere Zahlenwerte zugewiesen werden. Andere Personen, bei denen das betreffende Merkmal schwächer ausgeprägt ist (die sich beispielsweise weniger prosozial verhalten), bekommen kleinere Zahlenwerte zugewiesen.

Die beschriebenen Grundprinzipien des Messens klingen zunächst einmal relativ einfach umzusetzen. Aber in der Praxis kann es etwas komplizierter werden. Die Einschätzungen der Personen, die uns über die Sachverhalte der empirischen Welt Auskunft geben, sind mal mehr und mal weniger treffsicher. Antworten können verzerrt sein: So hat eine Person vielleicht einen schlechten Tag, eine andere Person hingegen einen besonders guten, eine Person hat die Frage vielleicht nicht ganz verstanden und – dies kommt auch vor – es gibt vielleicht auch eine Person, die ganz und gar keine Lust auf die Bearbeitung noch eines Fragebogens hat und deswegen nicht aufmerksam auf die Fragen reagiert.

Mit anderen Worten: Quantitativ arbeitende Forschende rechnen stets damit, dass Messungen in weiten Teilen korrekt sind, dass es teils aber Verzerrungen – sogenannte *Messfehler* – gibt. Die Messfehler werden im Rahmen komplexer Analysen abgeschätzt und so können verlässliche Ergebnisse generiert werden.

Die Praxis der Messung bringt noch weitere Herausforderungen mit sich. Eine davon betrifft die Stabilität des Messvorgangs. Wenn wir eine Messung hinsichtlich eines Merkmals durchführen, und wenn wir davon ausgehen, dass sich das

Merkmal in den nächsten zwei Wochen nicht ändert, dann müsste sich das Merkmal in exakt der gleichen Weise in zwei Wochen messen lassen. Die Frage ist: Erhalten wir dann dasselbe Ergebnis? Bei einer guten Messung müsste dies der Fall sein. Man spricht dabei von der Zuverlässigkeit der Messung. In der Fachsprache heißt dies *Reliabilität*. Die Reliabilität ist ein wichtiges Gütekriterium der Messung. Ohne zuverlässige Messungen wäre die quantitative Forschung im Bereich der Erziehungswissenschaft sinnlos.

Reliabilität bedeutet aber nicht, dass die Messung auch inhaltlich korrekt ist. Es ist möglich, ein Merkmal mehrfach inhaltlich falsch zu messen. Sofern wir mit einem reliablen Messinstrument messen, erhalten wir gleiche Werte und vertrauen der Zuverlässigkeit. Aber wir müssen darüber hinaus fragen: Messe ich wirklich, was ich eigentlich messen will? Dies ist die Frage der *Validität*. Auch die Validität ist ein wichtiges Gütekriterium.

In der Praxis des Messens kommen weitere Schwierigkeiten hinzu, wie etwa, ob das Ergebnis einer Messung davon abhängt, welche Forscher:in die Messung vornimmt. Man spricht auch von der nötigen *Intersubjektivität* (selten auch als ‚Objektivität' bezeichnet). Oder es stellt sich die Frage, ob das Ergebnis einer Messung von bestimmten Eigenschaften der beforschten Personen abhängt. In diesem Fall wäre das Gütekriterium der *Fairness* der Messung verletzt.

Ohne an dieser Stelle genauer ins Detail gehen zu können und ohne an dieser Stelle bereits Lösungen der aufgezeigten Herausforderungen anbieten zu wollen, sollte deutlich geworden sein, dass die Messung in der quantitativen erziehungswissenschaftlichen Forschung klaren Prinzipien und Gütekriterien folgt.

Publikationen von empirisch-quantitativen Studien im Bereich der Erziehungswissenschaft haben einen ganz bestimmten Aufbau. Wer diesen Aufbau durchschaut, findet die relevanten Informationen schneller und kann leichter bestimmte Details der jeweiligen Studie herausfinden und in der Publikation navigieren. Daher lohnt es sich, etwas Zeit darauf zu verwenden, die Struktur empirisch-quantitativer Publikationen zu verstehen.

Ausgangspunkt der Überlegungen ist der *Forschungsprozess* im Bereich empirisch-quantitativer Forschung. Dahinter steht die Vorstellung, dass die Publikation einer empirischen Forschung die Schritte des Forschungsprozesses dokumentiert.

Zur Vorgehensweise beim Forschen mit quantitativ-empirischen Methoden gibt es in der Literatur viele Schritt-für-Schritt-Anleitungen. Manche sind sehr detailliert und dadurch schwer zu durchschauen. Manche sind eher skizzenhaft und bieten dadurch nur wenig Orientierung. Wir wollen uns den Forschungsprozess in einem Auflösungsgrad ansehen, der besonders geeignet ist, um die allgemeine Struktur der Vorgehensweise nachzuvollziehen (Abbildung 2).

Abbildung 2. Der Forschungsprozess

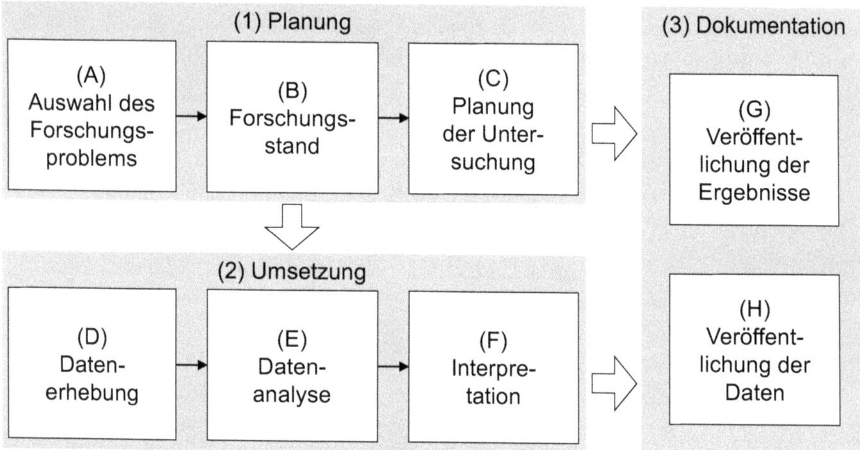

Quelle: Eigene Darstellung

Die Grobstruktur des Forschungsprozesses zeigt, dass jede Art von empirisch-quantitativer Forschung in der Erziehungswissenschaft (1) zunächst gut geplant werden muss, bevor es (2) mit der Umsetzung der Forschung losgehen kann und abschließend (3) die Vorgehensweise sowie die Ergebnisse und Daten veröffentlicht werden.

Schauen wir uns zunächst die Phase der Planung (1) genauer an. Im Bereich quantitativ-empirischer Forschung ist eine gute Planung besonders wichtig. Forschende legen durch ihre begründeten Entscheidungen fest, welcher Ausschnitt aus der empirischen Welt fokussiert wird und welche Merkmale aus der empirischen Welt in die Betrachtung einbezogenen werden sollen. Fokus und Zuschnitt der Studie werden in der Planungsphase festgelegt. Daher ist diese für die Qualität der gesamten Forschung essenziell.

Die Planungsphase beginnt mit der Auswahl des Forschungsproblems (A). Das heißt: Es wird ein konkretes Thema gewählt, das bearbeitet werden soll. Es gibt unterschiedliche Möglichkeiten, wie diese Auswahl stattfinden kann. Für uns, die wir daran interessiert sind, Studien zu lesen, zu verstehen und zu nutzen, ist diese Information durchaus nützlich: Wer gibt warum Geld für diese Studie aus; wer verfolgt welches Interesse mit der Studie?

Eine sehr häufige Variante ist, dass eine Geldgeber:in Geld (Fördermittel) für die Forschung zu einem bestimmten Thema in Aussicht stellt. Diese sogenannten Ausschreibungen macht beispielsweise das Bundesministerium für Bildung und Forschung (BMBF). Das BMBF fördert viele Forschungen in der Erziehungswissenschaft. Dies wird als Auftragsforschung bezeichnet. Besonders aktiv sind in diesem Bereich aber auch Stiftungen. Hierzu zählen beispielsweise die Deutsche Telekom Stiftung, die Bertelsmann Stiftung, die Dieter Schwarz Stiftung, die Joachim Herz Stiftung, die Montag Stiftung Jugend und Gesellschaft, die Robert Bosch Stiftung, die Siemens Stiftung, die Stiftung Mercator und die Wübben Stiftung. Wurde eine Forschung gefördert, muss dies (eigentlich) in Publikationen kenntlich gemacht sein. Obwohl die Forschung im Prinzip frei ist, haben Geldgeber:innen doch einen nicht unerheblichen Einfluss darauf, zu definieren, was für relevant gehalten wird und was nicht. Daher ist es sinnvoll, beim Lesen von Publikationen auf etwaige Hinweise auf Geldgeber:innen zu achten.

Eine andere Variante ist, dass die Forschenden selbst das Forschungsproblem definieren. Dies geschieht beispielsweise bei Promovierenden. Nachwuchswissenschaftler:innen entscheiden sich für ein Thema, um sich in diesem Bereich weiterzuqualifizieren. Zu beachten ist, dass auch hier eine finanzielle Abhängigkeit bestehen kann, denn Promovierende arbeiten entweder an einem bestimmten Forschungsinstitut und/oder erhalten von Geldgeber:innen ein Stipendium. Es kann sich daher lohnen, diesen Hintergrund der Studienautor:innen zumindest wahrzunehmen. Mit etwas Erfahrung und Übung entwickeln wir einen Blick dafür, was für Perspektiven aus bestimmten Institutionen zu erwarten sind und was für Forschungsthemen bestimmte Geldgeber:innen favorisieren.

Nachdem das Forschungsproblem eingegrenzt ist, geht es daran, das Thema aufzubereiten (B). Ganz allgemein gesprochen geht es in diesem Schritt darum, dass die Forschenden das relevante Wissen zum Thema zusammentragen und synthetisieren. So entsteht ein Forschungsstand, der theoretische Anteile hat: Welche sind im Prinzip die relevanten Faktoren, die es zu betrachten gilt, und wie stehen sie zueinander? Außerdem wird im Rahmen des Forschungsstands gefragt: Welche empirischen Forschungsbefunde gibt es zum Thema bereits? Ergebnis dieses Schritts ist ein möglichst klares Bild der relevanten Aspekte und Merkmale – hinsichtlich der im Fokus stehenden Gruppe von Individuen (z. B. Grundschüler:innen) – zu bekommen. Damit wird deutlich, worauf der Schwerpunkt bei der Planung der Untersuchung zu legen ist. Und in so manchem Fall erübrigt sich bei genauer Recherche ggf. die empirische Studie, da bereits andere Forscher:innen hinreichende Forschungsergebnisse zu dem jeweiligen Forschungsproblem veröffentlicht haben.

Der Schritt der Planung der Untersuchung (C) baut auf dem Forschungsstand auf. Hier wird weiter spezifiziert und herausgearbeitet, was genau untersucht werden soll. Da hier die zu untersuchenden Merkmale in verschiedene Aspekte aufgegliedert (‚spezifiziert') werden, spricht man auch von der Konzeptspezifikation. Ist die Spezifikation hinreichend genau, überlegen Forscher:innen, wie die verschiedenen, relevanten Teilaspekte gemessen werden. Dies kann durch etablierte Messinstrumente erfolgen und teils ist aber auch die Entwicklung neuer Messinstrumente nötig. Der Fachbegriff hierfür ist Operationalisierung, was so viel heißt wie „messbar machen".

Ebenfalls mit der Planung der Untersuchung hängt folgende Vorstellung zusammen: Die Merkmale, die untersucht werden sollen (beispielsweise das Sozialverhalten in der Schule), können an ganz bestimmten Träger:innen dieser Merkmale (beispielsweise an Schüler:innen) beobachtet beziehungsweise von ihnen erfragt werden. Oder die Merkmale können von anderen Informand:innen in Erfahrung gebracht werden (beispielsweise die Lehrer:innen, die über das wahrgenommene Sozialverhalten der Schüler:innen Auskunft geben). Damit hängt folgende Frage zusammen, die Ebenfalls im Rahmen der Planung der Untersuchung festzulegen ist: Welche Individuen müssen nun genau beforscht werden (Stichprobe)?

Zur Planung der Untersuchung gehört weiterhin, das Forschungsdesign der empirischen Datenerhebung und -analyse festzulegen. Hierbei geht es beispielsweise darum, ob es für die Beantwortung der Fragestellung ausreichend ist, ein einziges Mal zu einem ganz bestimmten Zeitpunkt Daten zu erheben (*querschnittliches Forschungsdesign*), oder ob nicht die Individuen über die Zeit hinweg mehrfach untersucht werden müssen, um Entwicklungen, Veränderungen und ggf. Wirkungen mit den Daten abbilden zu können (*längsschnittliches Forschungsdesign*).

Zur Planung der Untersuchung zählt auch, das Vorhaben von unabhängigen Stellen prüfen zu lassen. Dies ist im erziehungswissenschaftlichen Kontext in Deutschland noch nicht flächendeckende Praxis, wird aber zunehmend wichtig. Einerseits überprüfen Ethikkommissionen die geplanten Studien hinsichtlich der Qualität, der guten wissenschaftlichen Praxis und der Sicherung des *Datenschutzes*. Zudem nehmen insbesondere im Bereich der Schulforschung die genehmigenden Stellen in den Ministerien der Bundesländer ebenfalls eine Prüfung und Freigabe der jeweiligen Studie vor.

Gehen wir nun dazu über, die Phase der Umsetzung (2) genauer anzusehen. Die Umsetzung der empirisch-quantitativen Studie umfasst zunächst die Erhebung von Daten (D). Der Aufwand, der mit der Umsetzung der Datenerhebung einhergeht, variiert, je nachdem, wie komplex die Messinstrumente sind und wie umfassend der Stichprobenplan ist. Es kommt darauf an, an welchen und wie vielen Individuen die Messung durchgeführt werden soll und ob dies mehrmals zu unterschiedlichen Zeitpunkten geschehen muss. Die Forscher:innen sind in dieser Phase besonders gefordert, da hier die Daten gesammelt werden, mit denen hinterher gearbeitet wird. Je besser die empirischen Daten sind, umso besser sind die Möglichkeiten mit ihnen relevante Schlüsse auf die empirische Welt zu ziehen.

Ein Aspekt, der sich hinter dem Schritt der Datenerhebung verbirgt, ist, dass die Daten nicht bloß gesammelt, sondern auch gespeichert und aufbereitet werden müssen. Bei einer digitalen Befragung ist dies vergleichsweise leicht umzusetzen. Umfragesoftware für digitale Befragungen (wie beispielsweise LimeSurvey, SurveyMonkey) bietet häufig auch direkt Möglichkeiten der vorübergehenden Datenspeicherung und einer ersten Datenaufbereitung. Anders sieht dies aus, wenn beispielsweise eine Befragung mit einem Papier-basierten Fragebogen durchgeführt wird. Forscher:innen müssen strikt organisieren, wie Fragebögen, die schon in den Computer übertragen wurden, von solchen unterschieden werden, die noch nicht übertragen wurden. Wenn sich eine Angabe im Computer als seltsam oder als offenbar falsch erweist, wie findet man dann genau diesen Fragebogen wieder, um die Angabe nochmals prüfen zu können? Mit solchen und noch mehr Fragen sind Forschende bei der Datenerfassung konfrontiert.

Der nächste Schritt ist die Datenanalyse (E). Für einfache Umsortierungen und Beschreibungen ist ein tabellenverarbeitendes Computerprogramm wie Microsoft Excel ausreichend. Für komplexere Berechnungen und Analysen werden IBM SPSS und teils auch R genutzt. Für hoch komplexe und robuste Analysen wird auf Mplus, Stata oder R zurückgegriffen. Dies sind die verbreitetsten Computerprogramme.

Bei der Datenanalyse gehen Forschende so vor, wie zuvor geplant (vgl. C). Aber je tiefer man die zu analysierenden empirisch-quantitativen Daten kennenlernt, umso eher kommt es vor, dass von dem ursprünglichen Plan abgewichen werden muss. Wichtig ist, bei den Analysen den Blick für den aufbereiteten Forschungsstand (vgl. B) nicht zu verlieren und transparent zu dokumentieren, wie man vorgegangen ist.

Wie bereits betont wurde, ist es wichtig, die Zahlen wieder auf die empirische Welt zurück zu beziehen. Denn für empirisch-quantitativ Forschende sind die Daten nicht einfach nur Zahlen, sondern sie stehen stellvertretend für ganz bestimmte Sachverhalte in der empirischen Welt. Jede Zahl im Datensatz hat eine bestimmte Bedeutung und eine Entsprechung in der empirischen Welt. Das heißt, dass auch die Zahlen, die als Ergebnis der Analyse herauskommen, in ihrer ganz konkreten Bedeutung erfasst werden müssen – dies ist der Schritt der Interpretation der Ergebnisse (F). Nicht selten wird dieser Schritt im Team durchgeführt, oder zumindest stellt man seine Ergebnisse anderen Wissenschaftler:innen vor, um Feedback zu den Interpretationen der Zahlen zu erhalten. Dies kann beispielsweise auch im Rahmen von wissenschaftlichen Tagungen geschehen.

Zuletzt vergegenwärtigen wir uns die Phase der Dokumentation (3). Wissenschaft macht es erforderlich, dass die Forschungsergebnisse nicht nur produziert, sondern auch publiziert (G) werden. Die wissenschaftlich arbeitenden Kolleg:innen müssen Gelegenheit haben, die Studie im Ganzen (inklusive Forschungsstand, Untersuchungsplanung, Ergebnisse und den Interpretationen der Ergebnisse) zu lesen und kritisch zu prüfen.

Die Publikation in wissenschaftlichen Zeitschriften ist besonders hervorzuheben als Möglichkeit, die Vorgehensweise und Ergebnisse transparent zu machen. Wissenschaftliche Zeitschriften legen Wert darauf, dass nur hochwertige Beiträge zur Veröffentlichung zugelassen werden. Hierbei kommt häufig ein Peer-Review-Verfahren zum Einsatz, bei dem das Manuskript, das zur Veröffentlichung eingereicht wurde, zunächst von zwei unabhängigen Wissenschaftler:innen begutachtet wird. Ein solches Peer-Review setzen beispielsweise folgende große erziehungswissenschaftliche Fachzeitschriften im deutschsprachigen Raum ein: Zeitschrift für Erziehungswissenschaft (ZfE), Zeitschrift für Pädagogik (ZfPäd), Zeitschrift für Bildungsforschung (ZBF), Zeitschrift für Soziologie der Erziehung und Sozialisation (ZSE), oder Journal für Bildungsforschung Online (JERO).

Doch auch unter Beiträgen mit Peer-Review gibt es Qualitätsunterschiede, aber sie sind nicht so groß, wie in offeneren Publikationsorganen ohne anonyme Begutachtung (wie in den meisten Herausgeber:innenbänden, Berichten etc.). Wir achten daher bei den Publikationen, die wir lesen, darauf, ob ein Peer-Review zum Einsatz kam.

Ein weiterer Punkt bezüglich der Transparenz im Wissenschaftssystem ist, auch die Daten der Erhebung (inklusive aller nötigen Informationen für die Zweitnutzung) zur Verfügung zu stellen (H). Besonders wichtig für die Sammlung und langfristige Bereitstellung von Daten ist das Forschungsdatenzentrum (FDZ) Bildung. Während dies bislang eher die Ausnahme war, setzt sich zunehmend durch, empirisch-quantitative Daten zu veröffentlichen. Der Vorteil dabei ist – neben der Nutzung der Daten durch andere Forschende –, dass man sich als Forscher:in aufgefordert fühlt, noch akribischer den Forschungsprozess zu dokumentieren. So wird Forschung transparenter und dadurch auch besser.

Kommen wir nun zu konkreten *Vorgaben zur Struktur empirisch-quantitativer Publikationen*. Was eine geeignete Form ist, um den Forschungsprozess und die Ergebnisse in Veröffentlichungen zu dokumentieren, darüber gibt es durchaus unterschiedliche Meinungen. Wenn ältere mit jüngeren empirisch-quantitativen Arbeiten zu erziehungswissenschaftlichen Themen verglichen werden, wird deutlich, dass sich die Darstellung etwas gewandelt hat.

Heutzutage gibt es spezielle Gremien, die sich Gedanken dazu machen, welche Abschnitte Publikationen haben sollten und welche Aspekte der Analyse wie zu berichten sind. Die Schreibenden haben dadurch einen Leitfaden, der vorgibt, was wie darzulegen ist. Den Lesenden von wissenschaftlichen Studien bietet dies eine verlässliche Vorstellung davon, welche Informationen wo in welcher Form zu erwarten sind.

Eine der umfassendsten und für die Erziehungswissenschaft wichtigen Leitlinien bietet das Publikationsmanual der American Psychological Association (APA). Für Wissenschaftler:innen ist dieses Manual zentral, da viele wissenschaftliche Fachzeitschriften Manuskripte im APA-Format verlangen. Dabei bezieht sich APA-Format nicht nur auf die Zitierweise. Das APA-Publikationsmanual bietet zu nahezu allen Details von Veröffentlichungen konkrete Vorschläge.

Die Details der APA-Richtlinien sind für uns hier nicht so entscheidend. Wichtig ist aber zu wissen, dass im Bereich empirisch-quantitativer erziehungswissenschaftlicher Forschung die APA-Richtlinien weit verbreitet sind. Das Grundgerüst für den Aufbau empirisch-quantitativer Publikationen sollten wir uns daher genauer ansehen.

Wie in Tabelle 1 abgelesen werden kann, bieten bereits Titel und Zusammenfassung (sprich: die Kurzzusammenfassung beziehungsweise das Abstract, insbesondere bei Zeitschriftenartikeln) relevante Informationen, worum es voraussichtlich geht. Die Struktur des eigentlichen Beitrags ist in vier Teile untergliedert. Die Einleitung belegt die Wichtigkeit des Forschungsproblems, präsentiert den Forschungsstand und endet mit den Hypothesen und/oder den Forschungsfragen, die durch die empirische Studie bearbeitet werden sollen. Im deutschsprachigen Raum finden sich häufig unterschiedliche Kapitel für Einleitung und Forschungsstand. In manchen Fällen werden sogar Forschungsfragen bzw. Hypothesen in einem separaten Kapitel hergeleitet – oder sie werden zu Anfang des darauffolgenden Methodenkapitels präsentiert. Der grundsätzliche Ablauf ist aber immer gleich: Wichtigkeit des Forschungsproblems, Forschungsstand und dann die Forschungsfrage(n) bzw. die Hypothese(n).

Tabelle 1. Aufbau empirisch-quantitativer Publikationen

Element des Beitrags	Inhalt
Titel	Forschungsproblem; Hauptvariablen sowie deren Beziehung zueinander
Zusammenfassung	Forschungsproblem; Stichprobe; Methode; Ergebnisse; Fazit
Einleitung	Wichtigkeit des Forschungsproblems; Forschungsstand; Hypothesen und deren Beziehung zur Untersuchung
Methode	Beschreibung, Ziehung und Güte der Stichprobe; (Qualität der) Messinstrumente; Analysestrategie
Ergebnisse	Informationen zu fehlenden Werten; umfassende Beschreibung der Variablen; komplexe Analysen
Diskussion	Rückbezug zu Hypothesen/zum Forschungsstand; Interpretation der Ergebnisse; Limitationen; Implikationen

Quelle: Eigene Darstellung; orientiert an APA (2020; 7. Aufl.)

Darauf folgt der Methodenteil, der – gemäß APA-Vorgaben – die Stichprobe genauer beschreibt. Hier sollten einerseits Informationen gegeben werden zur Konstruktion und Planung der Stichprobe. Andererseits sollte aber auch die realisierte Stichprobe beschrieben werden. Außerdem sollten die Erhebungsinstrumente, die im Ergebnisteil vorkommen, beschrieben werden. Und der Abschnitt Methode enthält eine Übersicht über die verwendete Analysestrategie.

Der Ergebnisteil ist nicht so leicht zu standardisieren, weil der Aufbau von den eingesetzten Methoden abhängt. Trotzdem machen die APA-Richtlinien hier eine Vielzahl konkreter Vorschläge. Einige der besonders wichtigen sind in Tabelle 1 aufgeführt. Bei der Datenerhebung kommt es oft vor, dass Individuen, die eigentlich befragt oder beobachtet werden sollten, nicht teilnehmen oder dass die Daten nicht vollständig sind. Man bezeichnet dies als fehlende Werte, oder auch als Missings. Wie viele davon im Datensatz vorkommen und wie damit umgegangen wurde, ist wichtig in der Publikation zu beschreiben. Daraufhin sind die betrachteten Merkmale (Variablen) zunächst einmal einzeln zu beschreiben. Und von dort aus werden dann immer komplexere Methoden beschrieben, bis hin zur eigentlich interessierenden Analyse.

Als letztes gibt es ein Diskussionskapitel. Es liefert die Interpretationen zu den im Ergebnisteil präsentierten Werten. Im Diskussionskapitel werden die Erkenntnisse zurück auf die ursprüngliche(n) Fragestellung(en) und den Forschungsstand bezogen. Weiterhin werden Limitationen angegeben. Keine Datenerhebungs- und Analysemethode ist perfekt, und die ‚blinden Flecken' der eingesetzten Methoden limitieren die Aussagekraft der Studie, was hier reflektiert wird. Abgeschlossen wird eine empirisch-quantitative Publikation mit den Implikationen. Sprich: Was folgt aus den Ergebnissen für die Bildungspraxis, Bildungsadministration (Politik, Verwaltung, etc.) und für weitere Forschungen im interessierenden Bereich?

Wir müssen damit rechnen, dass Publikationen, die empirisch-quantitative Forschungsergebnisse in unserem Interessensgebiet präsentieren, sehr komplex und fachlich wie auch methodisch auf einem hohen Niveau sind. Eine solche Publikation lässt sich nur schwer Zeile-für-Zeile und Wort-für-Wort lesen. Wir brauchen eine etwas anderer Strategie, um uns die zentralen Inhalte zu erarbeiten. Wir brauchen einen *Kompass zur Navigation*!

Beim Lesen empirisch-quantitativer Publikationen springen wir zwischen den Abschnitten hin und her, um alle relevanten Informationen – die für die Interpretation nötig sind – aus dem Text zu extrahieren. Dafür müssen wir wissen, wo welche Informationen in einer Publikation zu erwarten sind. Mit anderen Worten: Es ist nötig in der Publikation zu navigieren.

Vergleicht man den zuvor beschriebenen Forschungsprozess und die Vorgaben zum Aufbau von empirischen Publikationen gemäß APA, so wird deutlich, dass sich die Struktur des Forschungsprozesses in den Empfehlungen zum Aufbau der Publikationen abbildet. Offenbar werden die Schritte des Forschungsprozesses in der jeweiligen Publikation genau dokumentiert. Wir – die wir solche Publikationen lesen, verstehen und nutzen wollen – orientieren uns stets an dieser Struktur, die wir als einen Kompass betrachten können (Abbildung 3). Er visualisiert den idealtypischen Aufbau empirisch-quantitativer Publikationen.

Abbildung 3. Kompass für empirisch-quantitative Publikationen

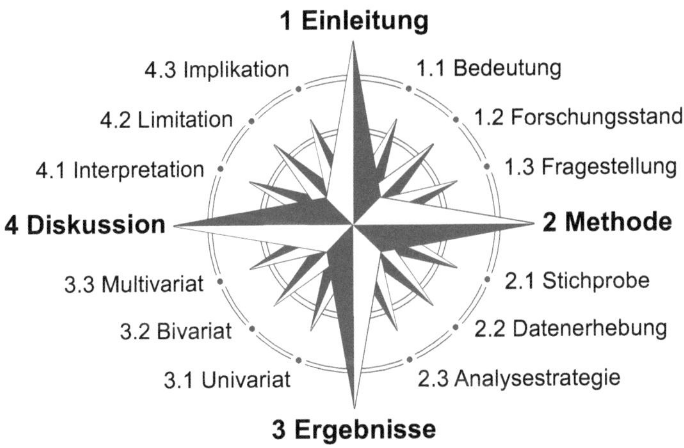

Quelle: Eigene Darstellung

Die Hauptnavigation sind die Einleitung, Methode, Ergebnisse und Diskussion. In vielen Publikationen sind dies die Hauptüberschriften bzw. die erste Überschriftenebene. Wenn wir anfangen, uns mit einer Publikation auseinanderzusetzen, dann ist der erste Durchgang stets eine Orientierung auf dieser Ebene der Hauptnavigation.

Wir sollten diese Struktur zunächst im Text wiedererkennen, bevor wir uns tiefergehend mit den Inhalten der Publikation auseinandersetzen. Allerdings dürfen wir uns nicht beirren lassen, wenn beispielsweise die Einleitung (laut Kompass) in der Publikation zwei separate Kapitel (Einleitung und Forschungsstand) umfasst. Die in Abbildung 3 dargestellten, dazwischen liegenden Schritte (z. B. bezogen auf die 1 Einleitung: 1.1 Bedeutung, 1.2 Forschungsstand und 1.3 Fragestellung) helfen uns dabei, die Grundstruktur wiederzuerkennen.

Beispiel 1

Um dies einmal auszuprobieren, nehmen wir die empirische Publikation von Arnoldt (2021) zum Thema der Teilnahme an außerunterrichtlichen Angeboten und deren Nutzen für die Entwicklung der Schüler:innen in der Sekundarstufe I. Wenn wir uns das erste Mal dieser Publikation widmen, so vergegenwärtigen wir uns zunächst den Aufbau: Nach dem Titel findet sich eine kurze Zusammenfassung des gesamten Beitrags. Dann folgen fünf größere Abschnitte: 1. „Thematische Rahmung und Forschungsstand“, 2. „Fragestellung und Methode“, 3. „Zusammenhang zwischen Nutzergruppe und Entwicklung der Mathematiknote“, 4. „Zusammenhang zwischen Nutzergruppe und Entwicklung des prosozialen Verhaltens“ und 5. „Fazit“.

Legen wir nun unseren Kompass (Abbildung 3) zugrunde, und schauen wir zunächst nur auf die Struktur der Hauptnavigation, so finden wir die Abfolge der einzelnen Kompassrichtungen in der Überschriftenebene 1 wieder: Eine Einleitung im Sinne einer theoretischen Rahmung und des Forschungsstands gibt es. Die genauere Eingrenzung der Fragestellung – die laut Kompass noch zur „(1) Einleitung“ gehört – findet sich allerdings in einem neuen Abschnitt. D. h., die ‚Linie‘ zwischen den Kompassrichtungen „(1) Einleitung“ und „(2) Methode“ verläuft in diesem Fall mitten durch den Abschnitt 2 „Fragestellung und Methode“. Die genaue Stelle finden wir leicht: Im Absatz, der wie folgt beginnt, finden sich offenbar bereits erste Erklärungen zur verwendeten Methode und speziell zu den verwendeten Daten: „Der Fragestellung soll mithilfe der Daten der StEG-Teilstudie Bildungsorte [...] nachgegangen werden. Herangezogen werden [...]“ (Arnoldt, 2021, S. 64). Dieser Teil gehört offenbar schon zur Kompassrichtung „(2) Methode“. Die beiden Abschnitte zum Zusammenhang zwischen Nutzergruppe und Entwicklung der Mathematiknote bzw. des prosozialen Verhaltens sind beide Ergebniskapitel. Und das abschließende Kapitel heißt nicht ‚Diskussion‘, sondern ‚Fazit‘.

Damit haben wir uns eine gute Übersicht verschafft. Ggf. könnte es sich für Sie als nützlich erweisen, die gefundene Struktur in die Publikation – mittels Trennlinien und Beschriftungen – einzuzeichnen. So finden Sie sich besser zurecht und können souverän in der Struktur der Publikation navigieren.

Bei diesem Beispiel sehen wir, dass nicht alle Abschnitte immer in gleicher Weise beschriftet und nicht immer perfekt am idealen Platz sind. Aber sie befinden sich zumindest in der Nähe und zumeist in der Reihenfolge, in der man sie anhand des Kompasses erwarten würde. Jede empirisch-quantitative Publikation im Bereich der Erziehungswissenschaft folgt im Prinzip dem Ablaufschema: Nach allgemeinen Aspekten zum Thema, wird der Forschungsstand präsentiert. Daraus werden konkrete Fragestellungen (und ggf. zudem Hypothesen) abgeleitet. Es folgt die Methode und dann eine Beschreibung der Ergebnisse. Abschließend gibt es ein interpretierendes bzw. reflektierendes Kapitel.

Insgesamt unterstützt uns der Kompass (Abbildung 3) beim Lesen und beim Herausarbeiten relevanter Informationen aus empirisch-quantitativen Publikationen. Was genau unter allen einzelnen Richtungen – Einleitung, Methode, Ergebnisse, Diskussion – auf dem Kompass zu verstehen ist, werden wir in den nachfolgenden Kapiteln lernen.

B · Navigation in der quantitativen Publikation

1 Einleitungsteil

In einer empirisch-quantitativen Publikation stellt die Einleitung die Rahmung dar (vgl. Kompass, Abbildung 3, S. 25). Mit Einleitung ist der Teil gemeint, der vor der Erläuterung der empirischen Vorgehensweise bzw. Methode kommt. Die Einleitung enthält Erläuterungen zur Bedeutung des Themas, zum – der Publikation zugrunde liegenden – Forschungsstand sowie zur Fragestellung.

Die Untergliederung der Einleitung mittels Zwischenüberschriften kann in Publikationen variieren. Der grundsätzliche Ablauf – Bedeutung, Forschungsstand, Fragestellung – ist aber im Prinzip immer gleich. Daher schauen wir uns diese Teile im Folgenden genauer an.

Es wurde bereits erwähnt, dass Forschende in einer empirisch-quantitativen Publikation einen kleinen, abgegrenzten und ganz konkreten Ausschnitt aus der empirischen Welt auswählen. Es werden in erziehungswissenschaftlichen Studien stets bestimmte Merkmale und ihr Zusammenspiel miteinander fokussiert. Und dabei werden Individuen in einer ganz bestimmten Phase in ihrem Lebenslauf in den Fokus gestellt. Dies ist mit „(C) Konkreter Ausschnitt“ in Abbildung 4 gemeint. Der Kreis in Abbildung 4 symbolisiert einen kleinen Ausschnitt aus den vielfältigen Möglichkeiten der empirischen Welt.

Abbildung 4. Forschungsfeld und Ausschnitt aus der empirischen Welt

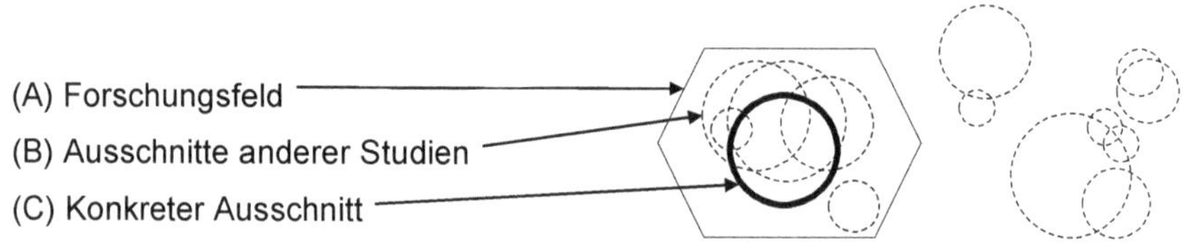

Quelle: Eigene Darstellung

Solche Ausschnitte aus der empirischen Welt werden von unterschiedlichen Studien immer leicht anders gewählt. Verschiedene Forscher:innen interessieren sich für unterschiedliche Dinge – selbst wenn sie grob zum gleichen Thema forschen. Wenn nun in jeder bereits publizierten Studie ein leicht unterschiedlicher Ausschnitt gewählt wurde, dann gibt es eine Vielzahl solcher Ausschnitte aus der empirischen Welt, die in Untersuchungen bereits bearbeitet wurden. Diese Ausschnitte sind nicht deckungsgleich – haben teils aber Schnittmengen. Manche Studien wählen einen größeren Ausschnitt – andere einen kleinen. Manche fokussieren eher dies – manche eher jenes. Dies ist mit „(B) Ausschnitte anderer Studien" in Abbildung 4 gemeint und als gestrichelte Kreise symbolisiert.

Verschiedene Publikationen, die sich thematisch ähneln, bilden zusammengenommen ein Forschungsfeld (A in Abbildung 4). Etwas alltagssprachlicher könnte man auch vom ‚groben' Bereich der empirischen Welt, zu dem empirisch geforscht wird, sprechen. Eine bestimmte Studie hat also stets eine gewisse Position innerhalb des Forschungsfeldes.

In einer Publikation schreitet die Argumentation in der Einleitung vom Allgemeinen (Forschungsfeld) zum Konkreten (konkreter Ausschnitt) vor. Dies deutet die Reihung der Buchstaben (A), (B) und (C) in der Abbildung 4 an.

Zu Anfang wird das Forschungsfeld insgesamt überblickt. Es wird die Information gegeben, worum es eigentlich geht und inwiefern das Thema bedeutsam ist. Das heißt, wir erwarten am Anfang der Einleitung in einer empirisch-quantitativen Publikation einige grundsätzliche Hinweise zur Bedeutung des Forschungsfeldes, in dem die Publikation verortet ist.

Dann werden die bereits in anderen Publikationen bearbeiteten Ausschnitte aus der empirischen Welt referiert, was als Forschungsstand bezeichnet wird. Die verschiedenen Publikationen im relevanten Forschungsfeld sollte die Forscher:in zur Kenntnis genommen haben, bevor sie mit der eigenen Studie loslegt: Entsprechend wird dies im Forschungsstand dokumentiert, dass die bereits in früheren Studien analysierten relevanten Ausschnitte aus der empirischen Welt zur Kenntnis genommen wurden.

Und daraus wird dann die eigentliche Fragestellung abgeleitet. Mit der Festlegung der Fragestellung(en) geht eine Fokussierung auf einen bestimmten Ausschnitt aus der empirischen Welt einher. Insbesondere hier sind wir als Leser:innen empirischer Studien besonders aufmerksam, da an dieser Stelle in der Publikation unmissverständlich deutlich wird, worum es eigentlich genau geht.

Die genannte Struktur der Rahmung von empirisch quantitativen Publikationen – Bedeutung, Forschungsstand und Fragestellung – lässt sich häufig anhand der Überschriften, die in der Publikation gegeben sind, überblicken.

Beispiel 2

Dies kann anhand der Publikation von Kuhn und Fischer (2011) nachvollzogen werden.

Bedeutung: Die Einleitung beginnt mit der Feststellung, dass der Ausbau von Ganztagsschulen in Deutschland mit der Vorstellung einhergegangen sei, dass durch Ganztagsschulen fachliche Kompetenzen aber auch soziales Lernen der Schüler:innen besonders unterstützt werden. Dieser Teil wird von Kuhn und Fischer (2011) mit der Überschrift „Einleitung" versehen.

Forschungsstand: Dann werden verschiedene Studien angeführt, die belegen, dass Schulnoten nicht ausschließlich fachliche Leistungen der Schüler:innen repräsentieren, sondern dass in das Lehrer:innenurteil verschiedene weitere Schüler:innenmerkmale mit eingehen. Anschließend wird das problematische Sozialverhalten von Schüler:innen in der Schule und im Unterricht näher beschrieben. Dass sich die Teilnahme an Ganztagsangeboten positiv auf die Entwicklung der Noten und des problematischen Sozialverhaltens auswirken könnte, wird danach ausgeführt. Hier finden sich Verweise auf Studien zu Wirkungen von außerunterrichtlichen Angeboten und zur Nutzung außerunterrichtlicher Angebote – auch findet sich hier ein Blick in die internationale Forschung zu diesem Thema. Kuhn und Fischer (2011) bezeichnen diesen Teil in ihrer Publikation als „Konzeptioneller Rahmen und Forschungsstand".

Fragestellung: Dann wird die Fragestellung des Beitrags hergeleitet und beschrieben. Es wird deutlich, dass es um die Entwicklung der Schulnoten, die Entwicklung des problematischen Sozialverhaltens sowie um die Teilnahme an Ganztagsangeboten geht. Dieser Teil ist in der Publikation von Kuhn und Fischer (2011) ebenfalls mit einer aussagekräftigen Überschrift versehen, nämlich „Fragestellung und Hypothesen".

In manchen Publikationen leiten ggf. keine Überschriften oder Zwischenüberschriften den Blick der Leser:in. Wir können trotzdem davon ausgehen, die Bedeutung, den Forschungstand und die Fragestellung in dieser Reihenfolge im Text zu finden. Das heißt, wir nutzen den Kompass (Abbildung 3, S. 25) zur Orientierung.

Die Bedeutung, der Forschungsstand und die Fragestellung haben eine Gemeinsamkeit: Sie liefern Antworten und Begründungen hinsichtlich der Frage, welcher konkrete Ausschnitt aus der empirischen Welt fokussiert wird und warum. Alle drei sind aber in ihrer Perspektive, die sie auf diese Frage werfen, unterschiedlich. Daher schauen wir sie im Einzelnen noch einmal genauer an.

1.1 Bedeutung des Themenfeldes

Die Verortung einer Studie in einem bestimmten Forschungsfeld wird im ersten Teil der Einleitung einer empirisch-quantitativen Publikation beschrieben und begründet. Oft geht die Beschreibung der Bedeutung einer Studie eher weniger ins Detail. Es handelt sich meist um ein oder maximal zwei Absätze. Und es wird in dieser Passage auf grundsätzlich in der Gesellschaft bekannte Sachverhalte hingewiesen, um die Bedeutung des Themenfeldes herauszustellen. Ziel ist es, die Publikation in der Bandbreite möglicher Schwerpunkte in der empirischen Welt zu verorten.

Die Grenzen des groben Bereichs ergeben sich häufig nicht automatisch durch die Auswahl eines bestimmten Bereichs. Stets gibt es verwandte Forschungsbereiche und Forschende stellen sich die Frage: Ist dieses oder jenes nicht vielleicht auch relevant? Auch wenn dies teils nicht explizit angegeben wird, so kann man doch anhand der ersten Absätze – ggf. mitunter auch an der Überschrift – einer Publikation erkennen, in welchem Forschungsfeld die Publikation eingebettet ist und welche Forschungsfelder nicht angesprochen werden.

Die Frage, wo man die Grenze des ‚groben Bereichs' zieht, stellt sich zudem auch bezüglich der zeitlichen Dimension. Hinsichtlich mancher Themen sind Forschungsergebnisse von vor fünfzehn Jahren bereits veraltet – andere Themen hingegen machen es nötig, die Forschung von vielen Jahrzehnten zu überblicken. Es wird entsprechend manchmal Gründe geben, den zeitlichen Rahmen etwas größer aufzuspannen und manchmal wird es nützlicher erscheinen, eben nur die jüngsten Ergebnisse einzubeziehen. Wir, die wir uns mit empirisch-quantitativen Publikationen befassen wollen, sollten diesen Radius zumindest zur Kenntnis nehmen.

Beispiel 3

Am Beispiel der Ganztagsschulforschung lässt sich dies gut illustrieren: Aktuelle empirische Forschungen zur Ganztagsschule beginnen vielfach mit dem Verweis darauf, dass nach der Veröffentlichung der ersten PISA-Studie zu Anfang des 21. Jahrhunderts deutlich wurde, dass eine Reform des Bildungssystems in Deutschland dringend angezeigt war (sog. PISA-Schock). Es wurden die Weichen für die flächendeckende Etablierung der Ganztagsschule in Deutschland gestellt. Aus dieser Perspektive gäbe es insgesamt also gut zwei Jahrzehnte relevante Ganztagsschulforschung. Ludwig (2005) hingegen belegt, dass die moderne Ganztagsschule ihre Wurzeln in der Reformpädagogik um 1900 hat. Entsprechend könnte genauso gut gelten, dass es über ein Jahrhundert relevante Ganztagsschulforschung zu überblicken gilt. In Teilen geht Ludwig (2005) sogar noch weiter zurück, indem er etwa betont, dass bereits im 17. Jahrhundert in Deutschland die Schule Vor- und Nachmittags stattfand und dass die Kinder mittags nach Hause zum Essen gingen. Die Frage, wo man zeitlich die Grenze zieht, ist also keinesfalls fix. Diese Grenze wird von Studienautor:innen immer mehr oder weniger bewusst gezogen, und uns muss diese – teils explizite, teils implizite – Grenzziehung dessen, was noch zum einschlägigen Forschungsfeld gehört und was nicht, zumindest auffallen.

Die Auswahl eines Forschungsfeldes geht einher mit der Verwendung von bestimmten Begrifflichkeiten, die in diesem Feld üblich sind. Daher dürfen wir relativ weit am Anfang zudem erwarten, dass in der Publikation die zentralen Begriffe eingeführt und im Folgenden dann konsistent verwendet werden. In den meisten Publikationen werden Begriffsdefinitionen im Fließtext – entweder explizit oder implizit – eingebettet. In manchen Publikationen findet sich ein eigenes Unterkapitel im Rahmen der Einleitung, das eigens der Festlegung bestimmter Begriffe gewidmet ist.

Beispiel 4

Dass Begriffsdefinitionen bzw. -eingrenzungen wichtig sind, lässt sich mit Kielblock und Gaiser (2017) zeigen. An vielen Ganztagsschulen finden sich neben den Lehrkräften noch weitere Personen, die ebenfalls pädagogisch tätig sind. Zu Anfang des flächendeckenden Ausbaus der Ganztagsschule in Deutschland hat sich für diese Personalgruppe der Begriff des ‚weiteren pädagogisch tätigen Personals' etabliert. Kielblock und Gaiser (2017) weisen darauf hin, dass es unter Forschenden unterschiedliche begriffliche Vorstellungen gibt, wer als weiteres pädagogisch tätiges Personal gilt und wer nicht. In manchen Publikationen werden damit Personen bezeichnet, die nicht an der betreffenden Schule als Lehrkraft angestellt sind. In anderen Publikationen sind damit Personen gemeint, die keine Lehramtsausbildung haben. Wir wissen, dass man an einer Schule als Lehrkraft angestellt sein kann, ohne eine klassische Lehramtsausbildung zu haben und dass man eine Lehramtsausbildung haben kann, ohne als Lehrkraft – sondern als weiteres Personal – an einer Schule zu arbeiten.

Dies unterstreicht, dass wir auf Begriffsdefinitionen achten sollten, wenn wir eine empirisch-quantitative Publikation bearbeiten. Explizite Definitionen ermöglichen uns klarer zu verstehen, worum es genau in der betreffenden Publikation geht.

1.2 Forschungsstand überblicken

Ganz allgemein gesprochen sollte der Forschungsstand das relevante Wissen zum Thema zusammentragen und synthetisieren. Ziel ist es, eine klare Vorstellung davon zu bekommen, welche anderen Publikationen – sprich: welche Ausschnitte aus der empirischen Welt – es zum Thema gibt. Hierbei bewegt man sich stets im Forschungsfeld, sodass einerseits die Verortung der betreffenden Studie im Forschungsfeld deutlich wird. Und andererseits wird auf diese Weise deutlich, inwiefern die vorliegende Publikation den Forschungsstand erweitert.

Manche Forschungsstände sind sehr umfangreich und komplex. Daher fällt es teils schwer, sich eine Übersicht zu erarbeiten. Der Forschungsstand orientiert sich an der Bedeutung der Studie. Zusätzlich mündet er in die Fragestellung. Beim Lesen einer empirisch-quantitativen Publikation darf man durchaus springen: Erweist sich der Forschungsstand als komplex, könnte es nützlich sein, zunächst die Forschungsfrage(n) (vgl. dazu Abschnitt 1.3) genauer in den Blick zu nehmen. Die Elemente, die hinsichtlich der Forschungsfrage(n) wichtig sind, müssten sich aus dem Forschungsstand ergeben – somit haben wir eine Art Interpretationsfolie, die uns erlaubt, den Forschungsstand zielgerichtet durchzuarbeiten.

Um sich dem Text, in dem der Forschungsstand dargestellt ist, zu nähern, kann es günstig sein, zunächst die Absätze zu überfliegen, um ein Gespür für den roten Faden des Forschungsstands zu erarbeiten. Dabei liest man jeden Absatz des Forschungsstand zunächst nur an – sprich: nur einen oder zwei Sätze pro Absatz.

Beispiel 5

Dies wollen wir am Beispiel der Publikation von Arnoldt (2021) einmal ausprobieren. Wir wollen versuchen, die Absätze des Forschungsstands bloß anzulesen. Auf diese Wiese wollen wir versuchen, uns ein Bild bzgl. der übergreifenden Argumentation zu machen, ohne, dass wir uns in Details verstricken. Um das Prinzip deutlich zu machen, wollen wir hier im Beispieltext wirklich für jeden Absatz nur ganz wenige Worte anschauen. Die Nummern verweisen auf die Absätze im Forschungsstand – sprich: der Forschungsstand in der Publikation von Arnoldt (2021) umfasst neun Absätze. Der Forschungsstand, den Arnoldt (2021, S. 60–63) präsentiert, liest sich dann – Absatz für Absatz – so:

(1) „Ganztagsschulen haben […]"
(2) „Auch Halbtagsschulen haben […]"
(3) „Der Unterschied im zusätzlichen Angebot zwischen Halb- und Ganztagsschulen […]"

(4) „Dennoch sind die Grenzen zwischen Halb- und Ganztagsschulen nicht scharf […]"
(5) „Ebenso stellen sich aus Schülersicht Unterschiede zwischen dem Status als Ganztagsschülerin bzw. -schüler und anderen Jugendlichen dar. […]"
(6) „Zu den Wirkungen der Teilnahme an Angeboten […]"
(7) „Die Studien [...]. In Bezug auf die Kompetenzentwicklung […] in den Bereichen Lesen und Mathematik […]"
(8) „Bezogen auf soziale und emotionale Kompetenzen […]"
(9) „Zusammenfassend […]"

Auch wenn Ihnen diese Art des Überfliegens vermutlich zunächst etwas merkwürdig und unnütz vorkommen mag, ergibt sich unter dem Strich doch ein kohärentes Bild vom Forschungsstand. Zudem ist dieses Bild nah an dem dran, was tatsächlich im Detail im Forschungsstand, den Arnoldt (2021) präsentiert, steht.

Ohne den Text genau gelesen zu haben, und ohne den Text im Detail zu kennen, kommt man aufgrund dieser Übersicht zu folgendem Schluss: Es geht in Arnoldt (2021) wahrscheinlich um einen Vergleich von Halbtagsschule und Ganztagsschule (1–3; 5), wobei sich andeutet, dass die bloße Unterscheidung in Halbtagsschule versus Ganztagsschule ggf. nicht ausreicht (4). Zudem geht es um Wirkungen der Teilnahme an Angeboten (6) und zwar hinsichtlich der Wirkungen im fachlichen Bereich (7) sowie im sozial-emotionalen Bereich (8). Dies zusammengenommen (9) stellt den einschlägigen Forschungsstand mit Blick auf das ausgewählte Forschungsfeld dar.

Hinsichtlich dieses Vorgehens ist eine Einschränkung zu bemerken: Bei einem solchen Schnelldurchgang kann man die Details des Forschungsstands natürlich weder erfassen noch erahnen. Dafür müsste man den Text genauer lesen. Vorteil ist aber, dass man auf diese Weise einen ersten Eindruck vom roten Faden erhält. Und das Verständnis des roten Fadens ermöglicht uns, beim nächsten Lese-Durchgang die Übersicht nicht zu verlieren.

Wenden wir uns nun den Inhalten des Forschungsstands zu. Wie bereits bemerkt, sollte der Forschungsstand insbesondere die Ausschnitte anderer empirischer Studien dokumentieren (vgl. dazu die Ausführungen zu Abbildung 4, S. 30). Im Prinzip würden wir also zunächst einmal erwarten, hauptsächlich Referenzen auf empirische Publikationen im Forschungsstand zu finden. Dies ist aber nur bedingt der Fall. Es ist nicht unüblich, auch weitere nicht-empirische Publikationen in den Forschungsständen anzuführen. Damit wir sie erkennen und richtig einordnen können, werden wir uns die gängigsten nicht-empirischen Publikationsarten hier kurz einmal vergegenwärtigen. Dies wären Publikationen, die Theorien/Modelle zum Thema haben, dann sogenannte Übersichtsstudien und nicht zuletzt Beiträge, in denen die Autor:innen eine bestimmte Position oder These vertreten und für diese Belege anführen.

Wir betrachten zunächst einmal Publikationen, die Theorien/Modelle zum Thema haben. Unter Forschenden gibt es kaum einen allgemein verträglichen Konsens, was Theorien und was Modelle eigentlich ganz genau sind. Ganz pragmatisch können wir aber feststellen, dass Theorien und Modelle in einem bestimmten Forschungsfeld die für relevant gehaltenen Merkmale und die jeweiligen Verknüpfungen der Merkmale untereinander beschreiben.

Die empirisch-quantitative Forschung ist besonders stark auf Theorien und Modelle angewiesen. Vor der eigentlichen Datenerhebung kommt eine umfassende Planungsphase. Hier muss sichergestellt werden, dass keine relevanten Merkmale bei der Datenerhebung vergessen werden und dass hinterher sinnvolle Merkmalszusammenhänge analysiert werden. Genau dies leisten Theorien und Modelle.

Beispiel 6

Unter den Forschenden im Bereich der Ganztagsschule gilt als Minimalkonsens, dass es um die Ganztagsschule herum einen „Kontext“ (engl. Context) gibt, in dem die Ganztagsschule ganz konkrete Möglichkeiten und Ressourcen hat (engl. Input). Diese legen ganz bestimmte Praktiken nahe (engl. Process) und diese wiederum führen bei den Schüler:innen zu ganz bestimmten Ergebnissen (engl. Output, Outcomes). Diese Modellvorstellung wurde maßgeblich von Scheerens (1990) auf die Schule bezogen.

Für die Ganztagsschulforschung haben unterschiedliche Autor:innen die relevanten Merkmale entlang des genannten Modells entfaltet. So haben beispielsweise Holtappels (2009) oder auch Kielblock et al. (2021) Vorstellungen darüber entwickelt, welche Merkmale von Ganztagsschulen als Kontext, Input, Prozess und Output gelten.

Es ist durchaus üblich, in empirisch-quantitativen Publikationen auch Theorien bzw. Modelle anzuführen. Anhand dieser Theorien bzw. Modelle erhalten wir als Leser:in einen Eindruck, mit was für einem Blick und aus was für einer Perspektive die Forschenden den Forschungsgegenstand in Augenschein nehmen. Theorien und Modelle sind teils so zentral, dass der Forschungsstand in manchen Publikationen in zwei Unterkapitel geteilt wird: nämlich in einen theoretischen und einen empirischen Forschungsstand.

Eine zweite Art von nicht-empirischen Publikationen, die in Forschungsständen gerne angeführt werden, sind Übersichtsarbeiten. Dies meint Publikationen, die ausschließlich den Forschungsstand zu einem Thema zusammentragen. Teils werden sie auch als Übersichtsarbeit oder seltener auch als Reviewstudie bezeichnet. Solche Übersichtsarbeiten strukturieren – meist implizit durch ihre Kapiteleinteilung und durch eigene Schwerpunktsetzungen – das Forschungsfeld.

Beispiel 7

Der Übersichtsbeitrag von Fischer und Kielblock (2021) wäre so ein nicht-empirischer Beitrag, der das Ziel verfolgt, das Forschungsfeld der Ganztagsschulforschung zu beschreiben. Der Beitrag beginnt damit, eine Definition der Ganztagsschule zu geben. Anknüpfend daran betonen Fischer und Kielblock (2021), dass der Ausbau der Ganztagsschule in Deutschland in Phasen vorangeschritten ist. Während bis zum Jahr 2002 die Ganztagsschule als Ausnahme galt, gab es zwischen 2003 und 2009 einen rasanten Anstieg der Zahl an Ganztagsschulen in Deutschland. Dieser Anstieg flachte seit 2010 etwas ab – steigt aber noch stetig. Dann beschreiben Fischer und Kielblock (2021), warum Ganztagsschule ein schwierig zu beforschendes Feld ist: Sie führen die Komplexität, die Diversität und den Prozesscharakter von Ganztagsschule als besondere Herausforderungen an. Und sie bemerken, dass quantitativ und qualitativ zu Ganztagsschulen geforscht wird. Schließlich gehen Fischer und Kielblock (2021) auf ausgewählte Forschungsergebnisse ein. Schwerpunkte sind hier der Vergleich zwischen Halbtagsschule und Ganztagsschule, die Frage nach der Organisationsform, die Herausforderung der Kooperation, die Angebotsvielfalt und Lernkultur sowie die Wirkungen der Ganztagsschule auf die Schulleistungen und das Sozialverhalten.

Zwei besonders akribische Formen von Übersichtsstudien sind Systematic Reviews und Metaanalysen, bei denen die Literatursuche und -analyse nach einem festgelegten Schema durchgeführt wird. Ziel ist, den Forschungsstand neutraler wiederzugeben, als bisherige Übersichtsstudien, die die persönliche Sicht derjenigen Person, welche die Übersicht zusammenstellt, widerspiegeln.

Neben den genannten Publikationsformen ist es wichtig, nicht-empirische Publikationen identifizieren zu können, in denen die Autor:in eine bestimmte Position bezieht und verschiedene Quellen heranzieht, um diese Position zu unterstreichen. Solche Publikationen sind in der Regel thematisch bei weitem nicht so breit angelegt, wie ein Übersichtsbeitrag, sondern sie fokussieren einen ganz bestimmten Sachverhalt. Dieser Sachverhalt wird mit verschiedenen Referenzen belegt. Teils werden sogar empirische Ergebnisse referiert, um die im Beitrag vertretene Position zu unterstreichen. Von einem empirischen Beitrag unterscheidet sich ein solcher Beitrag aber dahingehend, dass er nicht alle Elemente aufweist, die für einen empirischen Beitrag nötig sind (vgl. dazu unseren Kompass in Abbildung 3, S. 25).

Beispiel 8

Auch dies wollen wir uns an einem Beispiel ansehen: Der Titel „Multiprofessionelle Kooperation als Fundament der inklusiven Ganztagsschule" von Kielblock et al. (2017) könnte grundsätzlich auch von einem empirisch-quantitativen Beitrag stammen. Überfliegt man den Beitrag auf der höchsten Überschriftenebene wird aber unmittelbar deutlich, dass die Überschriften keinesfalls unserem Kompass für empirisch-quantitative Publikationen entsprechen. Vielmehr scheinen sich die Autor:innen dafür einzusetzen, dass Kooperation und Inklusion an Ganztagsschulen gut zusammengedacht werden könn(t)en. Die Position, welche die Autor:innen in diesem Beitrag vertreten, ist, dass Ganztagsschule ein besonderes Potenzial hat, inklusiv zu arbeiten, indem multiprofessionell kooperiert wird. Es werden verschiedene Belege angeführt, die die Argumentation stützen. Diese Belege sind in erster Linie Verweise zu anderen Beiträgen. Interessant ist, dass in dem Beitrag zwei „empirische" Analysen in Form zweier Fallstudien präsentiert werden. Sie werden genutzt, um die Argumentation zu unterstützten und zu illustrieren. In dem Beitrag fehlt aber eine dezidierte Fragestellung, ein Methodenteil sowie eine Diskussion des empirischen Teils.

Forschende unterstreichen den Radius ihrer eigenen Untersuchung teilweise dadurch, dass sie auch Publikationen aus dem Ausland im Forschungsstand anführen. Dies ist nachvollziehbar, insbesondere dann, wenn die internationale Forschung wichtige zusätzliche Impulse für die Studie bietet, oder aber wenn die Studie selbst international orientiert ist. Internationale Forschung anzuführen ist aber immer auch kritisch zu sehen: Wenn sich die Rahmenbedingungen, die Politik und die ganze Gesellschaft unterscheiden, dann vergleicht man ggf. buchstäblich Äpfel mit Birnen. Mit anderen Worten: Ein internationaler Forschungsstand kann bereichernd sein, wenn der Vergleich mit dem Ausland begründet und plausibel ist.

Beispiel 9

Im Bereich der Ganztagsschulforschung gibt es eine internationale Forschungscommunity, die sich mit Fragen des außerunterrichtlichen und außerschulischen Lernens von Kindern und Jugendlichen auseinandersetzt. Die Vorstellung dabei ist, dass unterschiedliche Formate des außerunterrichtlichen und außerschulischen Lernens unter dem Begriff ‚Extended Education' zusammengebracht werden können (Kielblock et al., 2020). Hierzu gehört – neben der Ganztagsschule in Deutschland – auch beispielsweise die Ganztagsschule in anderen Ländern (unter anderem in Österreich, in der Schweiz, oder in Dänemark), aber auch ‚Freizeit'- bzw. Jugendzentren (beispielsweise in Island, Schweden und Australien) oder außerschulische Programme (wie in Japan, Südkorea, oder den Vereinigten Staaten von Amerika). Der Blick auf die Gemeinsamkeiten dieser verschiedenen Kontexte eint die Forscher:innen zum Schwerpunkt ‚Extended Education'. Gleichzeitig könnte man sich aber auch auf die Unterschiede konzentrieren und würde erhebliche Unterschiede zwischen den Ländern – hinsichtlich der gesellschaftlichen Vorstellungen, der Bildungssysteme, der schulischen Bildung und der Art und Weise, wie außerunterrichtliche und außerschulische Angebote gestaltet sind – feststellten.

Ein Blick ins Ausland ist also nicht immer und per se nützlich. Vielmehr müsste jeweils begründet werden, inwiefern Vergleiche mit Forschungen aus anderen Ländern gültig und sinnvoll sind.

1.3 Fragestellung

Der Forschungsstand mündet in die Positionierung der empirisch-quantitativen Publikation im Forschungsfeld. Diese Position lässt sich besonders gut an der konkreten Fragestellung erkennen, die mit der empirischen Analyse beantwortet werden sollen. Dabei gibt es unterschiedliche Möglichkeiten, wie die Forschungsfrage im Forschungsfeld platziert werden kann. Wir wollen uns einige gängige Möglichkeiten vergegenwärtigen, damit wir sie in empirisch-quantitativen Publikationen wiederkennen können.

In Abbildung 5 sind vier hauptsächliche Möglichkeiten, wie die Forschungsfrage in den Forschungsstand eingebettet werden kann, illustriert. Die Symbole werden hier wie in Abbildung 4 (S. 30) verwendet: Das Sechseck soll jeweils das Forschungsfeld symbolisieren, und die gestrichelten Kreise sollen verschiedene Ausschnitte repräsentieren, die bisherige Studien bereits erforscht haben. Der hervorgehobene Kreis ist der konkrete Ausschnitt aus der empirischen Welt, den die Studie gemäß der Fragestellung analysiert.

Abbildung 5. Verhältnis von Forschungsstand zu Forschungsfrage

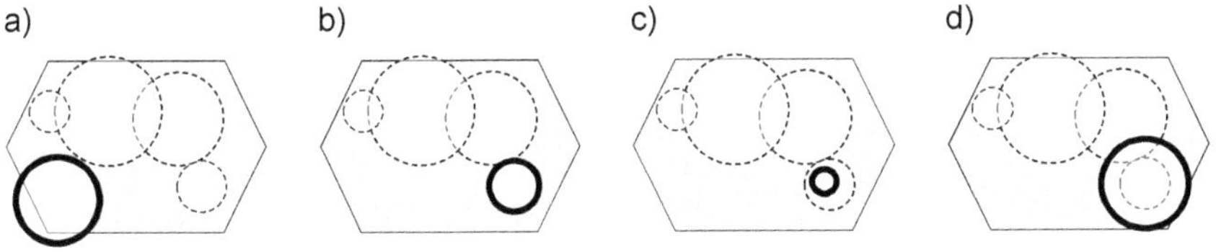

Quelle: Eigene Darstellung

Erstens wird im Forschungsstand auf eine Lücke hingewiesen (a in Abbildung 5). Die Argumentation ist dann, dass es zu Dingen die offenbar wichtig sind, bislang scheinbar noch keine empirischen Forschungsbefunde gibt. Die Studie füllt diese Lücke. Das Prinzip der Forschungslücke ist in der Abbildung 5 besonders anschaulich: Die Studie positioniert sich dort, wo noch kein gestrichelter Ring eingezeichnet ist.

Ggf. erweist sich aus dem Forschungsstand eine bestimmte Studie als inhaltlich besonders vielversprechend, und Forscher:innen möchten die aus der Studie abgeleiteten Erkenntnisse kritisch anhand einer neuen Stichprobe prüfen. Dann könnte es sich lohnen, eine bestimmte Studie nochmal durchzuführen. Man spricht in einem solchen Fall auch von einer Replikation (b).

Drittens wird ein Bereich, der bislang von Studien mit einem relativ breiten Fokus bearbeitet wurde, genauer untersucht: Die Studie wählt einen viel kleineren, engeren Ausschnitt aus der empirischen Welt, um einen bestimmten Punkt genauer untersuchen zu können (c). Andersherum gibt es durchaus auch Studien, die – viertens – extra besonders breit angelegt sind, um einzelne ‚eng gefasste' Studien in den größeren Kontext stellen zu können (d).

Diese vier Möglichkeiten sind schemenhaft. Aber sie helfen uns, darauf zu achten, wie die Frage zum Forschungsstand passt, bzw. wie die Fragestellung aus dem Forschungsstand abgeleitet wird.

Wenn bereits umfangreiche Erkenntnisse aus vergleichbaren empirischen Untersuchungen zum Thema vorliegen, oder wenn die genutzte Theorie bzw. das genutzte Modell spezifische Vorhersagen zu bestimmten Zusammenhängen macht, dann ist die Antwort auf die Forschungsfrage in den meisten Fällen nicht gänzlich überraschend. Teils kann bereits vor Durchführung der empirischen Datenerhebung und -analyse relativ klar formuliert werden, in welche Richtung ein Zusammenhang – aufgrund der Sachlage – erwartet wird. Damit ist nicht gemeint, was die Forscher:in persönlich meint, sondern die Erwartung wird aus bisherigen Forschungsergebnissen und/oder Theorien bzw. Modellen abgeleitet.

Wenn sich eine solche Erwartung formulieren lässt, dann nimmt die Forschungsfrage die Form einer Forschungs-‚These' an, die es dann anhand von empirischen Daten zu überprüfen gilt. Man spricht von einer sog. Hypothese. Hypothesen können unterschiedlich aussehen, aber stets haben sie den Charakter einer Aussage. Es gibt beispielsweise Hypothesen, die besagen, dass sich bestimmte Gruppen hinsichtlich eines bestimmen Merkmals unterscheiden, dass bestimmte Merkmale miteinander zusammenhängen, oder dass sich ein bestimmtes Merkmal über die Zeit hinweg bei den Individuen verändert.

Beispiel 10

Kuhn und Fischer (2011) haben in ihrer Publikation einen Abschnitt, der sich dezidiert mit dem Thema „Fragestellung und Hypothesen" auseinandersetzt. Hier argumentieren sie, dass es eine Forschungslücke gibt, die sie durch ihre Studie füllen: „Ausgehend von vorliegenden Befunden […] wird hier erstmals die Frage nach Zusammenhängen zwischen der Entwicklung der Schulnoten, der Entwicklung des problematischen Sozialverhaltens und der dauerhaften Teilnahme an Ganztagsangeboten fokussiert" (Kuhn & Fischer, 2011, S. 149).

Diese Fragestellung wird daraufhin – aufgrund des Forschungsstands und theoretischer Überlegungen – in konkrete Hypothesen übersetzt:

(1a) Noten verschlechtern sich von der 5. zur 9. Klasse
(1b) Problematisches Verhalten wird mehr von der 5. zur 9. Klasse
(2a) Teilnahme an außerunterrichtlichen Angeboten hilft, dass Noten nicht so stark absacken (wirkt protektiv)
(2b) Teilnahme an außerunterrichtlichen Angeboten hilft, dass problematisches Verhalten nicht so stark steigt (wirkt protektiv)
(3) Teilnahme an außerunterrichtlichen Angeboten wirkt (protektiv) auf Entwicklung des problematischen Verhaltens und diese wiederum ist förderlich für die Entwicklung der Noten (indirekter Effekt)

Dies sind – wie gesagt – nicht die Ergebnisse, sondern es handelt sich hier um eine Konkretisierung der Erwartungen mit Blick auf die Forschungsfrage. Diese Erwartungen ergeben sich aus dem Forschungsstand und aufgrund theoretischer Überlegungen.

Die Fragestellung bzw. Hypothese strukturiert die gesamte Publikation einer empirisch-quantitativen Publikation. Da hochwertige empirisch-quantitative Publikationen sehr komplex sind, nehmen wir die Fragestellung(en) sehr genau in den Blick und visualisieren sie uns.

Die zentralen Merkmale, um die es – laut Fragestellung(en) – geht, identifizieren wir zunächst. Zudem arbeiten wir heraus, wie diese interessierenden Merkmale – laut Fragestellung(en) – zueinanderstehen. Ist die Frage beispielsweise, ob ein Merkmal das andere beeinflusst, so steht das eine Merkmal links und das andere rechts. Beide werden mit einem Pfeil verbunden. Es bietet sich an, dass wir solche gerichteten Zusammenhänge stets in Leserichtung von links nach rechts arrangieren (vgl. Beispiel 11).

Weiterhin sollten wir möglichst alle Fragestellungen in einer einzigen Abbildung visualisieren. Um die Übersicht bei einer Vielzahl an Fragestellungen zu behalten, können wir in der Visualisierung Nummern vergeben: „(1)" für die erste Fragestellung, „(2)" für die zweite Fragestellung und so weiter.

Beispiel 11

Im vorigen Beispiel 10 haben wird die Forschungsfrage und die Hypothesen von Kuhn und Fischer (2011) herausgearbeitet. Die Autor:innen interessieren sich zunächst für die Entwicklung der Noten (1a) und die Entwicklung des problematischen Verhaltens (1b) von Schüler:innen im Laufe der Sekundarstufe I. Diese beiden Merkmale übernehmen wir direkt in unsere Visualisierung.

Weiterhin steht die Teilnahme an außerunterrichtlichen Angeboten im Interesse – daher übernehmen wir auch dieses Merkmal in unsere Visualisierung. Da davon ausgegangen wird, dass die Teilnahme an außerunterrichtlichen Angeboten ggf. positive Effekte für die Noten und das problematische Verhalten bringen, werden die Angebote links und die Noten sowie das Verhalten rechts angeordnet. Pfeile gehen von den außerunterrichtlichen Angeboten aus und zeigen auf die Entwicklung der Noten (2a) und die Entwicklung des problematischen Verhaltens (2b).

Als dritte Hypothese hatten Kuhn und Fischer (2011) angeführt, dass die Teilnahme an außerunterrichtlichen Angeboten auf die Entwicklung des problematischen Verhaltens und die Entwicklung des problematischen Verhaltens wiederum auf die Entwicklung der Noten wirkt (3). Dies ist nicht leicht zu symbolisieren; wir behelfen uns mit zwei Pfeilen, die die Merkmale in genannter Weise verbinden (Angebotsteilnahme ➔ Verhaltensentwicklung ➔ Notenentwicklung). Im Gesamtbild sieht das Vorhaben damit so aus, wie in Abbildung 6 dargestellt.

Abbildung 6. Visualisierung der Hypothesen von Kuhn und Fischer (2011)

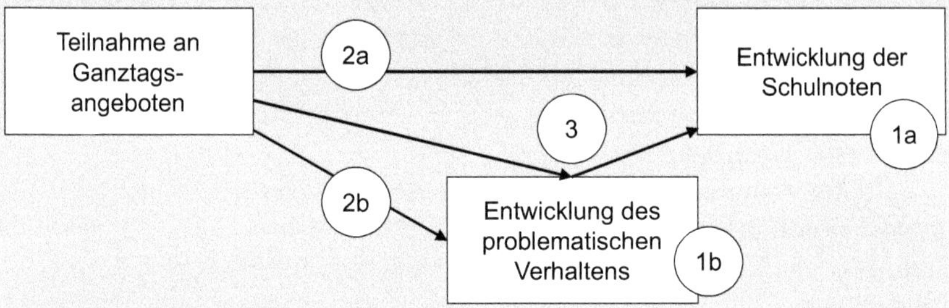

Quelle: Eigene Darstellung

Dies ist eine Möglichkeit, die Hypothesen von Kuhn und Fischer (2011) zu visualisieren. Dies hilft, uns strukturiert weiter mit der Publikation auseinanderzusetzen und die zentralen Informationen herauszuarbeiten.

Die so entstehende Visualisierung der Forschungsfrage strukturiert unseren Blick auf die gesamte empirisch-quantitative Publikation. Die einzelnen Merkmale und Verbindungslinien der illustrierten Fragestellung(en) helfen uns, den Forschungsstand besser zu verstehen. Sie helfen uns, im Methodenteil genau zu wissen, nach welchen Informationen wir suchen. Und ganz besonders hilft uns die Visualisierung im Ergebnisteil einer Publikation auf die Fragestellungen fokussiert zu bleiben. Im Ergebnisteil – das werden wir später im Buch noch sehen – finden wir häufig enorm viele Informationen auf engstem Raum, sodass wir leicht die Orientierung verlieren. Eine gute Visualisierung der Forschungsfrage(n) hilft uns souverän zu navigieren.

2 Methodenteil

Im Anschluss an die Einleitung findet sich in einer empirisch-quantitativen Publikation der Methodenteil (vgl. Kompass, Abbildung 3, S. 25). Er beginnt mit Ausführungen zur Stichprobe. Danach folgen Hinweise zur Datenerhebung und zum Forschungsdesign. Den Abschluss des Methodenteils stellt die Reflexion der empirischen Analysestrategie dar.

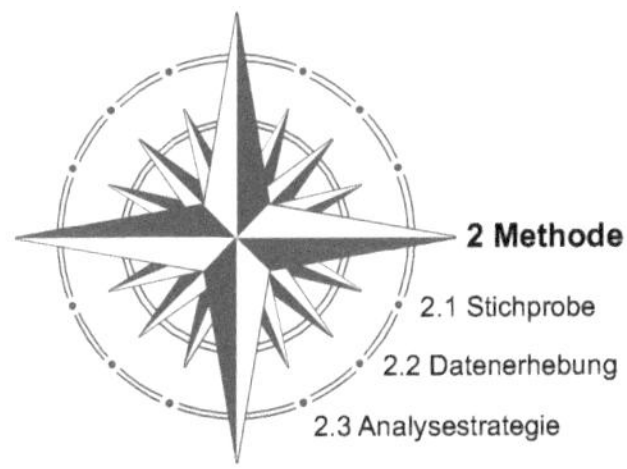

2.1 Stichproben und was sie repräsentieren

Wenn man über eine Menge an Individuen Aussagen treffen möchte, ist unsere Intuition, dass man von eben diesen Individuen Daten erheben muss. Stellen wir uns nun aber vor, es sollen Aussagen nicht nur über wenige Individuen getroffen werden, sondern über viel allgemeinere Personengruppen – etwa über Schüler:innen, Eltern oder Lehrer:innen in Deutschland. Eine Datenerhebung an all diesen Personen wäre praktisch nicht realisierbar.

Daher werden in der empirisch-quantitativen erziehungswissenschaftlichen Forschung nahezu immer sogenannte Stichproben genutzt: Das heißt, dass nicht alle, sondern eine kleine, gut gewählte, Zahl an Individuen zu Wort kommt. Auf diese Weise lassen sich Schlussfolgerungen hinsichtlich aller ziehen. Es gibt bei der Ziehung und Realisierung von Stichproben aber einiges zu beachten. Dies schauen wir uns im Folgenden genauer an.

2.1.1 Von den Inhalten zu den Individuen

Bislang hatten wir von der empirischen Welt gesprochen und dass man in der empirisch-quantitativen Forschung einen kleinen Ausschnitt aus ihr betrachtet. Wir haben auch Merkmale und Verbindungen dieser Merkmale kennengelernt. Jetzt sehen wir, dass die Merkmale nicht alleine existieren. Merkmale und ‚Merkmalsträger:innen' denken wir stets zusammen. Für die Erforschung der Merkmale braucht es ‚Informand:innen' hinsichtlich der Merkmale.

Während Überlegungen hinsichtlich konkreter Individuen als Informand:innen bei der Auswahl des Ausschnitts aus der empirischen Welt eine mehr oder weniger untergeordnete Rolle gespielt haben, so wird dies mit Blick auf die Methode einer Studie nun besonders wichtig.

Beispiel 12

Wir können uns die Wahl bestimmter Informand:innen für bestimmte interessierende Merkmale an der Publikation von Lossen et al. (2016) verdeutlichen. Hierbei geht es um Ganztagsschulen und den möglichen Einfluss der Qualität von naturwissenschaftlichen Angeboten auf die naturwissenschaftlichen Kompetenzen von Schüler:innen in Grundschulen. Dies ist die Merkmalsebene.

Wer gibt denn nun aber konkret Auskunft über die Angebotsqualität und die Kompetenzen? Denkbar wäre beispielsweise, die pädagogisch tätigen Erwachsenen zu befragen. Sie schätzen ihr eigenes Angebot ein und auch, wie leistungsstark die einzelnen Schüler:innen sind. Alternativ – und dies entspricht auch der Vorgehensweise von Lossen et al. (2016) – werden die Schüler:innen selbst gefragt, wie sie naturwissenschaftliche Angebote, die sie besuchen, einschätzen. Und die Schüler:innen werden getestet, wie gut sie in einem Kompetenztest zu naturwissenschaftlichen Themen abschneiden.

Es gibt bei der Festlegung der Individuen, die bzgl. bestimmter Merkmale in den Blick genommen werden, immer verschiedene Möglichkeiten. Forschende entscheiden sich einerseits für Informand:innen, die möglichst gut Auskunft geben können und andererseits spielen Überlegungen eine Rolle, dass die Studie möglichst schnell und kostengünstig umgesetzt werden kann. Wir, als jene, die empirisch-quantitative Publikationen lesen, nehmen wahr, wer genau in einer Studie zu Wort kommt.

Beispiel 13

An einem weiteren Beispiel sehen wir, dass es wichtig ist, diesbezüglich genau hinzuschauen. In der Publikation von Bellin und Tamke (2010) wird untersucht, inwiefern Grundschüler:innen vom Besuch der Ganztagsangebote hinsichtlich ihrer Lesekompetenzen profitieren. Diese Frage macht es nötig, unter anderem Daten darüber zu erheben, ob die Schüler:innen an Ganztagsangeboten teilnehmen. Naheliegend wäre, die Schüler:innen selbst zu fragen. Alternativ könnte man ggf. auch die Eltern fragen. In der Studie wurde ein anderer Weg gewählt: „Die Angaben zur Teilnahme der Schüler[:innen] am Ganztag wurden über die Lehrkräfte erhoben […]" (Bellin & Tamke, 2010, S. 100).

Es ist für uns als Leser:innen von empirisch-quantitativen Publikationen wichtig, zwei Fragen zu klären: Erstens, auf welche Personen beziehen sich die zu untersuchenden Merkmale? Und zweitens, welche Personen werden in der jeweiligen Studie herangezogen, um über die zu untersuchenden Merkmale Auskunft zu geben?

Beispiel 14

Anhand der Publikation von Arnoldt (2021) können wir uns zudem vergegenwärtigen, dass es zu einem Merkmal nicht immer nur eine Gruppe von Informand:innen gibt. In Beispiel 1 haben wir diese Publikation bereits kennengelernt: Die Frage steht im Vordergrund, inwiefern die Teilnahme an außerunterrichtlichen Angeboten die Entwicklung der Schüler:innen unterstützt. In Beispiel 5 hatten wir dann gesehen, dass die Autorin anführt, dass der bloße Vergleich Ganztagsschule versus Halbtagsschule zu wenig differenziert erscheint. Daher bildet Arnoldt (2021) die Nutzung von Ganztagsangeboten differenzierter ab. Dabei geht sie so vor: Zunächst einmal wurden die Eltern gefragt, „ob das Kind Ganztagsschülerin bzw. -schüler ist" (Arnoldt 2021, S. 65). Bejahten die Eltern dies, so wird das jeweilige Kind als „Ganztagsschüler:in" bezeichnet. Wenn die Elternangabe „keine Ganztagsschüler:in" war, so wurden die Schüler:innen selbst gefragt, ob sie an außerunterrichtlichen Angeboten teilnehmen. Wir wissen: An Ganztagsschulen wie auch an Halbtagsschulen kann es AGs geben. Sagte die Schüler:in auf diese Frage ‚ja', so wurde sie als „AG-Nutzer:in" bezeichnet und sagte sie ‚nein', dann wurde sie als „Nichtnutzer:in" bezeichnet. Mit Blick auf die Nutzung von Ganztagsangeboten wurden die Schüler:innen also in drei Gruppen unterteilt: Ganztagsschüler:in, AG-Nutzer:in und Nichtnutzer:in. Um diese Gruppierung vorzunehmen, wurden Informationen von Schüler:innen und deren Eltern eingeholt.

2.1.2 Grundgesamtheit

Alle Individuen, über die im Rahmen einer Studie Aussagen getroffen werden sollen, bezeichnet man zusammengenommen als Grundgesamtheit. Das heißt nicht, dass diese Individuen auch wirklich alle befragt werden. Vielmehr handelt es sich bei der Grundgesamtheit um eine hypothetische Menge von Individuen. Und die Ergebnisse einer Studie gelten – sofern alle Schritte der Forschung gewissenhaft durchgeführt wurden – für diese Menge an Individuen.

Sinn und Zweck der Festlegung einer bestimmten Grundgesamtheit ist die Reflexion, über welche Gruppe von Individuen eine Studie Aussagen treffen will. Sind es beispielsweise alle Kinder im Grundschulhalter in Deutschland; oder nur jene an Ganztagsgrundschulen; vielleicht nur jene in einem bestimmten Bundesland; oder vielleicht sogar nur jene, die in Großstädten leben?

Bei der Festlegung der Grundgesamtheit befindet sich die Forscher:in stets in einem Spannungsfeld. Je kleiner und spezifischer die Grundgesamtheit definiert wird, umso leichter ist die Studie in der Umsetzung, aber umso geringer ist die Aussagekraft der Studie letztlich. Andersherum: Je größer und umfassender die Grundgesamtheit definiert wird, umso anspruchsvoller ist die methodische Umsetzung, aber umso interessanter ist die Studie für Leser:innen aus ganz unterschiedlichen Kontexten.

Die meisten Studien versuchen, die gewählte Reichweite – und damit auch die gewählte Grundgesamtheit – irgendwo dazwischen ansiedeln. Nicht zu klein, damit die Studie für die Wissenschaft überhaupt interessant ist. Aber auch nicht zu groß, da eine größere Grundgesamtheit sehr viel Expertise, Zeit, Ressourcen und speziell auch Geld benötigt.

Beispiel 15

Anhand der Publikation von Lossen et al. (2016) wollen wir Überlegungen hinsichtlich der Grundgesamtheit anstellen. Laut Titel könnten wir vermuten, es ginge ganz generell um „Schüler:innen in Ganztagsgrundschulen“ (Lossen et al., 2016, S. 760). Dafür würde sprechen, dass in der Studie die einbezogenen Schulen aus einer größeren bundesweit repräsentativen Stichprobe von Ganztagsgrundschulen rekrutiert wurden. Allerdings interessieren im Rahmen der Studie vor allem Ganztagsschulen, an denen es außerunterrichtliche Angebote in den Bereichen Lesen, Naturwissenschaft und soziales Lernen gibt (neben weiteren Kriterien, wie beispielsweise, dass mindestens ein Drittel der Schüler:innen einer Schule im Ganztagsbetrieb angemeldet sein sollten). Dies trifft bei weitem nicht auf alle Ganztagsgrundschulen zu, entsprechende Angebote zu haben. Genau betrachtet bedeutet das: Die Ergebnisse können also nicht uneingeschränkt für „Schüler:innen in Ganztagsgrundschulen“ gelten, sondern sie gelten für Schüler:innen, die an Ganztagsgrundschulen sind, wo es außerunterrichtliche Angebote im Lesen, im Bereich Naturwissenschaft und im sozialen Lernen gibt.

Wir sollten stets einen geschärften Blick haben für Informationen, die die Grundgesamtheit betreffen. Dabei können wir nur in den aller-seltensten Fällen auf explizite Angaben in der Publikation – im Sinne von „Die Grundgesamtheit in der vorliegenden Untersuchung ist …“ – zurückgreifen. Vielmehr sind wir aufgefordert, aufgrund des Titels, der Bedeutung der Studie, der Fragestellung(en) und ganz speziell auch im Teil, in dem die verwendete Stichprobe erklärt wird, informierte Schlüsse darüber zu ziehen, über was für eine Grundgesamtheit die jeweilige Studie fundierte Aussagen treffen kann.

2.1.3 Theoretische Überlegungen zur Stichprobe

Sollte die Grundgesamtheit sehr spezifisch gewählt worden sein, kann es sich in manchen Fällen lohnen, einfach alle Individuen dieser Grundgesamtheit in die Datenerhebung einzubeziehen. In einem solchen Fall spricht man von einer *Vollerhebung*. Die Ergebnisse beziehen sich dann nur auf diese ausgewählte Gruppe von Individuen – sie können und dürfen nicht weiter verallgemeinert werden.

Beispiel 16

Soll erforscht werden, wie Schüler:innen im Ganztagsbetrieb in Deutschland lernen, so ist es nahezu aussichtslos zu versuchen, alle Ganztagsschüler:innen in Deutschland zu Wort kommen zu lassen. Zahlen der KMK (2023) belegen, dass im Jahr 2021 3.550.059 Schüler:innen im Ganztagsbetrieb an deutschen Ganztagsschulen angemeldet waren. Diese Zahl an Individuen ist so groß, dass man diese Menge an Individuen mit konventionellen empirischen Forschungsmethoden nicht hinsichtlich ihrer Erfahrungen im Ganztagsbetrieb und hinsichtlich ihrer Entwicklungen beforschen kann.

Sehr häufig hat man es nicht mit Vollerhebungen, sondern mit Teilerhebungen zu tun, die – in Abgrenzung zur Vollerhebung – als *Stichproben* bezeichnet werden. Stichproben haben den Vorteil, dass die Grundgesamtheit, über die Aussagen getroffen werden soll, erheblich größer sein kann als der Umfang an Individuen, die tatsächlich im Rahmen einer Studie beforscht werden. Bei der Ziehung von Stichproben, d. h. bei der Auswahl bestimmter Individuen, werden zwei unterschiedliche Strategien unterschieden.

Eine Strategie kann sein, die Stichprobe so geschickt zu ziehen, dass die Stichprobe die Grundgesamtheit möglichst gut repräsentiert. Dies ist in Abbildung 7 dargestellt. Zu Illustrationszwecken wurden hier acht Individuen symbolisiert, von denen sich hinsichtlich eines Merkmals jeweils vier Individuen gleichen (einerseits Kästchen, andererseits Dreiecke). Das heißt: Fünfzig Prozent der Individuen in der Grundgesamtheit haben die Eigenschaft Viereck und die andere Hälfte hat die Eigenschaft Dreieck. Eine gute Stichprobe würde nun so aussehen, dass sie kleiner ist als die Grundgesamtheit, aber dass sie trotzdem die Ausprägungen Viereck und Dreieck ungefähr in demselben Verhältnis hat, wie sie in der

Grundgesamtheit vorkommt. Ist dies der Fall, dann repräsentiert die Stichprobe die Grundgesamtheit sehr gut hinsichtlich der Eigenschaften Viereck und Dreieck.

Abbildung 7. Grundgesamtheit und repräsentanzorientierte Stichprobe

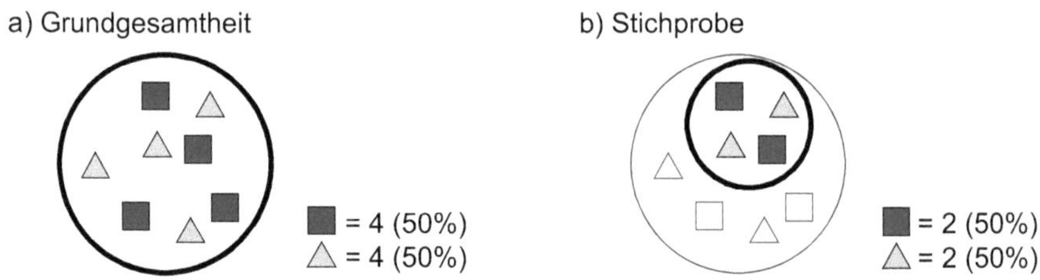

Quelle: Eigene Darstellung

Dieses sehr vereinfachte Beispiel macht zunächst einmal nur das Grundprinzip deutlich. In der Forschungspraxis gibt es aber zwei Hürden bei diesem Vorgehen: Erstens vereinen einzelne Personen eine große Menge an interessierenden Merkmalen – die empirische Welt ist nicht so klar und einfach strukturiert, wie die Illustration in Abbildung 7. Und zweitens ist hinsichtlich vieler interessierender Merkmale nicht klar, wie genau das Merkmal in der Grundgesamtheit verteilt ist.

Wenn Forschende eine Stichprobe so ziehen wollen, dass bestimmte Merkmalsverteilungen in der Grundgesamtheit gut repräsentiert sind, dann bedienen sie sich eines Tricks: nämlich die Ziehung von Individuen aus der Grundgesamtheit per Zufall. Wenn der Zufall bei der Ziehung waltet, dann können wir davon ausgehen, dass sich die Merkmale in der Grundgesamtheit und in der Stichprobe grob gleich verteilen; ganz so, wie dies in Abbildung 7 schematisch dargestellt ist.

In dem Sinne ist es in einer zufällig gezogenen Stichprobe aus der Grundgesamtheit recht wahrscheinlich, dass die Stichprobe – hinsichtlich der interessierenden Merkmale – ein verkleinertes Abbild der Grundgesamtheit darstellt. Manche Forschende sprechen auch von der Stichprobe als einem Miniaturabbild der Grundgesamtheit. In einem solchen Fall repräsentiert die Stichprobe die Grundgesamtheit relativ gut. Daher bezeichnen wir sie als *repräsentanzorientierte Stichprobe*.

Ist eine Stichprobenziehung in dieser Weise gelungen, so gelten Aussagen zur Verteilung einzelner Merkmale nicht nur für diese Stichprobe, sondern ebenso für die Grundgesamtheit. Dies hatten wir im (schematischen) Beispiel in Abbildung 7 gesehen: Sowohl in der Stichprobe als auch in der Grundgesamtheit ist das Verhältnis von Vierecken zu Dreiecken 50:50. Zudem kann die Stichprobe im Vergleich zur Grundgesamtheit erstaunlich klein sein und trotzdem treffen Aussagen zu den Merkmalsverteilungen noch zu.

Intuitiv ahnen wir aber, dass eine Grundgesamtheit von beispielsweise rund 20.000 Individuen, über die Aussagen getroffen werden sollen, nicht mit einer Stichprobe aus zwei Individuen abgebildet werden kann. Hier entsteht garantiert kein exaktes Miniaturabbild der Grundgesamtheit. Die Stichprobe ist offenbar viel zu klein. Aber ab welcher Größe ist denn eine Stichprobe groß genug? Die Forschung zeigt, dass eine Grundgesamtheit mit 100 Individuen von einer Stichprobe mit nahezu derselben Größe abgebildet werden muss. Einfacher ausgedrückt: Kleine Grundgesamtheiten müssen nahezu komplett erhoben werden, um ein repräsentatives Abbild zu erhalten. Enthält die Grundgesamtheit 1.000 Individuen, so reicht eine Stichprobe von etwa der Hälfte – sprich: etwa 500 – Individuen aus. Stichproben mit 1.000 Individuen können sehr große Grundgesamtheiten abbilden. Sie können weit über 50.000 und sogar über 1.000.000 Individuen repräsentieren.

Wir hatten gesagt, dass bei der Auswahl bestimmter Individuen zwei unterschiedliche Strategien unterschieden werden können. Eine Strategie ist die Repräsentanzorientierung. Wenden wir uns nun der zweiten Strategie zu. Während es bislang um einzelne Merkmale und ihre Verteilung in der Grundgesamtheit und in der Stichprobe ging, könnte der Schwerpunkt einer Studie auch auf der Kombination von Merkmalen – sprich: ihren Verbindungen zueinander – liegen. Liegt der Forschungsfokus darauf, ob es bestimmte Verbindungen von Merkmalen in der Grundgesamtheit gibt, tritt die Frage, ob die Merkmale in Grundgesamtheit und Stichprobe in vergleichbarer Weise verteilt sind, ein Stück weit in den Hintergrund.

In der Illustration in Abbildung 8 sind fünf Individuen dargestellt; innerhalb jedes Individuums gibt es – als Kreise und Waben symbolisiert – zwei verschiedene Merkmale. Durch „+“ und „–“ ist symbolisiert, ob das jeweilige Merkmal positiv oder negativ ausgeprägt ist.

Abbildung 8. Grundgesamtheit und relevanzorientierte Stichprobe

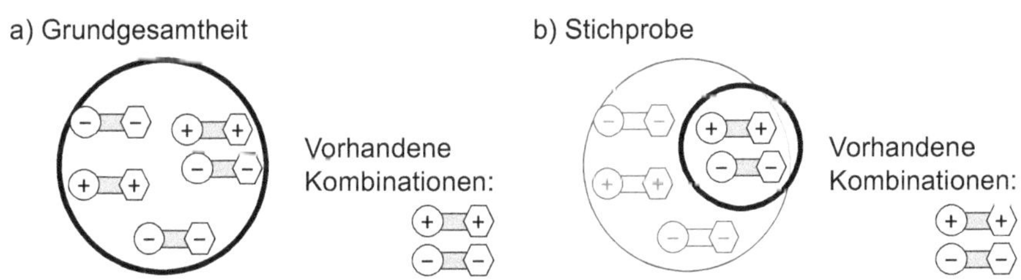

Quelle: Eigene Darstellung

In der Grundgesamtheit in Abbildung 8 gibt es zwei Individuen mit der Kombination „+ +“ und drei mit der Kombination „− −“. Ganz offenbar haben beide Merkmale etwas miteinander zu tun, denn es gilt für alle Individuen: + geht immer mit + einher; − geht immer mit − einher.

Um nun die Verbindung beider Merkmale empirisch untersuchen zu können, ist es besonders wichtig, die existierenden Kombinationen von Merkmalsausprägungen in genügendem Umfang in der Stichprobe zu haben. In unserem sehr vereinfachten Beispiel muss entsprechend sichergestellt sein, dass Individuen mit der Kombination „+ +“ und „− −“ in der Stichprobe sind. Dies zeigt die Illustration der Stichprobe in Abbildung 8, rechts. Anhand der Stichprobe kann man zu demselben Ergebnis gelangen, dass + immer mit + und − immer − einhergeht.

Eine solche Art der Stichprobenziehung ist also dann gelungen, wenn die interessierenden Merkmalskombinationen in der Stichprobe wie auch in der Grundgesamtheit vertreten sind. Etwas alltagssprachlich ausgedrückt könnte man sagen, die Stichprobe muss alle typischen Fälle der Grundgesamtheit enthalten und es sollte plausibel ausgeschlossen werden, dass es viele Individuen in der Grundgesamtheit gibt, die völlig andere Merkmalskombinationen aufweisen als diejenigen in der Stichprobe.

Solche Stichproben sind zwar nicht repräsentativ für die Grundgesamtheit; aber sie beinhalten eine Auswahl ‚relevanter‘ Fälle, weswegen man auch von einer *relevanzorientierten Stichprobe* spricht. Es ist wichtig zu verstehen, dass solche nicht-repräsentativen Stichproben, nicht hinsichtlich der prozentualen Merkmalsverteilungen interpretiert werden dürfen. Die relevanzorientierte Stichprobe ist aber relativ treffsicher, was die Stärke und die Richtung der Verbindungen zwischen zwei (oder mehr) Merkmalen angeht.

Auch bei der relevanzorientierten Stichprobe darf natürlich die Stichprobe nicht winzig sein. Die Herausforderung ist hier dieselbe, wie bei der repräsentanzorientierten Stichprobe: Nämlich, dass die empirische Welt komplexer ist als die Illustration und dass wir nicht genau wissen können, welche Merkmalskombinationen in der Grundgesamtheit vorkommen. Aber was ist dann eine gute Stichprobengröße? Häufig geben Forschende die Empfehlung, dass 200 bis 300 Individuen im Datensatz sein sollten. Es gibt auch Kolleg:innen in der Forschung, die 100 Individuen in der Stichprobe noch für gerade so ausreichend einschätzen würden. Ein etwas anderer Ansatz ist, die Stichprobengröße von der Komplexität der geplanten Analysen und von der (statistischen) Qualität der Daten abhängig zu machen. So wäre eine ganz simple Analyse schon bei vergleichsweise kleinen Stichproben möglich – die Analyse von sehr vielen und komplex miteinander verwobenen Merkmalszusammenhängen, die alle gleichzeitig in einer einzigen Analyse betrachtet werden sollen, bräuchte dann aber eine deutlich größere Stichprobe.

Auch wenn man bzgl. der Größe der Stichprobe keine abschließende Antwort geben kann, merken wir uns als groben Richtwert einfach, dass relevanzorientierte Stichproben häufig um die 200 bis 300 Individuen umfassen. Sollte in einer Publikation mal substanziell von dieser Größenordnung abgewichen werden, dann nehmen wir die geplanten Analysen in den Blick; sind diese sehr komplex, dann ist klar, dass mehr Fälle benötigt werden; sind diese sehr einfach, werden ggf. eher weniger Fälle benötigt. In solch einem Fall können wir erwarten, dass in der Publikation im Stichprobenteil die besonders große oder kleine Stichprobe kommentiert wird. Die Autor:innen der betreffenden Publikation müssten in dem Fall Begründungen dafür liefern, warum dennoch mit dieser Stichprobe sinnvoll gearbeitet werden kann.

2.1.4 Praxis der Stichprobenziehung

Bislang haben wir uns die Stichprobenziehung eher in konzeptioneller Hinsicht vergegenwärtigt. Damit wir beim Lesen von empirisch-quantitativen Publikationen aber genau wissen, worauf wir achten müssen, behandeln wir nun noch genauer einige Herausforderungen in der praktischen Umsetzung der Stichprobenziehung.

Eine besondere Herausforderung, eine repräsentanzorientierte Stichprobe per Zufall zu ziehen, besteht darin, dass man dafür die Grundgesamtheit exakt kennen muss. Genauer gesagt bräuchte es im Idealfall eine Liste, auf der alle Individuen der Grundgesamtheit stehen, sowie die Möglichkeit, diese Individuen dann tatsächlich per Zufall zu ziehen und von diesen dann Daten erheben zu können.

Beispiel 17

Wie das konkret aussehen könnte, vergegenwärtigen wir uns am Beispiel einer bundesweit repräsentativen Befragung von Schulleitungen an Ganztagsschulen, die 2012, 2015 und 2018 durchgeführt wurde (StEG-Konsortium, 2019).

Da die Schulleitungen als Informand:innen für ihre jeweilige Schule angesehen werden, ist die Grundgesamtheit Ganztagsschulen in Deutschland. Um eine repräsentative Stichprobe per Zufall ziehen zu können, ist es nötig, alle Ganztagsschulen in Deutschland in einer Liste aufzuführen.

Eine solche Liste existiert aber nicht, sondern die Forschenden mussten diese Liste nach bestimmten Kriterien erstellen. Erschwerend kam hinzu, dass die Länder jeweils eigene Definitionen haben, was eine Ganztagsschule ist und was nicht. Daher wurde so vorgegangen: „Grundlage für die Ziehung der repräsentativen Schulstichprobe sind Bestandslisten, die dem StEG-Forschungsverbund von den Kultusministerien der Länder zur Verfügung gestellt werden und die alle Ganztagsschulen nach den Landesdefinitionen des jeweiligen Schuljahres enthalten" (StEG-Konsortium, 2019, S. 10).

Mit anderen Worten wurden die einzelnen Länder gebeten, Listen mit ‚ihren' jeweiligen Ganztagsschulen zu erstellen und dem StEG-Forschungsverbund zur Verfügung zu stellen. Diese Listen aus den 16 Bundesländern waren dann die Grundlage für die weitere Stichprobenziehung per Zufall.

Insgesamt wurde dieses Prozedere zur Listenerstellung drei Mal durchgeführt: In 2012 (11.366 Ganztagsschulen in der Liste); 2015 (14.255 Ganztagsschulen in der Liste) und 2018 (15.206 Ganztagsschulen in der Liste).

Sofern die Liste erstellt ist, stellt sich die Frage, wie man diese Individuen dann ganz konkret erreichen soll. Wenn bestimmte Individuen aus der Grundgesamtheit überhaupt nicht erreicht werden können, dann verzerrt dies die Stichprobe, sodass die Vergleichbarkeit zwischen Grundgesamtheit und Stichprobe hinsichtlich bestimmter Merkmale eingeschränkt wird.

Ganz grundsätzlich ist es für repräsentanzorientierte gleich wie auch für relevanzorientierte Stichproben ein Problem, wenn Individuen nicht teilnehmen. Teils hängen bestimmte Merkmale mit der Motivation bei empirischen Studien teilzunehmen zusammen. Das heißt, dass ganz bestimmte Individuen mit bestimmten Merkmalen und Merkmalskombinationen in den Daten gar nicht vorhanden sind. In der Fachsprache ist von Ausfall die Rede. In einigen Publikationen wird der Ausfall transparent gemacht, indem angegeben wird, wie viele von den ausgegebenen Fragebögen auch tatsächlich ausgefüllt wurden. Bezeichnet wird dies als Rücklauf oder auch als Ausschöpfung.

Beispiel 18

Um ein Beispiel kennenzulernen, wie damit umgegangen werden kann, dass bestimmte Individuen nicht mitmachen, schauen wir uns an, wie bei der besagten Schulleitungsbefragung (StEG-Konsortium, 2019) vorgegangen wurde.

Es wurde nicht nur eine einzige Stichprobe aus der Liste gezogen, sondern auch „nach Möglichkeit zwei sogenannte Ersatzschulen […], die kontaktiert werden konnten, um den Ausfall einer ursprünglich gezogenen Schule ggf. […] [ausgleichen zu können] (z. B. bei Schulschließung oder Teilnahmeverweigerung). Dieses

Vorgehen ist üblich, um die Ausschöpfungsquote zu erhöhen und den angestrebten Stichprobenumfang zu erreichen. Es wurde darauf geachtet, dass die ursprünglich gezogenen Schulen sowie deren jeweilige Ersatzschulen aus dem gleichen Bundesland und der gleichen Schulgruppe stammen sowie über eine identische Ganztagsorganisationsform verfügen" (StEG-Konsortium, 2019, S. 15).

Wir sehen hier, dass aus der ursprünglichen Liste (vgl. Beispiel 17) per Zufall gezogen wurde. Passend zu den per Zufall gezogenen Schulen wurden jeweils dann noch zwei passende Ersatzschulen ausgesucht, die bei ausbleibender Antwort zum Einsatz kamen.

Auch wenn eine Ziehung aus der Grundgesamtheit per Zufall in vielen Studien im erziehungswissenschaftlichen Bereich im Prinzip möglich ist, so ist eine Ziehung komplett per Zufall nicht immer die beste Option.

Es wäre forschungsökonomisch nicht praktikabel beispielsweise für die Befragung einer einzigen Schüler:in – die per Zufall aus einer Schüler:innen-Liste gezogen wurde – zu einer Schule zu fahren (Reisekosten, Genehmigungsverfahren, um an dieser Schule erheben zu dürfen, etc.). Vielmehr würde man – wenn man schon mal vor Ort ist – alle Schüler:innen an der Schule befragen, oder zumindest die ganze Klasse.

Eine Ziehung komplett per Zufall ist noch aus einem anderen Grund ggf. nicht praktikabel: Wenn Schulen komplett per Zufall aus den 16 Bundesländern gezogen werden, dann ist es sehr wahrscheinlich, dass insbesondere Schulen aus den bevölkerungsstarken Bundesländern beachtet werden. Dies ist schlichtweg deswegen der Fall, da es in diesen Bundesländern mehr Schulen gibt. Die Wahrscheinlichkeit, dass per Zufall eine Schule beispielsweise aus Bremen gezogen wird, ist sehr klein. Würden wir eine Stichprobe als „repräsentativ" für Deutschland akzeptieren, die gar nicht Schulen aus allen Bundesländern enthält?

Beispiel 19

Nehmen wir das Belspiel noch einmal, repräsentative Aussagen zu Ganztagsschulen in Deutschland treffen zu wollen. In den Zahlen der KMK (2023) findot sich, dass es in 2017 18.686 ganztagsschulische Verwaltungseinheiten gab. Davon waren 88 in Bremen, aber 3.996 in Nordrhein-Westfahlen. An der Gesamtzahl relativiert kommen 21,4 Prozent der ganztagsschulischen Verwaltungseinheiten aus Nordrhein-Westfahlen und 0,5 Prozent aus Bremen. Die Wahrscheinlichkeit bei der Stichprobenziehung zufällig auch eine Schule aus Bremen mit dabei zu haben ist verschwindend klein. Jetzt kommt aber die Frage: Da wir wissen, dass das Bildungssystem in den 16 Bundesländern unterschiedlich ausgerichtet ist, würden wir einer Stichprobe trauen, die gar nicht alle Bundesländer in der Stichprobe hat? Wohl nicht!

In der genannten Schulleitungsbefragung (StEG-Konsortium, 2019) wurde daher wie folgt damit umgegangen: Es wurden Schulen per Zufall gezogen, aber es wurde für jede Schulform festgelegt, dass per Zufall pro Bundesland mindestens 30 Schulen einbezogen werden müssen. Sollten in einem Land in einer betreffenden Schulform nicht 30 Schulen zur Verfügung stehen, wird versucht alle Schulen zu erreichen, die zur Verfügung stehen.

Es gibt offenbar Bundesländer, in denen mehr Schulen einbezogen wurden, als rein per Zufall gezogen worden wären (sog. Disproportionalitäten). Dieses Ungleichgewicht wurde mit einer speziellen Analysemethode (sog. Gewichtung) dann wieder korrigiert.

Ein weiterer Punkt kommt noch hinzu: Schüler:innen sind in Klassen ähnlich, Klassen sind in Schulen ähnlich, Schulen sind in Kommunen ähnlich und Kommunen sind in Bundesländern ähnlich. Das Bildungssystem ist also in mehrere Ebenen untergliedert. Die bisherigen Ausführungen und speziell das Beispiel 19 deuten an, dass es bei der Stichprobenziehung in einem solchen Mehrebenensystem wichtig ist, die Ebenen zu berücksichtigen. Wie durch spezifische Analysen versucht wird, diese Ebenen angemessen zu repräsentieren, ist Thema an späterer Stelle (Abschnitt 3.3.5).

2.2 Datenerhebung und Forschungsdesign

Wenn wir empirisch-quantitative Publikationen lesen, dann interessieren wir uns zumeist für bestimmte Merkmalszusammenhänge oder für Wirkungen pädagogischer bzw. organisatorischer Maßnahmen auf bestimmte Merkmale. Die uns interessierenden Merkmale können allerdings auf unterschiedliche Weise erfasst werden. Dies meint einerseits die Messung des Merkmals selbst. Und dies meint andererseits aber auch, wie die Erfassung des Merkmals in das gesamte Forschungsdesign eingebettet ist. Entsprechend befassen wir uns im Folgenden mit den Prinzipien und der Praxis der Datenerhebung sowie auch mit unterschiedlichen Forschungsdesigns.

2.2.1 Prinzipien der Datenerhebung

Bevor wir uns mit den eigentlichen Datenerhebungsinstrumenten – den Fragen beziehungsweise Fragebögen – auseinandersetzen, müssen wir ein erweitertes Verständnis der Relation der empirischen Welt und der Welt der Zahlen gewinnen. Hierzu greifen wir erneut auf die uns bereits bekannte Unterscheidung der beiden Welten (vgl. Abbildung 1, S. 15) zurück. Diese Vorstellung erweitern wir nun.

Abbildung 9 zeigt die empirische Welt (oben) und die Welt der Zahlen (unten). Im Bereich der empirischen Welt gibt es Merkmale, die von den Informand:innen leicht selbst wahrnehmbar bzw. kommunizierbar sind. Anders ausgedrückt: Bestimmte Informationen, Einschätzungen, etc. lassen sich leicht einholen. Dies ist immer dann der Fall, wenn wir davon ausgehen können, dass die Befragten einfach und vergleichsweise treffsicher auf unsere Fragen antworten können. Man spricht davon, dass es sich um beobachtbare oder messbare Eigenschaften bzw. Merkmale handelt. In der Fachsprache bezeichnet man sie auch als *manifest*. Es lässt sich sehr deutlich an Abbildung 9 erkennen, dass einzig diese Merkmale, zu denen die Individuen leicht und direkt Auskunft geben können, in die Welt der Zahlen überführbar sind. Dies sind die Merkmale, die uns für eine empirisch-quantitative Analyse zur Verfügung stehen.

Abbildung 9. Messung manifester und latenter Variablen

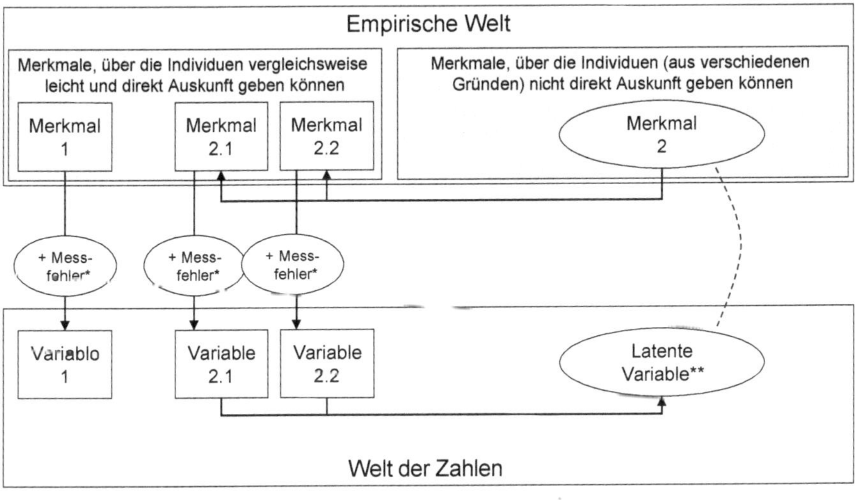

** Der ‚Messfehler' wird im Rahmen der sog. klassischen Testtheorie angenommen.*
*** Latente Variablen sind Thema in Abschnitt 3.3.3.*
Quelle: Eigene Darstellung

Sofern aber Merkmale interessieren, über die Informand:innen – aus verschiedenen Gründen – nicht direkt Auskunft geben können, sind sie als *latent* zu bezeichnen. Solche Merkmale müssen zunächst in gut messbare Merkmale überführt werden. Dies gelingt, indem einzelne messbare Merkmale gesucht werden, die sehr eng mit dem interessierenden Merkmal zusammenhängen, bzw. die von diesem Merkmal hervorgebracht werden. Dies ist ebenfalls in Abbildung 9 dargestellt, indem das Merkmal 2 hinsichtlich der messbaren Merkmale 2.1 und 2.2 spezifiziert wird. Der Fachbegriff hierfür ist *Operationalisierung*, was so viel heißt, wie: messbar machen.

Beispiel 20

Dies können wir uns – orientiert an der Publikation von Fischer, Kuhn, et al. (2011) – vergegenwärtigen. Die Autor:innen bearbeiten die Frage, inwiefern sich die Teilnahme an Ganztagsangeboten auf die „Entwicklung des Sozialverhaltens“ auswirkt.

Erstens können wir die Messung des Sozialverhaltens reflektieren. Es gliedert sich – gemäß Fischer, Kuhn, et al. (2011) – auf in „soziale Verantwortungsübernahme“, „problematisches Verhalten im Schulalltag“ und „Gewalt und Absentismus“. Stellen wir uns einfach mal vor, wir würden Fünftklässler:innen einschätzen lassen: „Wie hoch ist deine soziale Verantwortungsübernahme?“ – voraussichtlich hat eine sprachgewandte Schüler:in eine grobe Ahnung, worum es vielleicht gehen könnte; die meisten Schüler:innen dürften aber keine Ahnung haben, wie sie diese Frage beantworten sollen. Es handelt sich offenbar um ein Merkmal, zu dem Individuen nicht direkt Auskunft geben können, das sich aber in direkt beantwortbare Merkmale unterteilen lässt. Wie die Messung dann durchgeführt wurde, sehen wir uns in Beispiel 22 genauer an.

Zweitens können wir die „Entwicklung“ (des Sozialverhaltens) reflektieren. Auch hier ist schwer vorstellbar, dass Schüler:innen eine zutreffende Antwort auf die Frage „Wie hat sich dein Sozialverhalten über die letzten vier Jahre entwickelt?“ geben können. Ganz offenbar müssen die Forscher:innen hier anders vorgehen und die Schüler:innen zu unterschiedlichen Zeitpunkten mit den gleichen Messinstrumenten zu ihrem Sozialverhalten befragen. In den Analysen müssen dann die Antworten zu den unterschiedlichen Zeitpunkten so zusammengebracht werden, dass dies die Entwicklung des Sozialverhaltens für jedes Individuum abbildet.

Schauen wir uns nun den Vorgang der Messung – unter pragmatischer Perspektive – einmal an. Dafür wollen wir hier für unseren Zweck eine deutliche Vereinfachung vornehmen. Forschende unterscheiden drei grundsätzliche Datenerhebungsmethoden, nämlich die *Befragung* – wozu auch die klassischen Fragebögen gehören –, die *Beobachtung* und die *Inhaltsanalyse*. Wir thematisieren in diesem Buch aber vor allem Fragebögen. Das hat zwei Gründe: Erstens ist die Befragung mittels Fragebogen mit großem Abstand die am häufigsten eingesetzte Methode in der empirisch-quantitativen erziehungswissenschaftlichen Forschung. Standardisierte Beobachtungen und standardisierte Inhaltsanalysen finden sich sehr selten und zu manchen Forschungsthemen praktisch gar nicht. Und zweitens arbeitet die Beobachtung und die Inhaltsanalyse letztlich auch mit Fragebögen als Erhebungsinstrument – nur mit dem Unterschied, dass nicht die untersuchten Personen/Informand:innen den Bogen ausfüllen, sondern geschulte Personen (sog. Rater), die etwas beobachten bzw. einen Inhalt bewerten und dies in den Fragebogen eintragen.

Nehmen wir daher den Fragebogen zur Illustration der Messung: Im Fragebogen finden sich einerseits Fragen (oder stattdessen Aussagen, die bewertet werden sollen, oder bei Tests: Aufgaben, die gelöst werden sollen) und andererseits bestimmte Antwortmöglichkeiten. Das antwortende Individuum muss die Frage lesen, die entsprechenden Gedächtnisinhalte aktivieren, diese mit den Antwortmöglichkeiten abgleichen, und die zutreffende(n) Antwortmöglichkeit(en) – entsprechend der gegebenen Anweisungen – ankreuzen. Jede Antwortmöglichkeit wird daraufhin mit einer Zahl verknüpft, sodass sich für die beantwortete Frage des Individuums ein Zahlenwert ergibt. Die Zahl repräsentiert im Datensatz, wie das Individuum auf die Frage geantwortet hat. Mit den Zahlen im Datensatz können dann Analysen durchgeführt werden, die wir im Detail an späterer Stelle noch besprechen.

Wenn sich Forschende für eine bestimmte Merkmalsausprägung – im Vergleich zu allen anderen Merkmalsausprägungen – interessieren, dann kann eine neue Variable gebildet werden. Wenn beispielsweise Schulleitungen gefragt werden, zu welcher Schulart ihre Schule gehört, müssen sie zumeist aus einer langen Liste die zutreffende Antwort auswählen: [1] Grundschule, [2] Gemeinschaftsschule, [3] Gesamtschule, [4] Gymnasium, [5] Mittel(stufen)schule, usw. Die Messung wäre als kategorial zu bezeichnen, da mittels der vergebenen Zahlen die Schulleitungen in Gruppen aufgeteilt werden können, wobei in jeder Gruppe Schulleitungen derselben Schulart sind.

Interessiert sich die Forscher:in dann für einen Vergleich der Gymnasien mit den anderen Schulen, wird eine neue Variable gebildet, bei denen die Antwort „[4] Gymnasium" den Wert „[1] Gymnasium" erhält und alle anderen Gruppen erhalten den Wert „[0] kein Gymnasium". Diese neue Variable ermöglicht wiederum die Schulleitungen aufgrund der Werte in Gruppen aufzuteilen, aber dieses Mal sind Gymnasialschulleitungen in der einen Gruppe und alle anderen in der anderen Gruppe. Diese 0 | 1-Kodierung wird auch als *Dummy-Kodierung* oder

Dummy-Variable bezeichnet. Allgemeiner werden Variablen mit nur zwei Ausprägungen auch als *dichotom* bezeichnet. Da Dummy-Kodierungen in empirisch-quantitativen Publikationen häufig vorkommen und da sie für einige Methoden (beispielsweise in Abschnitt 3.2.5) eine wichtige Rolle spielen, schauen wir uns hierzu nochmal ein konkretes Beispiel an, das dies illustriert.

Beispiel 21

Wie der Messvorgang genau vonstatten geht, schauen wir uns anhand der Publikation von Fischer, Kuhn, et al. (2011) an. Wie in Beispiel 20 erwähnt, geht es unter anderem um die Teilnahme an Ganztagsangeboten. Die Autor:innen erwähnen, dass die Schüler:innen gefragt worden sind, ob sie an Ganztagsangeboten teilnehmen.

Die in der Studie verwendeten Fragebögen sind online verfügbar, sodass wir dies genauer nachvollziehen können. Genaugenommen wurden die Schüler:innen gefragt: „Zunächst möchten wir wissen, ob du die Ganztagsangebote an deiner Schule besuchst". Die Antwortmöglichkeiten inkl. der vergebenen Zahlencodes sind [1] „Ja, ich besuche die Ganztagsangebote", [2] „Nein, und ich möchte auch nicht an Ganztagsangeboten teilnehmen" und [3] „Nein, aber ich würde schon gerne an Ganztagsangeboten teilnehmen".

Fischer, Kuhn, et al. (2011) interessieren sich in ihrer Publikation vor allem für die Teilnahme ja | nein. Daher wurde eine Umkodierung (Dummy-Kodierung) vorgenommen: [1] bleibt „Ja, ich besuche die Ganztagsangebote", aber die beiden Nein-Antworten werden zu [0] „Nein, ich besuche keine Ganztagsangebote" zusammengefasst.

Wir hatten gesagt, dass die ausfüllende Person die Frage und Antwortmöglichkeiten wahrnimmt, entsprechende Gedächtnisinhalte abruft und zu einer Entscheidung bzgl. der Antwort kommt. Im Großen und Ganzen ist dieser Ablauf immer gleich. Aber doch könnte beim Abruf der relevanten Erfahrungen etwas schieflaufen: Unsere Umgebung, wie wir uns in dem Moment fühlen und auch die Zeit, die uns in dem Moment zur Verfügung steht, beeinflussen, wie viele und welche der relevanten Informationen aus unserem Gedächtnis in dem Moment der Befragung zur Verfügung stehen. Gleiches gilt für den Abgleich der eigenen Erfahrungen mit den Antwortmöglichkeiten. Wenn wir einen schlechten Tag hatten, suchen wir vielleicht nicht so gewissenhaft nach den passenden Antwort-Optionen im Fragebogen, um diese dann anzukreuzen. Mit anderen Worten: Im Normalfall funktioniert die Messung wie beschrieben – aber Messungen sind immer auch messfehlerbehaftet. Messungen sind nie perfekt.

In der Forschung wird viel darangesetzt, dem entgegenzuwirken beispielsweise a) durch eine angenehme, stressfreie Atmosphäre beim Ausfüllen, oder b) durch möglichst sehr gut verstehbare und gut zu beantwortende Fragen, c) dadurch, dass verschiedene Fragen zu einem interessierenden Merkmal gestellt werden, aber letztlich natürlich auch d) durch die Anwendung von statistischen Methoden, um die verschiedenen Messfehler, die in den Daten stecken, identifizieren und bei der Interpretation mitbedenken zu können.

Wir gehen also davon aus, dass es möglich ist, sinnvolle Messungen der Merkmale, die hinsichtlich erziehungswissenschaftlicher Fragestellungen relevant sind, durchzuführen; aber wir wissen, dass bei jeder Messung mit Verzerrungen zu rechnen ist. Auf eine Formel gebracht kann man sagen, der gemessene Wert setzt sich stets zusammen aus dem korrekten bzw. wahren Wert und einem Messfehler-Wert. Die wissenschaftliche Bezeichnung für diese Vorstellung lautet *klassische Testtheorie*. Sie besagt, dass die Messung stets die Merkmale der empirischen Welt widerspiegelt, wobei der Messwert aber einen Messfehleranteil enthält. Es gibt auch andere Messtheorien, wie etwa die *probabilistische Testtheorie*, welche die Schwierigkeit der Frage im Verhältnis zur Fähigkeit einer Person betrachtet. Aber die klassische Testtheorie ist aktuell verbreiteter und diese Vorstellung ist auch für die komplexen Analysen, die wir uns später im Buch noch ansehen werden, besonders nützlich.

Wenn wir nochmal auf Abbildung 9 schauen, dann ist ein wichtiger Punkt noch offen, nämlich die Frage, wie wir Merkmale, über die Individuen nicht gut Auskunft geben können, denn nun analysieren können. Wir hatten gesagt, dass wir sie nicht direkt messen können, sondern dass wir stattdessen verschiedene gut messbare Merkmale finden müssen, die einen eindeutigen Bezug zum eigentlich interessierenden Merkmal haben. Abbildung 9 macht aber deutlich, dass es uns im Kern eigentlich gar nicht um diese messbaren Merkmale (Variable 2.1, 2.2 in Abbildung 9) geht, sondern um das nicht-messbare Merkmal, das dahinterliegt.

Wir lernen in späteren Kapiteln die nötigen Analysemethoden kennen, können hier aber schonmal sagen, dass die einzelnen messbaren Merkmale – die jeweils unterschiedliche Nuancen des eigentlich interessierenden Merkmals abbilden – zusammengebracht werden. Somit entsteht eine sog. *Skala* (in Abbildung 9 als latente Variable bezeichnet), die im Grunde die Essenz der messbaren Merkmale darstellt und somit das nicht direkt messbare Merkmal repräsentiert.

Beispiel 22

Gehen wir – um dies zu illustrieren – noch einmal auf die Publikation von Fischer, Kuhn, et al. (2011) ein. Hier wurde das Sozialverhalten unter anderem bzgl. der sozialen Verantwortungsübernahme gemessen. In Beispiel 20 hatten wir bereits festgestellt, dass eine direkte Messung (Schüler:in wird gefragt: „Wie hoch ist deine soziale Verantwortungsübernahme?“) nicht möglich erscheint. Daher wurden fünf konkrete Handlungsweisen überlegt, die auf die soziale Verantwortungsübernahme unmissverständlich hindeuten. Diese sehen wie folgt aus:

„Wie oft hast du selbst an deiner Schule oder auf dem Schulweg in den letzten 12 Monaten Folgendes gemacht? Ich habe...“

(a) „...andere beim Lernen oder Anfertigen von Hausaufgaben unterstützt.“
(b) „...jüngeren oder neuen Schülern geholfen, sich an der Schule zurechtzufinden.“
(c) „...dafür gesorgt, dass unsere Plätze und Klassenräume sauber bleiben.“
(d) „...mich aktiv engagiert, um einen Konflikt gewaltfrei zu lösen.“
(e) „...mich selbst gegen Störungen im Unterricht eingesetzt.“

Diese Aussagen konnten auf fünf Stufen beantwortet werden, die die Häufigkeit abbildet, wie oft das jeweilige Verhalten von der Schüler:in gezeigt wurde. Folgende Zahlen wurden für diese Antwortkategorien vergeben:

5 „fast täglich“
4 „mehrmals wöchentlich“
3 „mehrmals im Monat“
2 „alle paar Monate“
1 „nie“

Es liegt auf der Hand, dass eine Schüler:in, die „fast täglich“ andere bei Hausaufgaben unterstützt (Wert 5), jüngeren hilft (Wert 5), für Sauberkeit sorgt (Wert 5), schlichtet (Wert 5) und sich gegen Störungen im Unterricht einsetzt (Wert 5) auf der Skala soziale Verantwortungsübernahme den Gesamtwert 5 (fünf Mal den Wert fünf, geteilt durch die Anzahl der Items) erhalten sollte, was soviel bedeutet wie „sehr ausgeprägte“ soziale Verantwortungsübernahme.

Die Skalenbildung funktioniert im Prinzip also so, dass verschiedene direkt messbare Merkmale zusammen betrachtet werden. Allerdings muss die Forscher:in in einer ganzen Reihe an Analysen zunächst belegen, dass die Skalenbildung in dem jeweiligen Fall auch wirklich inhaltlich schlüssig ist. Auch die Art und Weise der Skalenbildung kann auf ganz unterschiedliche Weise erfolgen. Dies sind aber Detailfragen, die später im Buch nochmals aufgegriffen werden.

Wir sollten noch eine Unterscheidung kennenlernen, da sie in Publikationen häufig eine Rolle spielt. Der Begriff Skala wird allgemein verwendet, wenn einzelne messbare Merkmale zusammengebracht werden, um zusammengenommen ein nicht-messbares Merkmal zu repräsentieren. Dies aber vor allem dann, wenn es aus den empirischen Analysen konkrete Hinweise darauf gibt, dass die gemessenen Merkmale gut zusammenpassen. Sollte die Zusammenstellung bestimmter messbarer Merkmale allerdings eher auf plausiblen Überlegungen – statt auf empirischen Analysen – fußen, so bezeichnet man die latente Variable nicht als Skala, sondern als *Index*.

Beispiel 23

Auch hierfür wollen wir uns kurz ein Beispiel ansehen. Die Publikation von Holtappels (2008) enthält Analysen zur Bandbreite der Ganztagsangebote an Ganztagsschulen. Ohne ins Detail dieser Analysen zu gehen, können wir hieran sehen, wie ein Index gebildet wird.

So wurden die Schulleitungen beispielsweise gefragt, ob es folgende Angebotstypen bei ihnen an der Ganztagsschule gibt oder nicht: mathematische Angebote, naturwissenschaftliche Angebote, Deutsch/Literatur, Fremdsprachenangebote, sportliche Angebote und musisch-künstlerische Angebote. Sie konnten antworten mit [0] Nein oder [1] Ja.

Mit Blick auf die genannten Angebote stellt Holtappels (2008) fest, dass es sich um fachbezogene Angebotsformen handelt. Dies wird als plausible Begründung genommen, um die genannten sechs Angebotstypen für jede Schule zusammen zu rechnen. Eine Schule, die keins dieser Angebote hat, erhält hinsichtlich der Bandbreite der fachbezogene Angebotsformen den Indexwert „0“. Eine Schule, die alle sechs Angebotstypen an der Schule hat, erhält den Indexwert „6“, was bedeutet, dass sie die maximale Bandbreite hinsichtlich fachbezogener Angebotsformen aufweist.

2.2.2 Fragebogen und Fragentypen

Bis hierhin dürfte deutlich geworden sein, dass die Übersetzung bestimmter Merkmale der empirischen Welt in die Welt der Zahlen möglich ist und dass wir aber mit kleinen Messfehlern rechnen müssen. Forschende versuchen möglichst sicherzustellen, dass die Messfehler unabhängig vom Fragebogen sind – mit anderen Worten: Jede Frage und jede Antwortoption muss von den Ausfüllenden hundertprozentig verstanden werden, damit sie auch treffsicher ausgefüllt werden kann.

Dies wirft die Frage auf, was eine gute Frage ist und was geeignete Antwortformate sind.

Eine Frage in einem Fragebogen wird als Item bezeichnet. Selten spricht man auch von einem „Indikator", wobei hiermit häufig gemeint ist, dass hinter dem Item ein nicht-messbares Merkmal steht, das durch das Item angezeigt (lat. indicare, dt. anzeigen) wird.

Qualitativ hochwertige Items in Fragebögen bezeichnete Rensis Likert – einer der Pioniere der Fragebogenmethode – als „klar, prägnant und geradeheraus" (clear, concise, and straight-forward; Likert, 1932, S. 45). Damit ist praktisch alles gesagt, was wir wissen müssen. Items die unklar, oder umständlich oder mehrdeutig sind, kommunizieren mit der Person, die mit dem Item klarkommen muss, nicht effektiv genug.

Zu guten Items sind ganze Bücher geschrieben worden und es ist für Forschende ein langer Weg, die Formulierung guter Items zu erlernen. Für uns, die wir Publikationen lesen, verstehen und nutzen wollen, sind diese Details alle nicht entscheidend. Itemformulierungen finden sich teils in Publikationen – zumindest aber werden Beispielitems genannt. Damit wir uns ein eigenes Bild von der Qualität der Items machen können, gehen wir im Folgenden kurz die vier häufigsten Fallstricke bei der Itemformulierung durch.

Fallstrick 1: Doppelte Aussagen in einem Item. Ein gutes Item enthält eine einzige Aussage. In der Konstruktion von Items kann es Forschenden passieren, dass zu viel Gehalt in ein einziges Item gesteckt wird – dass (versehentlich) zwei oder manchmal sogar drei Sachverhalte in einer Frage verpackt sind. In der Beantwortung ist den Befragten dann häufig nicht klar, worauf sich die Antwortmöglichkeiten beziehen. Und bei der Analyse weiß man nicht, worauf die Befragten reagiert haben.

Fallstrick 2: Für die Zielgruppe unverständliche Formulierungen der Items. Die verwendeten Begriffe in einem Item müssen der Zielgruppe geläufig sein. Und die Satzkonstruktion und -länge muss der Zielgruppe angemessen sein: Die verwendete Sprache ist in einem Fragebogen für Kinder etwas anders als in einem Fragebogen für Lehrkräfte.

Fallstrick 3: Allaussagen statt konkreter Sachverhalte. Starke Verallgemeinerungen wie ‚Alle finden die Angebote gut' sind zu vermeiden. Für die Befragten ist es müßig und nur bedingt möglich, die Perspektive ‚aller' einzunehmen. Und letztlich antwortet man dann so wie es einem als sozial erwünscht erscheint und nicht, wie man selbst über das Thema denkt.

Fallstrick 4: Doppelte Verneinungen (in Kombination mit dem Antwortformat). Und nicht zuletzt werden Items manchmal negativ formuliert. Dies geschieht oftmals in bester Absicht; beispielsweise um die Aufmerksamkeit der Befragten anzuregen. Aber in Kombination mit dem Antwortformat kann dies kognitiv sehr herausfordernd werden, wenn man beispielsweise etwas mag, aber auf das Item „Ich mag dies nicht“ mit „trifft nicht zu“ antworten muss. Das negativ bzw. verneint formulierte Item muss verneint werden, um es zu bejahen. Dies ist sehr umständlich und Befragte sind von solchen Aufgaben häufig schlichtweg genervt.

Neben der Frage-/bzw. Aussageformulierung ist das Antwortformat ebenfalls wichtig. Das Antwortformat verrät, ob ein Item kategoriale Daten oder metrische Daten hervorbringt (wir werden uns mit dieser Unterscheidung in Abschnitt 2.3 noch einmal genauer auseinandersetzen). Kategorial meint, dass die Antwortmöglichkeiten die Antwortenden in Gruppen unterteilt (vgl. dazu das Beispiel 21). Metrisch meint, dass Antwortende, bei denen ein bestimmtes Merkmal stärker ausgeprägt ist, einen höheren Zahlenwert zugewiesen bekommen; bei geringerer Ausprägung einen entsprechend geringeren Zahlenwert (vgl. dazu das Beispiel 22).

2.2.3 Forschungsdesign

Die Erfassung der interessierenden Merkmale ist abhängig von der allgemeinen Vorgehensweise in einem Forschungsprojekt. Diese Vorgehensweise wird als Forschungsdesign bezeichnet. Forschungsdesign meint den Plan oder die Struktur einer wissenschaftlichen Untersuchung. Das Design einer Untersuchung planen Forscher:innen jeweils passend zur Fragestellung beziehungsweise zu den Fragestellungen einer Studie.

Interessiert man sich gemäß Forschungsfrage für ein einziges Merkmal zu einem bestimmten Zeitpunkt, so ist das Forschungsdesign klar: Das Merkmal wird zu einem Messzeitpunkt von relevanten Informand:innen – voraussichtlich von den Individuen, die selbst Merkmalsträger:innen sind – erhoben.

Haben wir es nur mit einem einzigen interessierenden Merkmal zu tun, stellt sich bei der Ergebnisinterpretation ggf. aber die Frage: Sind die Werte hoch oder niedrig? Das kann man pauschal nicht wirklich einschätzen – wir haben keinen Vergleich. Unter anderem deshalb ist es nützlich, sich nicht bloß für die Verteilung eines einzigen Merkmals, sondern für Merkmalszusammenhänge zu interessieren: Somit kann man analysieren, ob – zu einem gegebenen Zeitpunkt – bestimmte Werte auf einem Merkmal auffällig häufig mit bestimmten Werten auf einem anderen Merkmal einhergehen. Oder die Ausprägungen eines Merkmals werden getrennt für zwei Gruppen ausgegeben und miteinander verglichen. In beiden Fällen haben wir für die Ausprägungen eines Merkmals jeweils eine Referenz, nämlich die Ausprägungen eines anderen Merkmals. Noch weitere Merkmale können einbezogen werden, die zum jeweiligen Zeitpunkt hinsichtlich ihrer komplexen Verbindungen miteinander betrachtet werden.

Egal wie viele Merkmale zu einem Messzeitpunkt betrachtet werden, es handelt sich um ein *querschnittliches Forschungsdesign*. Diese Momentaufnahme dürfte für viele Fragestellungen ausreichend sein, nämlich immer dann, wenn die Frage ist, inwiefern bestimmte Merkmale miteinander in Verbindung stehen.

Wenn die einzelnen Individuen zu einem einzigen Zeitpunkt untersucht werden, dann können wir einzelne Werte auf den untersuchten Merkmalen gegeneinanderhalten. Letztlich wissen wir aber nicht, ob die einzelnen Werte für die jeweiligen Individuen typisch sind, oder ob sich die Werte erst jüngst so entwickelt haben und warum. Speziell wenn eine wissenschaftliche Fragestellung bestimmte Entwicklungen, Veränderungen, Wirkungen, etc. beinhaltet, kommt das querschnittliche Forschungsdesign an seine Grenzen. Wir benötigen vielmehr ein *längsschnittliches Forschungsdesign*, bei dem die Individuen über die Zeit hinweg mehrfach untersucht werden. Werden exakt dieselben Individuen mehr als einmal untersucht, spricht man von einem längsschnittlichen *Paneldesign* (im Unterschied zum längsschnittlichen Trenddesign, was wir danach noch kennenlernen).

Dieses Forschungsdesign ermöglicht, einzelne Individuen individuell in ihrem Antwortverhalten über die Zeit hinweg nachzuverfolgen. Dies bietet ein großes Potenzial für Analysen, denn man hat die Möglichkeit, die interessierenden Merkmale zum zweiten Messzeitpunkt anhand des Wertes zum ersten Messzeitpunkt zu relativieren. Hohe Werte zum zweiten Messzeitpunkt sind nämlich nicht in jedem Fall auch ‚gut' – ggf. hatte das Individuum zum ersten Messzeitpunkt sogar sehr hohe Werte und die Messwerte sind im betrachteten Zeitraum etwas geringer geworden. Die individuellen Verläufe zu analysieren ist daher Teil vieler erziehungswissenschaftlicher Fragestellungen.

Beispiel 24

Nehmen wir als Beispiel für ein solches Forschungsdesign einen Ausschnitt aus der ersten Phase der Studie zur Entwicklung von Ganztagsschulen (StEG-Konsortium, 2010). Unter anderem wurde in der Sekundarstufe I für die Erhebung in 2005 eine Schüler:innenstichprobe in 14 von 16 Bundesländern gezogen. Das Forschungsdesign kann wie in Abbildung 10 illustriert werden.

Abbildung 10. Forschungsdesign von StEG 2005–2011

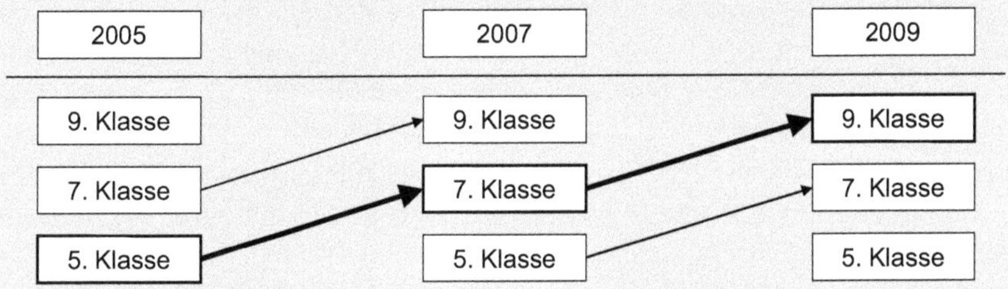

Quelle: Die Darstellung orientiert sich an StEG-Konsortium (2010, S. 6)

Die 2005 befragten Schüler:innen der Sekundarstufe I waren in den Klassen 5, 7 und 9. Die Schüler:innen in der 5. und 7. waren in 2007 dann in der 7. und 9. Klasse und wurden vom Projektteam dort wieder befragt. Neu hinzugenommen wurden Schüler:innen, die in 2007 in die 5. Klasse kamen. Die Schüler:innen, die in 2005 in der 5. waren, waren 2009 dann in der 9. und wurden dort wieder befragt. Diese Schüler:innen sind für Analysen besonders interessant, da über drei Messzeitpunkte ihre Entwicklungen über vier Jahre hinweg nachverfolgt werden können. Jene, die in 2007 in der 5. waren wurden in 2009 dann in der 7. befragt und die Fünftklässler in 2009 wurden ebenfalls befragt.

Längsschnittliche Paneldesigns sind sehr aufwändig in der Umsetzung. Die Bereitschaft von Individuen, in einem Panel längerfristig mitzumachen sinkt zunehmend. Das heißt, dass die Anzahl der Individuen, die bei der zweiten Befragung dabei sind, voraussichtlich kleiner ist als die Anzahl zum ersten Messzeitpunkt. Sollten weitere Messzeitpunkte geplant sein, wird voraussichtlich die Zahl der Teilnehmenden an der Studie immer kleiner. Man spricht in diesem Zusammenhang auch von *Panelmortalität* und meint die kleiner werdende Zahl an der Studie teilnehmender Personen in längsschnittlichen Paneldesigns.

Die einzelnen Individuen einer Stichprobe in der genannten Art nachzuverfolgen hat viele Vorteile und große Analysepotenziale. Allerdings hat sie auch einen entscheidenden Nachteil: Die verwendete Stichprobe wird zum ersten Messzeitpunkt gezogen und dann wiederverwendet. Wenn sich im Bildungssystem erhebliche Änderungen vollziehen, dann können diese mit einem Paneldesign nicht aufgedeckt werden, da das System praktisch nur zu einem Zeitpunkt – eben durch die ursprüngliche Stichprobenziehung – abgebildet wird.

Will man aber Trends auf Systemebene in den Blick bekommen, so muss anders vorgegangen werden. Nachdem eine Stichprobe gezogen wurde und nachdem dann etwas Zeit vergangen ist, muss eine komplett neue Stichprobe – nach derselben grundsätzlichen Vorgehensweise, wie die erste – gezogen werden. Diese dient als frisches Abbild der Grundgesamtheit zu einem weiteren Messzeitpunkt.

Da hier ebenfalls mehrfach Daten erhoben werden, spricht man ebenfalls von einem längsschnittlichen Design. Da aber die Individuen nicht nachverfolgt werden, nennt es sich *Trenddesign* – sicherlich, da mittels dieses Forschungsdesigns Trends sichtbar gemacht werden können. Nachteil des Trenddesigns ist, dass die Individuen nicht nachverfolgt werden. Aussagen hinsichtlich individueller Entwicklungsverläufe verbieten sich ausdrücklich, da diese nicht durch die Daten abgebildet werden.

Beispiel 25

Im vorigen Beispiel 24 wurde deutlich, dass in der ersten Phase der Studie zur Entwicklung von Ganztagsschulen Standorte in 14 Bundesländern einbezogen wurden. Diese wurden im Schuljahr 2004/05 repräsentativ ausgewählt. Dies gilt speziell für die Daten aus 2005. In 2007 und 2009 wurden an denselben Ganztagsschulen möglichst dieselben Individuen nochmal befragt (Panel). Daher repräsentieren die in 2007 und in 2009 erhobenen Daten das Ganztagsschulsystem des Schuljahres 2004/05.

In dem Zeitraum der Datenerhebungen von 2005 bis 2009 hat sich die Ganztagsschullandschaft aber erheblich gewandelt. Gemäß der KMK-Daten waren 2005 nur 28,3 Prozent der Schulen in Deutschland Ganztagsschule, in 2009 waren es schon 46,8 Prozent. Die umwälzenden Trends im Schulsystem zu der Zeit bekommt man mit den genannten StEG-I-Daten nicht in den Blick, da das Panel die Veränderungen des Systems nicht abbildet.

Daher wurde in der zweiten (2012–2015) und dritten Phase (2016–2019) der Studie ein sog. StEG-Systemmonitoring etabliert, das systematisch die Trends des Ganztagsschulsystems erfassen sollte (StEG-Konsortium, 2019). Hierfür war es nötig 2012, 2015 und 2018 eine jeweils aktuelle, repräsentative Stichprobe zu ziehen. Die Erhebungsinstrumente mussten gleich bleiben, um die inhaltliche Vergleichbarkeit zu gewährleisten.

Bei der Interpretation von Trend-Daten ist Vorsicht geboten. Beispielsweise zeigen die Trendanalysen, dass die Anzahl der Kooperationspartner – sprich: mit der Schule kooperierende Institutionen – pro Ganztagsschule im untersuchten Zeitraum im Schnitt weniger werden (StEG-Konsortium, 2019). Dies muss nicht unbedingt bedeuten, dass jede Ganztagsschule wirklich Kooperationen aufkündigt. Der Rückgang im Trend könnte beispielsweise auch dadurch zustande kommen, dass viele Ganztagsschulen neu gegründet werden, die eben noch keine oder wenige Kooperationspartner haben. Während in diesem Fall an der Anzahl der Kooperationspartner an bestehenden Ganztagsschulen sich gar nichts ändert, geht doch – durch diese Neugründungen vorerst ohne Kooperationspartner – der Schnitt der Anzahl an Kooperationspartnern pro Ganztagsschule zurück.

Zuletzt wollen wir uns noch kurz vergegenwärtigen, wo wir genannte Informationen in der empirisch-quantitativen Publikation finden. Es gibt nämlich häufig keinen dezidierten Teil mit der Überschrift Forschungsdesign. Da sich das Forschungsdesign maßgeblich aus der Anzahl der Datenerhebungen und der Anzahl der Stichprobenziehungen ergibt, lohnt sich zunächst ein Blick in die Passage in der empirisch-quantitativen Publikation, in der die Stichprobe erläutert wird. Im Falle einer mehrmaligen Messung müssten in dem Teil, in dem die Messinstrumente vorgestellt werden, erläutert werden, ob die Messung geeignet ist für die längsschnittliche Auswertung. Und letztlich sollten wir bei längsschnittlicher Auswertung auch in dem Teil zu Auswertungsmethoden entsprechende Hinweise finden können.

Beispiel 26

Bei Fischer, Kuhn, et al. (2011) finden wir im Methodenteil zunächst einmal unter „Stichprobe" den Hinweis auf die „Längsschnittkohorte" von StEG. Dies ist die in Beispiel 24 fett hervorgehobene Gruppe von Schüler:innen, die 2005 in der 5., 2007 in der 7. und 2009 in der 9. Klasse waren. Weiterhin findet sich an dieser Stelle der Hinweis, dass für bestimmte Analysen solche Schüler:innen ausgewählt wurden, die zu mindestens zwei Messzeitpunkten Ganztagsangebote besucht haben. Bei den Skalen findet sich der Hinweis, dass „mit der gesamten Panelstichprobe die Messinvarianz über drei Wellen überprüft" (Fischer, Kuhn, et al., 2011, S. 254) wurde. „Welle" ist ein anderes Wort für Messzeitpunkt und hier wird sogar der Begriff Panel verwendet. Diese – und noch mehr – Hinweise lassen den Schluss zu, dass es sich hier um ein Längsschnitt-Panel Forschungsdesign handelt.

2.3 Analysestrategie

Im Methodenteil von empirisch-quantitativen Publikationen haben wir uns bislang mit der Stichprobe und der Datenerhebung sowie mit dem Forschungsdesign auseinandergesetzt. Wir haben zudem bereits eine konkrete Vorstellung davon, wie die Fragestellung visualisiert werden kann. Ein Schritt fehlt, bevor wir uns intensiv mit den einzelnen Analysemethoden beschäftigen können: Wir müssen uns erarbeiten, welche Analysen wir – aufgrund der genannten Informationen – erwarten können. Nur wenn wir eine konkrete Vorstellung hinsichtlich der Analysestrategie, die in einer empirisch-quantitativen Publikation verfolgt wird, haben, werden wir uns sinnvoll mit dem Ergebnisteil auseinandersetzen können. Mit anderen Worten: Wir müssen bereits vor der Beschäftigung mit dem Ergebnisteil eine klare Vorstellung davon haben, was uns erwartet, um erfolgreich in den hoch komplexen Analysen des Ergebnisteils navigieren zu können.

2.3.1 Variablen und ihre Positionen im Kontext von Analysen

Während es bislang vor allem um Merkmale ging, hatten wir zuletzt genauer angesehen, wie diese Merkmale durch Messen in die Welt der Zahlen übertragen werden. Dort wurden sie dann als Variablen bezeichnet. Hier und im Folgenden geht es nun schwerpunktmäßig um Variablen. Eine Variable repräsentiert einen messbaren Sachverhalt der empirischen Welt.

Jedes in die Datenerhebung einbezogene Individuum hat einen eigenen Zahlenwert bezüglich dieser einen Variable; wobei der Zahlenwert auf die entsprechende Eigenschaft in der empirischen Welt hinweist. Wir sollten uns dies stets in Erinnerung rufen: Quantitativ Forschende arbeiten nicht mit reinen Zahlen, sondern mit Zahlen als Stellvertreter für Ausprägungen konkreter Merkmale in der empirischen Welt.

Ganz praktisch gesprochen liegen Daten, mit denen Forschende arbeiten, in Tabellenform vor. In den meisten Fälle entsprechen die Zeilen der Tabelle den Individuen und die Spalten entsprechen den Variablen. Eine Spalte stellt also die Variable dar, wobei jedes Individuum mit Blick auf die Variable/Spalte in der Tabelle einen bestimmten Wert aufweist. Dies ist der Normalfall; es gibt nur eine Hand voll Analysen, die ein etwas anderes Datenformat erfordern.

Schauen wir uns eine Variable genauer an, so sollte die Variable unterschiedliche Werte („variabel") aufweisen. Eine Variable, die für alle einbezogenen Individuen denselben Zahlenwert aufweist (sog. Konstante), ist für eine quantitativ-statistische Analyse nicht sonderlich informativ. Dies erschließt sich uns, wenn wir uns fragen, wie die Werte auf der Variablen zu erklären sind: Wir können nicht Individuen mit hohen Werten mit denjenigen mit geringen Werten vergleichen und schauen, inwiefern sie sich mit Blick auf weitere Variablen ggf. unterscheiden. Wenn alle denselben Wert haben, ist diese Frage nur mittels Spekulationen zu beantworten und nicht mittels empirischer Analysen.

Der erste Analyseschritt besteht daher darin, herauszufinden wie einzelne Variablen mit Blick auf die Ausprägungen für jedes Individuum aussehen. Bezeichnet wird dies als univariate Analyse (Details hierzu besprechen wir in Abschnitt 3.1).

Jede Variable steht in solchen Analysen allein da und es wird für die betreffende Variable geprüft, welche Werte es gibt und wie viele Individuen es genau gibt, die diese Werte jeweils aufweisen.

Besonders interessant wird es, wenn in die Betrachtung eine zweite Variable hinzugenommen wird und beide Variablen nun gleichzeitig betrachtet werden. Dies wird als bivariate Analyse bezeichnet (vgl. Abschnitt 3.2). Die Variable steht nun nicht mehr alleine, sondern es werden Paare von Variablen betrachtet. Dies werden wir als einfache Verbindung kennenlernen.

Selten stehen die Variablen gleichwertig nebeneinander. Viel häufiger steht eine der beiden Variablen im Zentrum des Interesses und diese Variable soll erklärt werden (die sog. *abhängige Variable, aV*). Zur Erklärung wird eine andere Variable herangezogen (die sog. *unabhängige Variable, uV*). Die Erklärungskraft hat also die Richtung „uV erklärt aV". Dies werden wir unter dem Begriff gerichtete Verbindung später in Abschnitt 3.2 noch im Detail besprechen.

Schauen wir auf die Fragestellungen der empirisch-quantitativen Forschung im Bereich der Erziehungswissenschaft, so können sich Forscher:innen in den seltensten Fällen damit begnügen, uni- oder bivariate Analysen zu machen. Häufig müssen aus unterschiedlichen Gründen mehr als zwei Variablen gleichzeitig analysiert werden, was als multivariate Analyse bezeichnet wird (vgl. Abschnitt 3.3). Zu diesen Gründen zählt unter anderem, dass die Ergebnisse gegen weitere Kontext-, Organisations- oder Individualmerkmale abgesichert werden sollen. Sofern der Zusammenhang zweier bestimmter Variablen interessiert, bedeutet der Einbezug solcher sog. *Kontrollvariablen*, dass weitere Variablen in der Analyse berücksichtigt werden, um potenzielle Verzerrungen in der Analyse statistisch zu berücksichtigen. Trotz Einbezug dieser Kontrollvariablen bleibt unser Hauptinteresse auf dem Zusammenhang der eigentlichen unabhängigen und abhängigen Variablen.

Beispiel 27

Dieses Prinzip ist sehr wichtig für uns, um die Übersicht nicht zu verlieren. Daher vergegenwärtigen wir uns dies am Beispiel der Publikation von Dohrmann et al. (2021).

Es geht hier um die Hausaufgabenbetreuung bzw. um Lernzeiten (HAB/LZ) an Ganztagsschulen. Diese Lernsettings sind herausforderungsvoll in der Umsetzung, unter anderem da eine erwachsene Person in dem Angebot nicht allen Schüler:innen gleichzeitig helfen kann. Daher untersuchen Dohrmann et al. (2021) das Konzept, ältere Schüler:innen dafür zu gewinnen, jüngeren Schüler:innen in der Hausaufgabenbetreuung bzw. in der Lernzeit zu helfen. In der Forschungsliteratur spricht man auch von „Peer-Mentoring".

Eine Fragestellung lautet: „Unterscheiden sich die Schülerinnen und Schüler, die eine herkömmliche HAB/LZ besuchen, von denen, die in einem vergleichbaren Angebot mit Peer-Mentoring sind, hinsichtlich ihres wahrgenommenen Lern- und Motivationsgewinns sowie ihrer Fachleistungen?" (Dohrmann et al., 2021, S. 107). Die visualisierte Fragestellung findet sich in Abbildung 11 (weiße Kästen).

Abbildung 11. Visualisierung der ersten Fragestellung von Dohrmann et al. (2021)

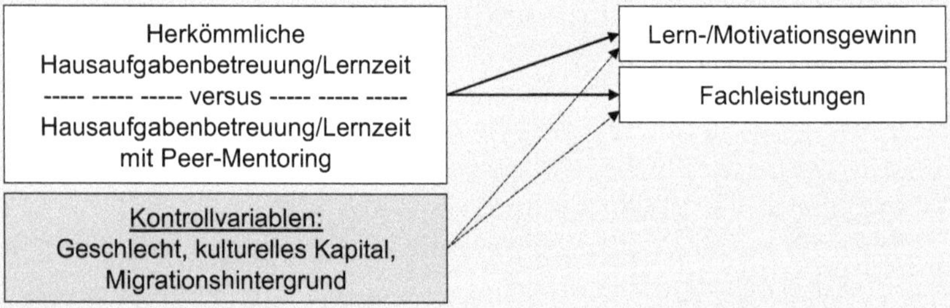

Quelle: Eigene Darstellung

Hinsichtlich der Analysen wird in der Publikation beschrieben, dass „bei allen Modellen [...] die soziodemografischen Merkmale der Schülerinnen und Schüler kontrolliert" (Dohrmann et al., 2021, S. 111) wurden. Diese Formulierung meint, dass weitere Variablen – die im Kern nicht direkt etwas mit der Fragestellung oder der Hypothese zu tun haben, die aber ggf. das Ergebnis mit beeinflussen könnten – in die Analyse mit einbezogen werden. Die Kontrollvariablen sind: Geschlecht ([1] Jungen versus [0] nicht-Jungen), kulturelles Kapital (fünf Ausprägungen von [1] keine/wenig Bücher zu Hause bis [5] sehr viele Bücher) und Migrationshintergrund ([1] Migrationshintergrund versus [0] kein Migrationshintergrund). Der Einfluss dieser drei Variablen auf die abhängigen Variablen wurde der visualisierten Forschungsfrage hinzugefügt (grauer Kasten).

Auch an diesem Beispiel wird deutlich, dass Variablen im Kontext von Analysen ganz bestimmte Positionen einnehmen. Es ist daher wichtig, dass wir unseren Blick auf die Forschungsfrage schärfen und dass wir aktiv herausarbeiten, welche Variablen explizit dazu gedacht sind, die Forschungsfrage zu beantworten und welche Variablen zusätzlich eingesetzt werden, um die Analyse aussagekräftiger und robuster zu machen.

2.3.2 Fehlende Werte

Wir sollten an dieser Stelle zu den Variablen noch eine Erweiterung der Perspektive vornehmen. In den bisherigen Ausführungen sind wir davon ausgegangen, dass die Individuen auf die Fragen auch wirklich antworten – das heißt, wir sind davon ausgegangen, dass der Datensatz vollständig ist. Dies ist keinesfalls immer der Fall. Sehr häufig fehlen Werte im Datensatz und die Frage hinsichtlich der Analysestrategie ist, wie man damit umgeht.

Der Begriff *fehlende Werte* (im Sprachgebrauch sagt man auch kurz *Missings*) bezieht sich hauptsächlich darauf, dass man eigentlich erwartet hätte, zu allen Fragen des Fragebogens Antworten zu bekommen. Teilweise wollen bestimmte Personen auf einige Fragen nicht antworten. Werte werden beispielsweise auch als fehlend eingestuft, wenn sie völlig unplausibel sind.

Eine wichtige Unterscheidung ist, ob die fehlenden Werte zufällig oder systematisch auftreten. Zufällig auftretende Missings sind eher weniger problematisch. Wenn aber fehlende Werte mit bestimmten Personen-Variablen zusammenhängen (dies zu analysieren nennt man Missing-Analyse), dann sind aller Voraussicht nach die Ergebnisse verzerrt.

Wenn in der Publikation nichts weiter zu fehlenden Werten steht, dann werden fehlende Werte mit hoher Wahrscheinlichkeit nicht speziell bearbeitet. Das bedeutet dann aber, dass bei der Analyse von zwei oder mehr Variablen nur solche Individuen einbezogen werden, von denen vollständige Informationen vorliegen. Dieses Vorgehen nennt sich „listwise deletion“ (dt. Ausschluss von Individuen entlang der Liste; fallweiser Ausschluss).

Der Verlust an Fällen für die Analyse ist teilweise nicht erheblich, sodass gegen dieses Verfahren nichts einzuwenden ist. Teilweise – insbesondere bei Analysen, in die mehr als zwei Variablen einbezogen werden – reduziert sich die Zahl der analysierten Individuen aber drastisch. Das liegt daran, dass jedes Individuum, das auf irgendeiner der betrachteten Variablen einen fehlenden Wert hat, nicht Teil der Analyse ist.

Wir, die wir empirisch-quantitative Publikationen lesen, können die Stichprobengroße am Anfang des Methodenteils mit den Stichprobengrößen im Ergebnisteil vergleichen, und wir bekommen somit einen Eindruck, wie viele Individuen nicht analysiert wurden, weil die Daten nicht vollständig vorlagen (wobei wir die Analysestrategie genau in den Blick nehmen müssen, ob nicht bewusst von den Forschenden nur ein Teil der Stichprobe in die Analysen einbezogen wurden).

Da das Problem der Missings umso größer wird, je komplexer die Analysen werden, finden sich gerade in umfangreicheren Analysen zwei hauptsächliche Verfahrensweisen, um konstruktiv mit Missings umzugehen.

Das erste Verfahren ist die sogenannte *Imputation*. Imputation meint, dass die Missings durch plausible Werte direkt im Datensatz ersetzt werden. Zu diesen plausiblen Werten kommt man auf unterschiedliche Weise. Das Grundprinzip ist aber immer, dass weitere im Datensatz verfügbare Informationen genutzt werden, mittels derer plausible Werte geschätzt werden, die für das einzelne Individuum den fehlenden Wert sinnvoll auffüllen können.

Beispiel 28

Wir erinnern uns an Beispiel 22: Wir wollten dort die soziale Verantwortungsübernahme hinsichtlich fünf messbarer Merkmale messen. Eine Schüler:in gab an, „fast täglich" andere bei Hausaufgaben zu unterstützen (Wert 5), jüngeren zu helfen (Wert 5), für Sauberkeit zu sorgen (Wert 5) und zu schlichten (Wert 5); was wäre aber, wenn die Person – aus nicht rekonstruierbaren Gründen – auf der Variable „sich gegen Störungen im Unterricht einsetzen" ein Missing hätte? Aufgrund der weiteren Informationen, die wir über diese Person haben, handelt es sich um eine Person mit stark ausgeprägter sozialer Verantwortungsübernahme. Wäre es wirklich gerechtfertigt, diese Person von den Analysen auszuschließen, nur weil ein Wert fehlt? Oder würde es nicht Sinn machen, aufgrund der weiteren Informationen, die wir zu dieser Person haben, zu schätzen, dass die Person sich voraussichtlich „fast täglich" auch gegen Störungen im Unterricht einsetzt, damit diese Person mit einem hohen „soziale Verantwortungsübernahme"-Wert in die Analysen einbezogenen werden kann?

Die Schätzung einzelner fehlender Werte aufgrund weiterer Informationen aus dem Datensatz ist natürlich keinesfalls perfekt. Es handelt sich eben um eine Schätzung, die zwar durchaus auf der Grundlage von empirischen Informationen erfolgt, die aber auch daneben liegen kann. Um mögliche Fehler beim Schätzen abzumildern, wird die Schätzung plausibler Werte für die Missings häufig nicht nur ein einziges Mal durchgeführt, sondern direkt mehrmals („multiple"), sodass unterschiedliche Datensätze entstehen, mit jeweils unterschiedlich geschätzten plausiblen Werten für die Missings. Dies nennt man *Multiple Imputation*. Wir sind insofern nicht überrascht, wenn wir in Publikationen lesen, dass aus einem Datensatz beispielsweise 20 imputierte Datensätze gemacht wurden – das ist ein solides Standardverfahren, um mit fehlenden Werten umzugehen.

Beispiel 29

Um uns kurz zu vergegenwärtigen, wie dies in einer Publikation berichtet wird, ziehen wir die Publikation von Tillmann et al. (2021) heran. Im Teil Umgang mit fehlenden Werten und Analysemethoden berichten die Autor:innen, dass fehlende Werte „anhand von 15 Datensätzen multipel imputiert" (Tillmann et al., 2021, S. 190) wurden. Weiterhin wurde erwähnt, dass „die Durchführung der multiplen Imputation [...] mithilfe des Statistikprogramms R" erfolgte und dass die Hauptanalysen „mit multipel imputierten Daten vorgenommen" wurden (Tillmann et al., 2021, S. 191). Im Ergebnisteil fällt aber nicht weiter auf, dass daraufhin mit 15 Datensätzen gleichzeitig analysiert wurde. Das Statistikprogramm nutzt die Informationen aus allen 15 Datensätzen gleichzeitig, um die Analysen zu berechnen. Lediglich der Hinweis „(imputierte Daten)" findet sich im Ergebnisteil als Randbemerkung in allen Analysen, was nochmal unterstreicht, dass die Ergebnisse auf Daten basieren, bei denen fehlende Werte durch ein komplexes Verfahren geschätzt wurden. Natürlich haben alle Analysen dieselbe Zahl an einbezogenen Fällen – schließlich wurden alle fehlenden Werte durch die Imputation ersetzt, sodass die Datensätze keine Lücken aufweisen und somit auch in komplexen Analysen keine Individuen aufgrund von Missings ausgeschlossen werden müssen.

Eine weitere Methode zum Umgang mit fehlenden Werten ist das sogenannte *Full Information Maximum Likelihood (FIML)* Verfahren. Wie bei der Imputation ermöglicht auch FIML den Einbezug nahezu aller Individuen in die Analyse – ganz egal, ob Missings vorliegen oder nicht. Dabei werden ebenfalls alle verfügbaren Informationen zur Berechnung eingesetzt, aber es werden – anders als bei der Imputation – keine fehlenden Werte im Datensatz durch geschätzte Werte ersetzt.

Beispiel 30

Dieses Verfahren ist beispielsweise in Dohrmann et al. (2021) eingesetzt worden. In dieser Publikation wird im Teil zu den Auswertungsmethoden erwähnt, dass „zum Umgang mit fehlenden Werten [...] ‚Full Information Maximum Likelihood' verwendet [wurde], bei dem die Parameter und ihre Standardfehler auf Basis der beobachteten Daten geschätzt werden" (Dohrmann et al., 2021, S. 111). Bei den verschiedenen Analysen in dieser Publikation sind die Anzahlen der analysierten Individuen sehr ähnlich – aber nicht identisch. Das liegt daran, dass FIML nur Individuen einbezieht, bei denen überhaupt irgendwelche Informationen vorliegen; sollte aufgrund der Kombination der in die Analyse einbezogenen Variablen zu einem Individuum praktisch keine Information vorliegen, so wird dieses Individuum nicht in die Analyse einbezogen. Im Großen und Ganzen wird es durch FIML aber möglich, fast alle Individuen in die Analysen einzubeziehen.

2.3.3 Visuelle Toolbox

Aufgrund der letzten beiden Abschnitte haben wir eine Vorstellung von der Funktion der Variablen im Kontext von Analysen erhalten. Dies passt gut damit zusammen, wie wir in Abschnitt 1.3 kennengelernt haben, die Forschungsfrage zu visualisieren. Das vorteilhafte Zusammenspiel der Visualisierung der Forschungsfrage und die Erweiterung mit Blick auf die Variablen hatten wir unter anderem in Beispiel 27 gesehen.

Um nun auf die Analysestrategie schließen zu können, brauchen wir noch eine weitere Information hinsichtlich der Variablen: Nämlich die Unterscheidung kategorialer Variablen und metrischer Variablen. In Kapitel A und in Abschnitt 2.2.1 hatten wir die Begriffe kategorial und metrisch bereits im Kontext der Merkmale und des Messens kennengelernt. Jetzt wollen wir dies auf die Variablen beziehen.

Kategoriale Variablen erfassen gänzlich unterschiedliche Ausprägungen eines Merkmals und sie erlauben somit, die Individuen – gemäß den Ausprägungen – in Gruppen zu unterteilen. *Metrische Variablen* erfassen die Intensität der Ausprägungen eines Merkmals und sie erlauben somit, die Individuen – entlang der Metrik – nach Intensität der Ausprägung des betreffenden Merkmals zu sortieren.

Beispiel 31

Die Beispielpublikation von Dohrmann et al. (2021) kann diesbezüglich herangezogen werden. In Beispiel 27 hatten wir gesehen, dass die Autor:innen als eine Variable heranziehen, ob die Schüler:innen eine herkömmliche Hausaufgabenbetreuung bzw. Lernzeit besuchen, oder ob sie in einem vergleichbaren Angebot mit Peer-Mentoring sind. Die Information, ob eine Schüler:in ein Angebot mit Peer-Mentoring besucht ([1] ja | [0] nein), wird durch eine kategoriale Variable repräsentiert; die Ausprägungen Peer-Mentoring ja oder nein teilen die Befragten in zwei Gruppen auf.

Unter anderem war zudem die Frage, ob die Teilnahme am Peer-Mentoring etwas bringt bzgl. des wahrgenommenen Lerngewinns. Der Lerngewinn wurde als Skala gemessen, die aus vier Items im Wertebereich von 1 bis 4 besteht. Die Ausprägung 1 stellt einen sehr geringen und die Ausprägung 4 einen sehr hohen wahrgenommenen Lerngewinn dar. Die aufsteigenden Werte zwischen 1 und 4 repräsentieren zunehmend das Ausmaß des Lerngewinns. Dies ist offenbar eine metrische Variable.

Die nötigen Informationen, ob die einzelnen Variablen, die für die Beantwortung der Forschungsfrage relevant sind, kategorial oder metrisch sind, finden sich im Methodenteil von empirisch-quantitativen Publikationen, und zwar in dem Teil, in dem es um die Datenerhebungsmethoden bzw. die Messinstrumente geht. Wir können nicht erwarten, die Begriffe ‚kategorial' und ‚metrisch' in der Publikation direkt zu finden. Hingegen müssen wir, wie in Beispiel 31 gezeigt, Hinweise zur Messung suchen und daraus schlussfolgern, ob die gebildeten Variablen kategorial oder metrisch sind.

Wir wollen nun die Information, ob es sich um eine kategoriale oder eine metrische Variable handelt, als Symbol kennenlernen. Hierbei handelt es sich nicht um eine allgemein gültige Konvention, sondern um eine Visualisierung im Rahmen des vorliegenden Buchs. Wir werden diese Symbole nutzen, um uns die verschiedenen Analysestrategien in den nachfolgenden Kapiteln zu erschließen.

In Abbildung 12 sehen wir auf der linken Seite das Symbol für kategoriale Variablen. Dass kategoriale Variablen die Stichprobe in zwei oder mehr Gruppen einteilen, erkennen wir im Symbol wieder: Die angedeuteten Personen werden durch die Linie voneinander getrennt. Rechts in Abbildung 12 sehen wir das Symbol für metrische Variablen. Wir erkennen, dass im Symbol angedeutet ist, dass sich die Personen auf der zugrundeliegenden Metrik verteilen und dass sie sich mit Blick auf ihre Merkmalsausprägungen sortieren lassen.

Abbildung 12. Symbole für kategoriale und metrische Variablen

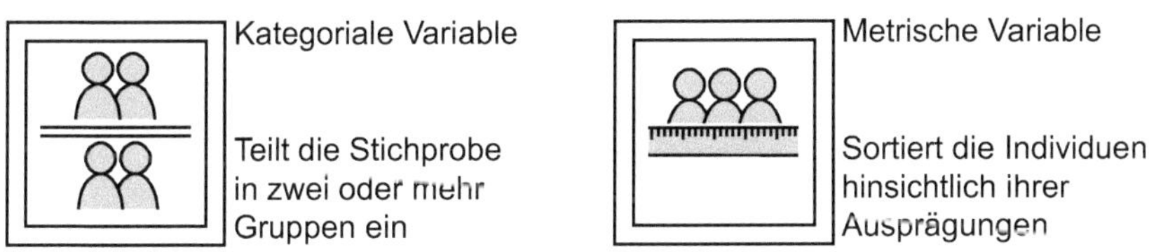

Quelle: Eigene Darstellung

Wie wir bereits gesehen haben, interessieren wir uns in der empirisch-quantitativen Forschung für Verbindungen zwischen verschiedenen Variablen. In der Abbildung 13 sind zwei verschiedene Typen von Verbindungen zweier Merkmale dargestellt. Einerseits (links) handelt es sich um einen *einfachen Zusammenhang*, dargestellt durch eine Verbindungslinie. Wie wir in Abschnitt 3.2 noch genauer kennenlernen werden, wird hierbei analysiert, inwiefern zwei Variablen miteinander zusammenhängen. Andererseits (rechts) handelt es sich um einen *gerichteten Zusammenhang*. Hier wurde, wie in Abbildung 13 deutlich wird, ein Pfeil zur Illustration verwendet: Dieser symbolisiert, dass eine Variable die andere Variable erklärt. Der Pfeil geht in Richtung der abhängigen, zu erklärenden Variablen. Wir werden uns in Abschnitt 3.2 ausgiebig damit auseinandersetzen, dass nicht bloß analysiert wird, inwiefern zwei Variablen miteinander zusammenhängen, sondern zudem auch, wie gut die abhängige, zu erklärende Variable durch die andere, unabhängige Variable erklärt wird.

Abbildung 13. Zwei Verbindungstypen

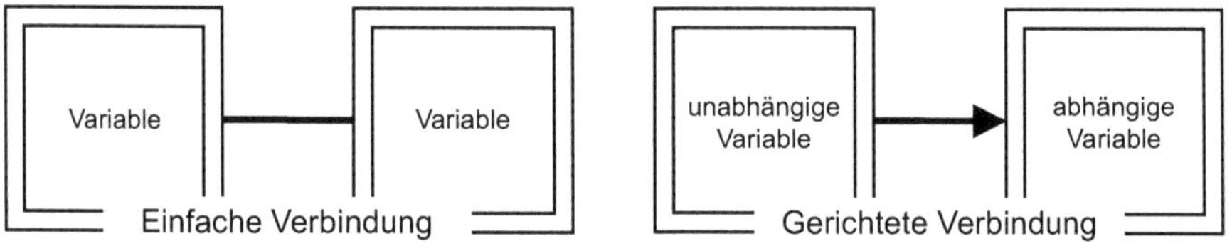

Quelle: Eigene Darstellung

Zusammengenommen besteht unsere visuelle Toolbox nun aus Symbolen für kategoriale Variablen, für metrische Variablen, für einfache Verbindungen sowie für gerichtete Verbindungen. Damit können wir uns einfache bis komplexe Analysemethoden anschaulich vergegenwärtigen. Erst im Laufe des Abschnitts 3.3 werden wir unsere visuelle Toolbox um latente Variablen erweitern müssen, um noch komplexere Analysemethoden verstehen zu können.

Eine gute Visualisierung der Forschungsfrage, die Identifikation der einbezogenen Variablen und wie diese Variablen gemessen wurden (ob kategorial oder metrisch), die Unterscheidung in Kontrollvariablen und interessierenden Variablen; all dies ergibt zusammengenommen ein kohärentes Bild bestimmter Analysen in empirisch-quantitativen Publikationen.

Beispiel 32

Nehmen wir als Beispiel die Publikation von Dohrmann et al. (2021). Bislang hatten wir die erste, aber noch nicht die zweite Forschungsfrage angesprochen, nämlich: „Inwiefern wirkt sich die Qualität des Peer Mentorings […] auf den Lern- und Motivationsgewinn sowie die Fachleistungen […] aus?" (Dohrmann et al., 2021, S. 107) Die Forschungsfrage sieht visualisiert so aus wie in Abbildung 14.

In der Publikation ist im Teil „Auswertungsmethoden" erklärt, dass Analysen mit Blick auf die abhängigen Variablen einzeln gemacht wurden – es handelt sich also nicht um eine einzige Analyse, in der die visualisierte Forschungsfrage insgesamt bearbeitet wird, sondern um eine Reihe von einzelnen Analysen zum Lerngewinn, zum Motivationsgewinn und zu einzelnen Fachleistungen (dazu mehr in Beispiel 33).

Abbildung 14. Visualisierung der zweiten Fragestellung von Dohrmann et al. (2021)

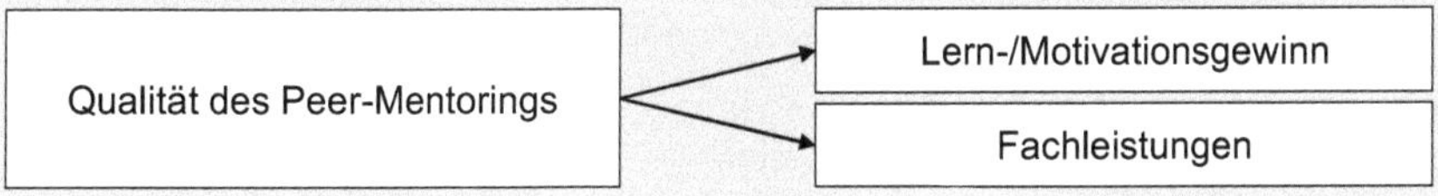

Quelle: Eigene Darstellung

Wir nehmen uns für dieses Beispiel eine bestimmte Teil-Fragestellung heraus, nämlich: Inwiefern erklärt die Qualität des Peer-Mentorings den Lerngewinn?

Im Teil „Instrumente“ in der Publikation von Dohrmann et al. (2021) findet sich die Information, dass die unabhängige Variable „Qualität des Peer-Mentorings“ in zwei Facetten abgebildet wird: Einerseits als Skala Unterstützungsqualität und andererseits als Skala Beziehungsqualität. Beide scheinen also metrische Variablen zu sein. Hinsichtlich der abhängigen Variablen fokussieren wir den subjektiven Lerngewinn, dessen Messung wir in Beispiel 31 bereits angesprochen hatten. Hierbei handelt es sich ebenfalls um eine metrische Variable. Klammern wir für den Moment einmal aus, dass noch Kontrollvariablen mit in die Analyse aufgenommen werden, sieht die hauptsächlich interessierende Analyse so aus, wie in Abbildung 15 gezeigt.

Abbildung 15. Visualisierung der zweiten Fragestellung von Dohrmann et al. (2021) unter Einbezug der visuellen Toolbox

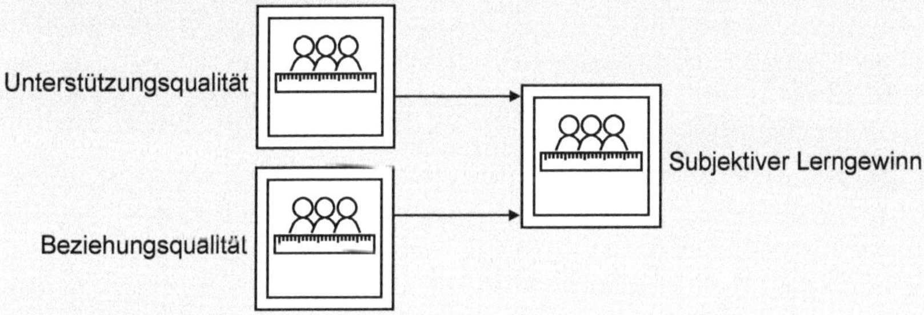

Quelle: Eigene Darstellung

2.3.4 Analyse in Schritten

Zwar wissen wir noch nicht, wie die zum Einsatz kommenden Analysemethoden heißen. Aber wir sollten einüben, trotzdem – auch wenn wir mal mit unbekannten empirischen Analysemethoden konfrontiert werden – die Analysen im Prinzip zu begreifen. Das nötige Wissen und die nötigen Visualisierungsstrategien haben wir bereits erworben.

In diesem Abschnitt geht es nun noch darum, dass wir ein konzeptionelles Verständnis für die gesamte Analysestrategie gewinnen. Auch hier geht es (noch) nicht so sehr darum, wie genau die einzelnen Analysen im technischen Sinne funktionieren oder wie sie heißen. Sondern es geht darum, die Vorgehensweise der in der Publikation dokumentierten Analyse im Kern zu verstehen. Dies ist wichtig, denn der Ergebnisteil in empirisch-quantitativen Publikationen ist komplex und – für Leser:innen, die sich selbst nicht als fortgeschrittene quantitativ Forschende einstufen würden – unübersichtlich. Wir werden mit großen Tabellen mit Zahlen konfrontiert und wir müssen identifizieren können, ob wir in einer Tabelle eine einzige Analyse sehen, oder mehrere. Wir müssen damit rechnen, dass die Forschungsfragen in empirisch-quantitativen Publikationen nicht einfach in einem Analyseschritt zu beantworten sind. Vielmehr sind häufig mehrere aufeinanderfolgende Schritte nötig, die aber in einer Tabelle gemeinsam berichtet werden.

Ganz grundsätzlich hatten wir bereits festgestellt, dass zunächst univariate, dann bivariate und dann erst multivariate Analysen durchgeführt und in Publikationen berichtet werden. In Publikationen wird die univariate Analyse (sprich: die Analyse einzelner Variablen; vgl. Abschnitt 3.1) teils im Kontext des Methodenteils berichtet, und zwar an dem Punkt, wo die Datenerhebungsinstrumente vorgestellt werden. Alternativ können Hinweise zu univariaten Ergebnissen auch am Anfang des Ergebnisteils berichtet werden. In manchen Publikationen kann es sein, dass – zumeist aufgrund von Platzmangel – der Bericht der univariaten Analysen sehr kurz abgehandelt wird, oder dass darauf gänzlich verzichtet wird. Teils findet sich ein (digitaler) Anhang, in dem die zentralen Items und deren univariate Verteilung dargestellt sind.

Die bivariate Analyse der interessierenden Variablen (sprich: die Analyse von genau zwei Variablen gleichzeitig; vgl. Abschnitt 3.2) kann ggf. ebenfalls im Methodenteil oder am Anfang des Ergebnisteils erwartet werden. Aber auch hier gilt, dass – aufgrund von Platzmangel in Publikationen – der Bericht der bivariaten Analysen sehr kurz ausfällt, oder dass er weggelassen wird.

Die Ergebnisse der multivariaten Analyse (sprich: die Analyse von mehr als zwei Variablen gleichzeitig; Abschnitt 3.3) bilden den Kern vieler empirisch-quantitativer Publikationen im erziehungswissenschaftlichen Bereich. Daher sind sie definitiv im Ergebnisteil zu finden. Ihre Ausrichtung orientiert sich an der Beantwortung der Forschungsfrage, die einbezogenen Variablen sind im Methodenteil beschrieben und Hinweise zur Art der Analysen finden sich am Ende des Methodenteils. Es kann lohnend sein, den Ergebnisteil zunächst zu überfliegen, um sich ein Bild von der übergeordneten Analysestrategie zu machen.

Beispiel 33

Mit Blick auf komplexe multivariate Analysen vergegenwärtigen wir uns nochmals die Publikation von Dohrmann et al. (2021). Hinsichtlich der Forschungsfrage 2 (beschrieben in Beispiel 32) wollen wir uns eine Übersicht verschaffen, welche Analysen eigentlich durchgeführt wurden.

Wir wissen, dass zwei unabhängige Variablen (Unterstützungsqualität und Beziehungsqualität) spezifiziert wurden und dass die Kontrollvariablen Geschlecht, kulturelles Kapital und Migrationshintergrund ebenfalls als erklärende Variablen in die Analysen einbezogen wurden. Erklärt werden sollen folgende abhängige Variablen: subjektiver Lerngewinn, Motivationsgewinn, (Entwicklung der) Englischleistung und (Entwicklung der) Mathematikleistung.

Die Autor:innen schreiben über die Analysestrategie: „Es wurde getestet, wie sich die Unterstützung durch und die Beziehung zu den Mentorinnen und Mentoren als Prädiktoren einzeln [...] sowie in Kombination [...] auf den Lern- und Motivationsgewinn sowie die Leistungen auswirken“ (Dohrmann et al., 2021, S. 111). Das heißt, für jede der vier abhängigen Variablen werden drei Analysen durchgeführt: einmal mit der Unterstützungsqualität als unabhängige Variable, dann mit der Beziehungsqualität als unabhängige Variable und zuletzt mit der Unterstützungs- und der Beziehungsqualität gleichzeitig als unabhängige Variablen. Das macht zusammen: zwölf Analysen für die Forschungsfrage 2. Bei all diesen Analysen werden immer die drei genannten Kontrollvariablen als unabhängige Variablen mit einbezogen.

Das schrittweise Vorgehen – dass zunächst bestimmte Variablen in die Analyse einbezogen werden und dann schrittweise mehr Variablen dazukommen – finden wir recht häufig bei komplexen Analysen. Es ermöglicht den Forscher:innen, komplexe Zusammenhänge zwischen Variablen systematisch zu untersuchen. Anstatt alle Variablen auf einmal in einer einzigen Analyse zu betrachten, erlaubt das schrittweise Vorgehen eine gezielte Annäherung. Es erleichtert das Verständnis der Beziehungen zwischen den einbezogenen Variablen, da die Rolle jeder Variablen deutlich wird. Das schrittweise Vorgehen ermöglicht durch eine systematische und kontrollierte Herangehensweise zudem zu fundierten Aussagen über die Ergebnisse zu gelangen.

3 Ergebnisteil

Im letzten Kapitel hatten wir uns zuletzt mit Datenanalysen beschäftigt – aber eher auf konzeptioneller Ebene. Wir hatten ein allgemeines Verständnis für die Analysestrategie entwickelt und eine Darstellungsweise kennengelernt, um uns Analysen im Grundsatz zu vergegenwärtigen. Nun wechseln wir abermals die Kompassrichtung (vgl. Abbildung 3 auf Seite 25) und gehen vom Methodenteil über zum Ergebnisteil. Gemäß Kompass erwarten uns hier die Ergebnisse aus univariaten, bivariaten und multivariaten Analysen. Jetzt wollen wir tiefer einsteigen in die verschiedenen Analysemethoden. Dabei interessieren uns nicht alle Details. Vielmehr wollen wir die einzelnen Methoden im Prinzip verstehen.

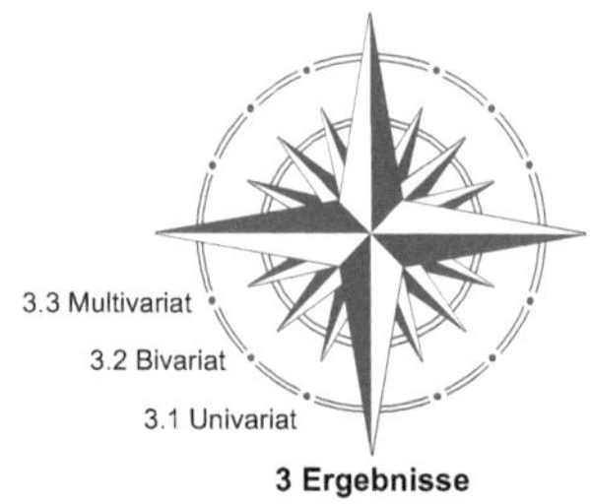

3.1 Univariat – Betrachtung einzelner Variablen

Im letzten Kapitel war bereits die Rede von Variablen. Sie repräsentieren die interessierenden Merkmale. Im Wort Variable steckt drin, dass die Zahlenwerte variieren – sie sind unterschiedlich. Auch hatten wir erfahren, dass eine „Variable“, die für alle Individuen denselben Wert enthält, als „Konstante“ zu bezeichnen wäre und dass diese für tiefergehende empirisch-quantitative Analysen unbrauchbar sind. Natürlich soll dies nicht heißen, dass man die Antwortenden „zwingen“ sollte, unterschiedlich zu antworten. Aber man kann schon fundiert behaupten, dass Variabilität auf den zu analysierenden Variablen für die empirisch-quantitative Forschung von großer Bedeutung ist. Wenn wir die quantitative Analyse so verstehen, dass wir nach bestimmten Mustern, Trends und Auffälligkeiten suchen, dann erschließt sich uns, dass sich empirisch-quantitativ Forschende besonders für Merkmale – und entsprechend für Variablen – interessieren, die eben nicht bei allen identisch sind; schließlich findet sich garantiert kein Muster, wenn alles gleich ist.

Wenn von *Variabilität* die Rede ist, dann umfasst dies einerseits, dass sich die Individuen auf die Gruppen, die durch eine kategoriale Variable gebildet werden, einigermaßen verteilen. Die meisten statistischen Verfahren, in denen kategoriale Variablen eine Rolle spielen, gehen davon aus, dass die Gruppen ungefähr gleich besetzt sind. Für ungleiche Gruppenstärken gibt es spezialisierte Verfahren, die aber irgendwann – bei kaum besetzten Gruppen – an ihre Grenzen kommen. Variabilität meint andererseits, dass sich bei metrischen Variablen die Ausprägungen einigermaßen über die möglichen Ausprägungen ausbreiten. Die meisten statistischen Verfahren gehen davon aus, dass es einen Wertebereich gibt, in dem sich viele Individuen befinden und dass es in den Randbereichen immer weniger Individuen gibt. Im Kontext von metrischen Variablen nennt sich die Variabilität auch Streuung (teils synonym mit den statistischen Kennwerten der Varianz und der Standardabweichung gebraucht). Variabilität verstehen wir hier als ein allgemeines Prinzip, das sowohl kategoriale als auch metrische Variablen umfasst und aussagt, dass eine Variable unterschiedliche Ausprägungen haben sollte.

Wir wissen aus Abschnitt 2.1, dass Forscher:innen sich vor allem für die Grundgesamtheit interessieren, die weitaus größer ist als die Stichprobe. Die Antworten der Befragten liefern uns relevante empirische Hinweise, mittels derer Forscher:innen auf Eigenschaften, Zusammenhänge, Muster, etc. in der Grundgesamtheit schließen wollen. Hierbei spielt wiederum die Variabilität eine entscheidende Rolle, nämlich dahingehend, die Unsicherheiten bei der Übertragung von der Stichprobe auf die Grundgesamtheit zu quantifizieren. Statistische Analysen nutzen die Variabilität, um fundierte Schlüsse hinsichtlich der Grundgesamtheit zu ziehen.

Für den Moment stellen wir fest und prägen uns ein, dass Variabilität auf den zu analysierenden Variablen wichtig ist. Daher schauen wir im Folgenden auf Möglichkeiten, durch beschreibende Datenanalysen diese Variabilität sichtbar zu machen.

3.1.1 Univariate Analyse

Wir werden uns im Folgenden zunächst ansehen, wie Variablen einzeln analysiert werden. Je nachdem, ob es sich um kategoriale oder metrische Variablen handelt, machen unterschiedliche Prozeduren Sinn, mit denen sich Forscher:innen die Variablenausprägungen, die im Datensatz vorkommen, genauer ansehen. Wir kennen hierfür den Begriff univariate Analyse.

Die *univariate Analyse* ist eine Beschreibung aller interessierenden Variablen, die für eine Analyse in einer Publikation eine Rolle spielen. Dabei werden die Variablen stets einzeln ins Visier genommen. Der Fokus liegt darauf, die Ausprägungen, die im Datensatz zu den jeweiligen Variablen vorfindlich sind, zu beschreiben.

Mittels Verfahren der univariaten Analyse können die Daten kennengelernt werden. Dies ist aber nicht das einzige Ziel. Vielmehr geht es darum, ganz grundsätzlich nachzuweisen, dass die Variablen tatsächlich die nötige Variabilität aufweisen. Zudem wird mittels der univariaten Analyse geprüft, ob die Variabilität in einer Qualität vorliegt, sodass die Variable für bestimmte statistische Analysen – die stets bestimmte Voraussetzungen an die Datenqualität haben – geeignet erscheint.

Im Grundsatz geht es bei der univariaten Analyse darum, alle Werte einer Variablen möglichst genau, aber gleichzeitig möglichst unkompliziert zu beschreiben. Wir müssen uns hier vergegenwärtigen, dass wir es in der empirisch-quantitativen Forschung sehr oft mit mehr als 100 – teils mit mehr als 1.000 – Individuen zu tun haben. Für jedes Individuum jeden Wert auf den einzelnen Variablen zu betrachten ist also keine Option, da dies viel zu lange dauern würde und da Forscher:innen die Informationsflut nicht bewältigen würden. Das heißt, die univariate Analyse umfasst standardisierte Verfahren, um bestimmte Tendenzen und markante Werte in den Merkmalsausprägungen pro Variable herauszuarbeiten. Gesucht sind einfach zu interpretierende Kennwerte, die die Variabilität – nach Möglichkeit – relativ gut wiedergibt.

Bevor wir uns einige zentrale Verfahren der univariaten Analyse genauer ansehen, schauen wir darauf, wo die Ergebnisse der univariaten Analyse in Publikationen zu erwarten sind und welche Form sie annehmen. Wir wissen durch den Kompass (vgl. Abbildung 3, S. 25), dass die Ergebnisse der univariaten Analyse zu Anfang des Ergebnisteils erwartet werden können. In Abschnitt 2.3.4 haben wir reflektiert, dass erziehungswissenschaftliche Fachartikel eine bestimmte Länge nicht überschreiten dürfen und dass deswegen die Dokumentation der univariaten Befunde eher kurz ausfällt. In einigen Fällen wird sie direkt bei der Vorstellung der Messinstrumente beschrieben. Falls die univariaten Informationen also nicht zu Anfang im Ergebnisteil zu finden sind, lohnt ein Blick zurück in den Methodenteil.

Beispiel 34

Schauen wir uns dies einmal in der Publikation von Tillmann et al. (2018) an. Die Autor:innen stellen sich unter anderem die Frage: „Hat die Teilnahme an Leseangeboten einen Effekt auf die Lesekompetenz?" (Tillmann et al., 2018, S. 291). Wir suchen also Informationen zur Lesekompetenz und zur Teilnahme an Leseangeboten. Im Rahmen der Vorstellung des methodischen Vorgehens sind die Datenerhebungsinstrumente beschrieben. Daten wurden offenbar an Primarschüler:innen und auch an einer Stichprobe mit Schüler:innen der Sekundarstufe I erhoben. Der Einfachheit halber konzentrieren wir uns für das Beispiel auf die Primarstichprobe.

Im Methodenteil der Publikation von Tillmann et al. (2018) findet sich die Information, dass die Lesekompetenz mittels Testheften aus dem Projekt IGLU erfasst wurden. Zudem wird an dieser Stelle beschrieben, dass die empirisch erfassten Lesekompetenzen der Primarschüler:innen so berechnet und transformiert wurden, dass eine Variable gebildet werden konnte, die zum ersten Messzeitpunkt bei „einem Mittelwert von 100 und einer Standardabweichung von 20 Punkten" (Tillmann et al., 2018, S. 293) lag. Die Skalenbildung selbst ist alles andere als eine univariate Analyse – sie ist hoch komplex und gehört zu den multivariaten Verfahren. Aber der Bericht über die Verteilung der fertigen Skala „Lesekompetenz" stellt das Ergebnis einer univariaten Analyse dar. Details zu Mittelwert und Standardabweichung lernen wir in 3.1.3 kennen.

Zur Teilnahme an Leseangeboten finden sich im Methodenteil lediglich Hinweise zur Messung – nicht aber dazu, wie die Ausprägungen (Teilnahme ja | nein) sich verteilen. Allerdings finden wir im Ergebnisteil direkt zu Anfang entsprechende Hinweise. Hier ist ausgeführt, dass für die Analyse die Teilnahmen zu den Messzeitpunkten 2, 3 und 4 herangezogen werden: Zwischen 10 und 15 Prozent der Schüler:innen nehmen an den betrachteten Messzeitpunkten an jeweils mindestens einem Leseangebot teil.

Wie sich anhand des Beispiels andeutet, wird die univariate Analyse für kategoriale Variablen mittels prozentualer Häufigkeit der einzelnen Kategorien angegeben. Bei metrischen Variablen hingegen scheint es andere Kennzahlen zu geben (wie den Mittelwert, oder die Standardabweichung), die auf unterschiedliche Weise beschreiben, wie sich die Daten auf der Variablen verteilen. Diese Vorgehensweisen schauen wir uns im Folgenden genauer an.

3.1.2 Betrachtung einer kategorialen Variablen

Wir suchen bei der Betrachtung einer kategorialen Variablen einen Wert, der die Variabilität gut zusammenfasst und der einfach zu interpretieren ist. Teils wird in Lehrbüchern gesagt, der sog. „Modus" (seltener auch „Modalwert" genannt) könne nützlich sein. Der Modus ist der Wert einer kategorialen Variable, der am häufigsten vorkommt. Allerdings ist diese Information in vielen Fällen eher weniger nützlich – man erhält ja keine Information darüber, ob dieser Wert viel häufiger ist als die anderen, oder ob die Gruppen nicht vielleicht sogar alle sehr ähnlich sind. In erziehungswissenschaftlichen Publikationen wird der Modus daher im Kontext der univariaten Analyse praktisch nicht verwendet.

Vielmehr bietet sich eine etwas andere Herangehensweise an, um die Datenlage möglichst gut, aber mit möglichst geringem Aufwand zu beschreiben. Man zählt, wie viele Individuen in die einzelnen Kategorien der kategorialen Variable fallen. Dies ergibt die sogenannten *absoluten Häufigkeiten*. Diese werden gängiger

Weise mit „*n*" abgekürzt. Wenn es keine fehlenden Werte gibt, dann müssten die Häufigkeiten aller Kategorien einer Variablen zusammengezählt die Gesamtzahl der Befragten ergeben.

Die Anzahlen der einzelnen Kategorien kann man auch relativ zur Gesamtzahl aller Befragen setzen. So erhält man Prozentangaben, die auch als *relative Häufigkeiten* bezeichnet werden. In Ergebnistabellen finden wir sie meist abgekürzt als „%".

Teils findet man – insbesondere in größeren, komplexeren Tabellen – auch die Schreibweise *n* (%), was bedeutet, dass man zunächst die absoluten Häufigkeiten findet und direkt dahinter in Klammern dann die relativen Häufigkeiten.

Beispiel 35

Die univariate Darstellung einer kategorialen Variablen lässt sich anhand der Publikation von Tillmann et al. (2018) illustrieren. Unter anderem wurde am Anfang des Ergebnisteils aufgezeigt, wie sich das Merkmal Geschlecht in der Stichprobe verteilt. Hierzu findet sich die Angabe, dass von 2.149 Individuen entsprechende Informationen vorliegen und dass der Anteil der Mädchen bei 48,9 Prozent liegt. Weitere Informationen liegen nicht vor, sodass wir sagen können: Die Variable Geschlecht hat die Ausprägung Mädchen (n = 1.051; 48,9 %) und die zweite Ausprägung nicht-Mädchen (n = 1.098; 51,1 %).

Die Darstellung mit Prozenten reduziert die große Menge an Informationen auf einen unkompliziert auszudrückenden Wert, der dennoch die Datenlage gut und verständlich wiedergibt. Daher werden in Publikationen die Verteilungen kategorialer Variablen häufig mit Prozentangaben beschrieben.

Was das Beispiel noch zeigt, ist, dass die Variablenausprägungen in der univariaten Analyse bereits verarbeitet und mit Blick auf die Analyse vorbereitet wurden. Aus der ursprünglichen Abfrage des Geschlechts wurde für die Analyse die Variable vereinfacht, indem Mädchen der Wert [1] und allen anderen der Wert [0] zugewiesen wurde. Dass Variablen vor der univariaten Analyse verändert und speziell vereinfacht wurden, kennen wir auch schon aus anderen Beispielen: Wir erinnern uns an Beispiel 21 auf Seite 60, wo von der Frage berichtet wurde, ob die Schüler:innen am Ganztagsbetrieb teilnehmen: sie durften mit Ja antworten, aber es gab auch zwei Nein-Antworten (‚Nein, möchte nicht' und ‚Nein, aber möchte eigentlich schon'). Für die Analysen wurde daraus dann Ganztagsteilnahme ja | nein.

Diese Umformungen werden häufig gemacht. Und wir, die wir empirisch-quantitative Publikationen lesen, verstehen und nutzen wollen, sollten uns dessen bewusst sein, sodass wir beim Abgleich der Informationen zur Messung der Merkmale (siehe Methodenteil einer Publikation) und den Ergebnissen der univariaten Analysen (siehe Anfang des Ergebnisteils einer Publikation) diese Umformungen auch wahrnehmen können.

Beispiel 36

Dies wollen wir anhand konkreter Zahlen noch einmal nachvollziehen. Hierfür nehmen wir beschreibende Informationen aus der bundesweit repräsentativen Befragung von Schulleitungen, die wir unter anderem im Kontext der Stichprobenziehung in den Beispielen 17–19 schon herangezogen hatten (StEG-Konsortium, 2019). Dem Bericht sind unter anderem die Häufigkeiten zur Anzahl der Tage mit Ganztagsbetrieb pro Woche in der Primarstufe (insgesamt antworteten n = 461 Schulleitungen des Primarbereichs) zu entnehmen (StEG-Konsortium, 2019, S. 172).

- 0–2 Tage (n = 10; 2 %)
- 3 Tage (n = 33; 7 %)
- 4 Tage (n = 131; 28 %)
- 5 Tage (n = 287; 62 %)

Man erkennt, dass hier ganz schön viele Informationen zusammenkommen. Es wird deutlich, dass man sich konzentrieren muss, um die vier möglichen Ausprägungen und die Anzahlen sowie die Prozente insgesamt zu erfassen. Viel einfacherer wäre, beispielsweise die Definition der KMK (2023) anzuführen, dass an Ganztagsschulen der Ganztagsbetrieb an mindestens drei Tagen etabliert sein sollte. Die reduzierte Darstellung wäre entsprechend:

- Nicht konform mit der KMK-Definition (n = 10; 2 %)
- Konform mit der KMK-Definition (n = 451; 98 %)

Genauso gut könnte man überlegen, wie viele Ganztagsgrundschulen es schaffen, wirklich umfassend (5 Tage!) einen Ganztagsbetrieb anzubieten versus solche, die dies nicht tun (0–4 Tage).

- Reduzierter Ganztagsbetrieb (n = 174; 38 %)
- Umfassender Ganztagsbetrieb (n = 287; 62 %)

Hier kommt es einerseits auf inhaltliche Überlegungen an. Und andererseits ist es mit Blick auf die Variabilität günstig, wenn die Gruppen nicht zu ungleich besetzt sind – mit den aufgezeigten Umformungen können Forschende die Gruppengrößen der Kategorien sowie auch die inhaltliche Bedeutung ein Stück weit steuern.

3.1.3 Betrachtung einer metrischen Variablen

Bei der Betrachtung von metrischen Variablen kommt man mit dem Verfahren, wie es zuvor für kategoriale Variablen besprochen wurde, an Grenzen. Es ist grundsätzlich denkbar, den Wertebereich in Kategorien einzuteilen und die so entstehenden Kategorien dann im Sinne der genannten absoluten und relativen Häufigkeiten zu beschreiben. Auch wenn manche Lehrbücher und Einführungswerke dies als Übungsaufgabe mit drin haben, so ist dies in publizierten empirisch-quantitativen Studien eher unüblich. Es gibt andere Maßzahlen, mit denen sich metrische Variablen viel besser beschreiben lassen.

Grundsätzlich interessiert einen zunächst einmal die sog. *zentrale Tendenz*. Das meint, wo bei einer Variablen der Punkt liegt, um den herum sich die meisten Antworten dieser Variablen befinden. Auch wenn es verschiedene Maße der zentralen Tendenz gibt, so ist für die Beschreibung von metrischen Variablen das *arithmetische Mittel* (auch Mittelwert oder Durchschnitt genannt) besonders verbreitet. In manchen Publikationen wird das arithmetische Mittel als „$\bar{x}$" (gesprochen „x quer") abgekürzt. In den allermeisten Publikationen findet sich aber eher ein „*M*" für „Mittel" oder auch „*AM*" für arithmetisches Mittel.

Dass das arithmetische Mittel oft Verwendung findet, hat verschiedene Gründe: Einer ist sicherlich, dass der Mittelwert leicht zu berechnen und vergleichsweise leicht zu interpretieren ist. Ein anderer ist, dass der Mittelwert in vielen weiteren statistischen Prozeduren eine Rolle spielt – sodass es sich lohnt, den Mittelwert für jede metrische Variable in der Analyse zu kennen.

Der Mittelwert berechnet sich so, dass man alle Werte der Variablen zusammenzählt und dann durch die Anzahl der Werte – die man soeben zusammengezählt hat – teilt. Der auf diese Weise errechnete Wert stellt einen durchschnittlichen Wert dar. Sofern die Verteilung der Ausprägungen so aussieht, dass es einen Wertebereich gibt, wo es viele Individuen gibt und dass die Randbereiche der Ausprägungen eher von weniger Individuen besetzt werden, so hat der Durchschnittswert die nützliche Eigenschaft, auf den Wert hinzuweisen, in dessen Nähe sich viele Individuen befinden. Es handelt sich somit um ein Maß, mit dem man die zentrale Tendenz der Ausprägungen einer Variablen ungefähr beschreiben kann.

Neben der zentralen Tendenz ist die *Variabilität* von besonderer Bedeutung für die empirisch-quantitativen Analysen. Ein wichtiges Maß für alle vertiefenden Analyseprozeduren im Bereich der empirisch-quantitativen Forschung ist die sogenannte *Varianz*. Die Varianz für eine Variable berechnet sich so, dass man vom Mittelwert ausgeht und dann schaut man sich für alle Werte an, wie weit jeder einzelne Wert vom Mittelwert entfernt liegt. Diese Entfernungen jedes einzelnen Datenpunktes vom Mittelwert werden dann quadriert. Auf diese Weise sind alle Abstände positiv. Und die Abstände werden durch die Quadrierung größer, aber ungewöhnlich große Abstände vom Mittelwert werden exorbitant größer. Mit anderen Worten: Weit vom Mittelwert entfernte Datenpunkte fallen stärker ins Gewicht bei der Bildung der Varianz. All diese Abstände rechnet man dann zusammen und teilt sie durch die Anzahl der hier einbezogenen Individuen (genauer gesagt durch „$n - 1$“; aber das sind Details, die an dieser Stelle für uns nicht so entscheidend sind). Auf diese Weise erhält man eine einzige Maßzahl – nämlich die Varianz – die angibt, wie die Werte um den Mittelwert verteilt sind. Je breiter die Werte sich im Wertebereich verteilen, umso größer ist auch der Wert der Varianz. Tatsächlich wird die Varianz in vielen statistischen Prozeduren weiterverwendet – von daher lohnt es sich, das Prinzip der Varianz gut und tief zu verstehen.

So wirklich interpretierbar sind die Werte der Varianz nicht. Falls die Varianz in einer Publikation ausgewiesen sein sollte, können wir kaum feststellen, ob die Varianz groß oder klein ist. Das liegt an den quadrierten Abweichungen, die in der Varianz stecken. Durch sie haben die Zahlenabstände nicht mehr dieselbe Bedeutung. Daher behilft man sich – für eine bessere Interpretierbarkeit – so, dass aus dem Wert der Varianz die Wurzel gezogen wird. Die Wurzel kehrt das Quadrieren wieder um. Das Maß, das sich auf diese Weise ergibt, ist die sogenannte *Standardabweichung*. Sie ist die Varianz, aber in der ursprünglichen Metrik, sodass die Zahlenabstände wieder die ursprüngliche Bedeutung erhalten.

Somit ist die Maßzahl der Standardabweichung besser zu interpretieren. Je größer die Standardabweichung, desto größer ist die Streuung der Werte um den Mittelwert. Und je kleiner die Standardabweichung, desto näher liegen die Werte am Mittelwert. Genauer gesagt gilt für symmetrische Verteilungen, dass etwa zwei Drittel der Individuen in dem Bereich liegen, der vom Mittelwert minus eine Standardabweichung bis plus eine Standardabweichung geht. Und etwa 95 Prozent der Individuen liegen in dem Bereich minus zwei Standardabweichungen bis plus zwei Standardabweichungen vom Mittelwert aus gesehen.

Teils findet sich in Publikationen auch der *Standardfehler* eines Mittelwerts. Der Standardfehler eines Mittelwerts einer Stichprobe gibt an, wie sicher man sich sein kann, dass der Mittelwert der Grundgesamtheit dem Mittelwert entspricht, den die analysierte Stichprobe zeigt. Ein minimaler Standardfehler des Mittelwerts zeugt von hoher Präzision und geringer Unsicherheit bei der Schätzung, wo der Mittelwert der Grundgesamtheit liegt. Der Standardfehler bezieht sich auf die Variabilität der Stichprobendaten (Standardabweichung) und gleichzeitig auf die Stichprobengröße, da wir aus statistischen Gründen davon ausgehen, dass mit größeren Stichproben treffsicherer auf die Grundgesamtheit geschlossen werden kann (Abschnitt 2.1.3). Der Standardfehler wird zur Bildung des Konfidenzintervalls benutzt, was wir uns an späterer Stelle (Abschnitt 3.2.3) genauer ansehen werden.

Eine wichtige Information hinsichtlich der Verteilung der Ausprägungen auf einer Variablen ist der kleinste Wert (Minimum; Min.) und der größte Wert (Maximum; Max.). Diese Werte sind in Publikationen häufig zu finden – schichtweg um den empirisch ausgeschöpften Wertebereich jeder Variablen offenzulegen. Wir können diese Information vergleichen mit dem potenziellen Wertebereich von Variablen. Wenn es auf eine Frage vier mögliche Antworten gab (zum Beispiel [1] stimmt gar nicht; [2] stimmt eher nicht; [3] stimmt eher; [4] stimmt genau), so ist der potenzielle Wertebereich von 1 bis 4. Diese Information findet sich im Methodenteil. Sollte sich in den empirischen Daten nun beispielsweise zeigen, dass das Minimum bei 3 und das Maximum bei 4 liegt, so bedeutet das, dass der Frage von den Individuen ausschließlich zugestimmt wurde (stimmt eher oder stimmt genau). Die Variabilität der empirischen Daten erstreckt sich nicht auf den möglichen Wertebereich 1–4, sondern ist auf den Wertebereich 3–4 beschränkt.

Beispiel 37

Um die univariate Beschreibung metrischer Variablen genauer nachvollziehen zu können, nehmen wir noch einmal die Publikation von Dohrmann et al. (2021). Bereits unter anderem in Beispiel 27 (S. 71f.) haben wir uns diese Publikation angesehen und wir blicken hier in diesem Beispiel nun nur auf die Daten des Schuljahrs 2017/18. Wir wissen bereits aus dem obigen Beispiel, dass die abhängigen Variablen beispielsweise der subjektive Lerngewinn und der Motivationsgewinn waren. Die unabhängigen Variablen waren – bei den Schüler:innen, die Peer-Mentoring erhielten – die Unterstützung durch die Mentor:in sowie die Schüler:innen-Mentor:innen-Beziehung.

Die univariate Beschreibung dieser Variablen findet sich zu Anfang des Ergebnisteils. Hier werden in Form einer Tabelle „die Mittelwerte und Standardabweichungen der abhängigen und unabhängigen Variablen der folgenden Analysen" (Dohrmann et al., 2021, S. 112) dargestellt. Die Tabelle enthält die Spalten *M* für die arithmetischen Mittelwerte, *SD* für die Standardabweichung, Min. für den kleinsten Wert und Max. für den größten Wert.

Wir wissen aus dem Methodenteil, dass die Skalen aus einzelnen Items zusammengerechnet wurden, die jeweils Werte von 1 bis 4 ([1] stimmt gar nicht; [2] stimmt eher nicht; [3] stimmt eher; [4] stimmt genau) annehmen konnten. Die daraus gebildeten Skalen haben ebenfalls den Wertebereich von 1 bis 4. Laut der univariaten Beschreibung wurde von den Schüler:innen der Wertebereich offenbar voll ausgeschöpft. Die genannten Variablen haben einen kleinsten Wert von 1 und einen größten Wert von 4.

Stellen wir uns die Skala von 1 bis 4 einmal vor, so ergibt sich, dass 2,5 die theoretische Mitte der Skala ist. Betrachten wir den subjektiven Lerngewinn (*M* = 2,72) und den Motivationsgewinn (*M* = 2,54), so deutet sich an, dass sich der empirisch gemessene Mittelwert der betrachteten Variablen ungefähr in der theoretischen Mitte der Skala befindet.

Die Standardabweichungen liegen leicht unter 1; dies gilt sowohl für den subjektiven Lerngewinn (*SD* = 0,938) als auch für den Motivationsgewinn (*SD* = 0,917). Wir hatten gesagt, dass im Bereich von minus einer Standardabweichung und plus einer Standardabweichung vom Mittelwert etwa zwei Drittel aller Fälle liegen. Nehmen wir den Lerngewinn in der sog. Implementationsphase (Dohrmann et al., 2021, S. 112), so findet sich ein Mittelwert von 2,7 und eine Standardabweichung von 0,9. Das heißt, dass zwischen 1,8 und 3,6 etwa zwei Drittel der Werte der Individuen liegen.

Wenn wir uns die Verteilung der Werte nicht gut vorstellen können, dann können wir uns die ungefähre Verteilung selbst mittels einer Tabellen-verarbeitenden Software aufzeichnen lassen. Wir nutzen dazu den Mittelwert und die Standardabweichung sowie die Prämisse, dass die Daten normalverteilt sind. In Microsoft Excel funktioniert das über die =NORMVERT()-Funktion. Die Ausgabe schauen wir uns einmal für den Lerngewinn und den Motivationsgewinn in der sog. Implementationsphase an (Abbildung 16).

Abbildung 16. Werteverteilungen aufgrund des Mittelwerts (M) und der Standardabweichung (SD)

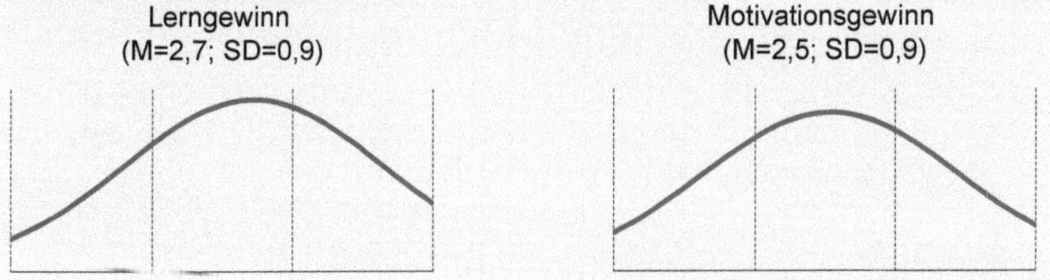

Quelle: Eigene Darstellung auf Basis der Werte aus Dohrmann et al., 2021

Man erkennt, dass beide (konstruierten) Verteilungen recht mittig und recht breit sind. Die tatsächliche Verteilung anhand der empirischen Ausprägungen dürfte gegebenenfalls leicht anders aussehen – empirische Verteilungen zeigen nur selten diese perfekte Glockenform (Normalverteilung). Aber aufgrund der Angaben in der Publikation (Mittelwert, Standardabweichung, Min. und Max.) ist dies eine pragmatische und einfache Möglichkeit, um sich die ungefähren Verteilungen selbst zu illustrieren.

Die bisher genannten Maßzahlen sind häufig in Publikationen anzutreffen. Es gibt aber auch Maßzahlen, die nicht so häufig sind, aber trotzdem durchaus vorkommen. Selten berichtet, aber trotzdem eine wertvolle Information ist die relative Häufigkeit der Individuen, die genau den Min.-Wert oder genau den Max.-Wert haben. Wenn 90 Prozent der Individuen einen maximalen Wert haben, so handelt es sich ganz offenbar um eine extrem ‚schiefe' Verteilung der Ausprägungen auf dem Spektrum.

Die ‚Schiefe' der Verteilung kann auch noch anders ausgedrückt werden, und zwar in Form einer Maßzahl, die als *Skewness* bezeichnet wird. Stellen wir uns die Werteverteilung vor, so wölbt sich die ideale – nicht schiefe – Verteilung wie eine symmetrische Glocke (siehe auch Abbildung 16). Der Schiefe-Wert liegt dann bei 0. Sollte die Verteilung nach rechts verschoben sein – wenn also der Berg der Verteilung nicht in der Mitte, sondern rechts ist – dann wird dies durch einen negativen Schiefe-Wert angezeigt. Sollte der Berg nach links verschoben sein, dann ist der Schiefe-Wert positiv.

Ein weiteres Maß, das ebenfalls die Art der Verteilung der Werte beschreibt, ist die Steilheit, oder auch *Kurtosis*. Auch diesen Wert findet man in Publikationen eher selten. Die Steilheit schaut sich an, ob die Verteilung eher dünn und spitz nach oben ragt (positiver Wert) oder ob die Verteilung sehr breit ist und sich die Werte über das ganze Spektrum recht gleichmäßig verteilen (negativer Wert).

Eine andere Größe, mit der die Verteilung einer Variablen dargestellt werden kann, stellen die sog. Perzentile dar. *Perzentil* meint, dass die Individuen hinsichtlich ihrer Werte der Größe nach sortiert werden und dass diese sortierte Reihe an Merkmalsausprägungen dann in Prozent-Schritten unterteilt wird: Die ganze Reihe sind 100 Prozent. Der Wert des Individuums, das exakt in der Mitte der sortierten Reihe steht, markiert 50 Prozent – man sagt auch „das Perzentil 50". Abgekürzt sagt und schreibt man oft auch einfach „P50". Und der Wert für P50 ist dann der Wert, den das Individuum hat, das genau in der Mitte der sortierten Werte-Liste steht. Wenn Perzentile im Bereich der erziehungswissenschaftlichen Forschung berichtet werden, dann sind es häufig P25, P50 und P75. Also die drei Werte, die die sortierte Reihe in vier gleich große Teile untergliedert. Seltener sagt man zu diesen drei Werten, durch die vier (lat. quartus, dt. der vierte) Teile der sortierten Reihe entstehen, auch Quartile („Q"): Q1 = P25; Q2 = P50 und Q3 = P75. Das Q2 (also P50) wird manchmal auch als Maß der zentralen Tendenz genutzt – es wird dann als Median bezeichnet.

Der Median wird gerne dann bevorzugt eingesetzt, wenn praktisch alle Werte recht dicht beieinander sind, und wenn es nur einen oder wenige Werte gibt, die sehr weit von allen anderen weg liegen. Gegenüber solch ungewöhnlichen Werten – die man auch als *Ausreißer* bezeichnet – reagiert das arithmetische Mittel sehr sensibel und zeigt die zentrale Tendenz fälschlicherweise an einer Stelle an, wo es ggf. gar keine oder nur sehr wenige Individuen gibt. Der Median wird von solchen Ausreißern praktisch gar nicht verzerrt.

Wenn Ausreißer (manchmal wird auch der englische Begriff Outlier verwendet) den Mittelwert verzerren, dann sind alle Analyseprozeduren, in denen der Mittelwert verwendet wird, auch verzerrt. Das ist ein großes Problem, da wirklich sehr viele Analyseprozeduren auf dem Mittelwert aufbauen. Daher müssen ungewöhnlich hohe oder niedrige Werte vor der weiteren Analyse behandelt werden. Auch hier ist also die univariate Analyse gefragt, in den einzelnen Variablen nach möglichen Ausreißern Ausschau zu halten. Identifiziert werden Ausreißer, indem die einzelnen Werte standardisiert werden (Wert vom Mittelwert abziehen und durch die Standardabweichung teilen): Alle Werte, die in standardisierter Form unter -3,29 oder über 3,29 liegen sind mit ziemlicher Sicherheit Ausreißer. Teils wird dieser Analyseschritt berichtet – teils nicht.

Es gibt drei hauptsächliche Arten, wie mit Ausreißern in der Forschungspraxis umgegangen wird: (1) Ausreißer bleiben einfach unverändert in den Daten. In manchen Situationen ist es – begründet – durchaus auch möglich, Ausreißer nicht zu behandeln. Die Analysen und Ergebnisse müssen dann aber besonders kritisch reflektiert werden. (2) Ausreißer werden ‚Missing' gesetzt. Es ist möglich (u. a. auch aus inhaltlichen Erwägungen) besonders extreme Werte als fehlende Werte umzudeklarieren. Hieraus ergibt sich dann aber wieder die in Abschnitt 2.3.2 beschriebene Herausforderung, mit Missings umgehen zu müssen. (3) Ausreißer werden auf einen gerade noch plausiblen Wert heruntergestuft. Was genau dieser Wert ist, der gerade noch als plausibel angenommen werden kann, kommt auf die Prozedur an, die genutzt wurde, um den Ausreißer überhaupt erst als solchen zu entdecken. Dies sind Details, die für uns nicht entscheidend sind; wohl aber halten wir in jedem Fall nach Informationen zu(m Umgang mit) Ausreißern Ausschau, wenn wir eine empirisch-quantitative Publikation lesen.

3.2 Bivariat – Einfache und gerichtete Verbindungen

Wie bereits mehrfach betont: Nur in seltenen Fällen interessiert man sich in der erziehungswissenschaftlichen Forschung ausschließlich für einzelne Merkmale. Fragestellungen in der Erziehungswissenschaft enthalten meist zwei oder mehr Merkmale. Damit ist verbunden, dass auch mindestens zwei Variablen zusammen analysiert werden müssen.

Ganz grundsätzlich wollen wir unterscheiden, ob es sich um einen einfachen Zusammenhang handelt, oder um einen gerichteten. Diese Unterscheidung hatten wir in Abschnitt 2.3 konzeptionell eingeführt. Hieran werden wir nun anknüpfen und uns im Folgenden zunächst einmal die einfachen, ungerichteten Verbindungen zweier Variablen genauer ansehen.

3.2.1 Grundprinzipien der einfachen Verbindungen

Zunächst vergegenwärtigen wir uns, was genau mit „Verbindung" gemeint ist. Wir wissen bereits, dass auf jeder Variablen definitionsgemäß eine gewisse Variabilität der Werte zu erwarten ist. Im letzten Abschnitt haben wir die Vorgehensweise bei der univariaten Analyse kennengelernt, nämlich dass Forschende versuchen, die Variabilität einer Variablen durch einfach auszudrückende Kennzahlen zu beschreiben. Im Grunde funktioniert die Betrachtung der Verbindungen von Variablen genauso: Forscher:innen untersuchen mittels Statistikprogramm am Computer jedes Individuum hinsichtlich der Werte auf beiden interessierenden Variablen. Dabei wird versucht, auffällige Muster dieser Verbindungen zu finden und sie durch eine einfach auszudrückende Zahl zu beschreiben. Da Forscher:innen sich für zwei Variablen gleichzeitig interessieren, nennt man die Vorgehensweise bivariate Analyse (bi meint zwei; sprich: eine auf zwei Variablen bezogene Analyse).

Mit anderen Worten wird im Statistikprogramm pro Individuum der Wert auf der einen Variablen mit dem Wert auf der zweiten Variablen verglichen. Über alle Fälle hinweg suchen Forscher:innen nach Auffälligkeiten. Beispielsweise könnte auffallen, dass besonders viele Individuen, die auf der einen Variablen einen hohen Wert haben, auch auf der zweiten Variablen einen hohen Wert haben. Und andere Individuen, die auf der einen Variablen einen niedrigen Wert haben, haben auch auf der zweiten Variablen einen niedrigen Wert. Das wäre ein auffälliges Muster! Offenbar hängen beide Variablen miteinander zusammen.

Beispielsweise könnte aber in einem anderen Fall auch auffallen, dass es überhaupt kein ‚Muster' gibt – dass die beiden Variablen bei einigen Individuen mal so und bei anderen Individuen ganz anders zusammenhängen, ohne dass irgendeine Art Muster dabei auffällt.

Die Prozeduren der bivariaten Analyse müssen nun für beide Beispiele (a. auffälliger Zusammenhang; b. überhaupt kein Zusammenhang) Maßzahlen ergeben, die den jeweiligen Zusammenhang in zutreffender Weise beschreiben. Dabei gilt ein vergleichbarer Grundsatz wie bei der univariaten Analyse: Bei der bivariaten Analyse geht es darum, die Kombinationen zweier Variablen möglichst genau und zutreffend, aber gleichzeitig möglichst unkompliziert und leicht verständlich zu beschreiben. Ideal wäre ein einziger Wert, der die Verbindung gut zusammenfasst.

Wir nehmen in den vorigen Absätzen wahr, dass „Auffälligkeiten", „hoher Wert-hoher Wert", „Muster" usw. irgendwie relativ sind. Damit Forscher:innen feststellen können, ob ein Muster auffällig ist oder nicht, kommen daher komplexe Verfahren der Statistik zur Anwendung. Sie helfen dabei, die Verbindungen zweier Variablen einzuschätzen und zu bewerten. Dabei ist praktisch immer der Fokus, ob die Verbindung derart auffällig ist, dass sie aller Voraussicht nach auch in der empirischen Welt Gültigkeit hat und eben nicht bloß im Datensatz. Auch dies sollte nach Möglichkeit durch die bivariate Analyse in möglichst einem verständlichen Wert – oder zumindest in wenigen Werten – ausgedrückt werden können.

Abbildung 17. Einfache Verbindungstypen zweier Variablen

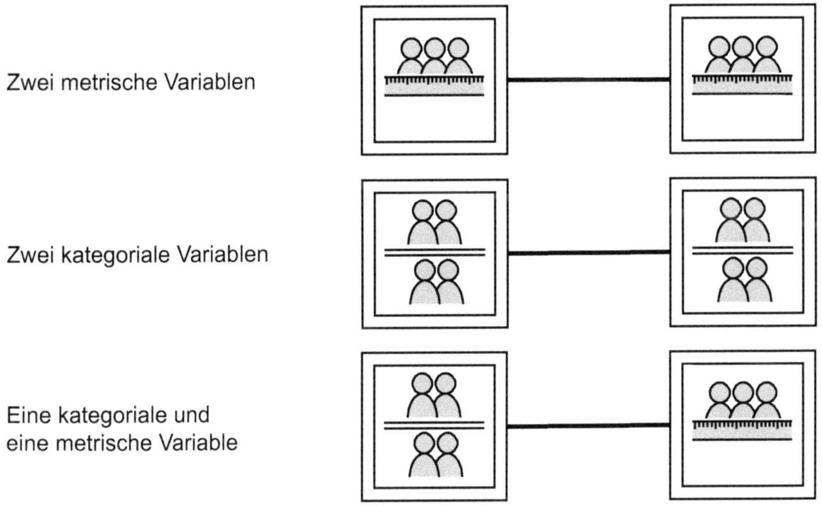

Quelle: Eigene Darstellung

Bei der bivariaten Analyse sind also zwei Werte besonders wichtig: Erstens eine Maßzahl, die Aufschluss über die Art des Zusammenhangs gibt und zweitens die Information, inwieweit wir dieser Maßzahl vertrauen können – ob der Zusammenhang, der sich in den Daten abzeichnet, in dieser Form höchstwahrscheinlich auch in der empirischen Welt zu finden ist.

In Abbildung 17 finden wir die drei Möglichkeiten einfacher Verbindungstypen zweier manifester Variablen. Wir müssen uns vergegenwärtigen: Hinsichtlich der Verbindungen zweier Variablen gibt es eine Bandbreite an Spielarten und viele Varianten. Wir schauen uns im Folgenden nur die Maße an, die hauptsächlich in empirisch-quantitativen Publikationen im erziehungswissenschaftlichen Bereich zu finden sind. Wir erlernen hier das Prinzip, sodass wir auch andere

Maßzahlen, die ggf. für ungerichtete Verbindungen in einer Publikation vorkommen, grundsätzlich verstehen und interpretieren können.

3.2.2 Einfache Verbindungstypen

Wenn zwei metrische Variablen in ihrem Zusammenspiel betrachtet werden, dann wird dies als Korrelation bezeichnet. Die entsprechende Maßzahl, mit der wir uns die Art und Stärke der Korrelation in Publikationen vergegenwärtigen, ist der Korrelationskoeffizient.

Der *Korrelationskoeffizient* repräsentiert den Zusammenhang zweier Variablen in einer einzigen Zahl zwischen −1 und +1. Der Wert −1 gibt an, dass es sich um einen perfekt negativen Zusammenhang handelt. Das bedeutet: Niedrige Werte auf der einen Variablen gehen immer einher mit hohen Werten auf der anderen Variablen. Und hohe Werte auf der einen Variablen gehen mit niedrigen Werten auf der anderen Variablen einher. Dieses gegenläufige Variieren wird mit einem negativen Korrelationskoeffizienten von −1,0 ausgedrückt.

Der Wert +1 weist auf einen perfekt positiven Zusammenhang hin. Hohe Werte auf der einen Variablen gehen mit hohen Werten auf der anderen Variablen zusammen und je niedriger die Werte auf der einen Variablen sind, umso niedriger werden sie auf der anderen Variablen. Dieses perfekt gleichförmige und lineare Variieren führt zu einem Korrelationskoeffizienten von +1,0.

Alle Werte zwischen −1 und +1 sind grundsätzlich möglich. Je näher der Korrelationskoeffizient bei Null liegt, umso diffuser und uneindeutiger wird das Bild. Ein Korrelationskoeffizient von exakt Null zeigt an, dass die Verbindung beider Variablen keinem linearen Muster folgt.

In der empirischen Forschung wird der Korrelationskoeffizient praktisch nie perfekt −1 oder +1. Positive Werte, wie etwa +0,3 oder +0,4 zeigen durchaus bemerkenswerte positive Korrelationen an.

Man hat es bei Korrelationen praktisch immer mit Kommazahlen, die mit „0,…“ beginnen, zu tun. Im Deutschen hat sich die amerikanische Schreibweise durchgesetzt: Statt Komma schreibt man Punkt und statt die Null hinzuschreiben lässt man sie weg. Gerne werden zwei, häufig sogar drei Nachkommastellen angegeben. So wird aus einem Korrelationskoeffizienten von 0,403 die Schreibweise .403 (gesprochen: „Punkt vier null drei“). Das müssen wir uns merken, da dies in vielen Publikationen und auch bei vielen anderen Methoden, die wir noch kennenlernen werden, so umgesetzt wird – obgleich es ggf. nicht unseren ‚Sehgewohnheiten‘ entspricht.

Beispiel 38

Um dies zu festigen, werfen wir einen Blick in den Beitrag von Brisson und Theis (2020). Hier geht es um einen Vergleich von traditioneller Hausaufgabenhilfe mit einer integrierten Lernzeit aus Perspektive von Schüler:innen der Sekundarstufe I. Die Datenerhebung erfolgte mittels täglichem Kurzfragebogen über das Smartphone der Schüler:innen und zwar über einen Zeitraum von drei Wochen. Alle erfassten Merkmale wurden auch bivariat ausgewertet (Brisson & Theis, 2020, S. 311–312). Dabei wurden die Korrelationen getrennt ausgewiesen; einmal für Schüler:innen, die eine Hausaufgabenbetreuung besucht haben und einmal für Schüler:innen, die eine integrierte Lernzeit besucht haben.

Wir schauen ausschnitthaft nur auf jene, die in einer integrierten Lernzeit waren. Sie wurden unter anderem gefragt, „Wie hast du dich in der Lernzeit heute insgesamt gefühlt?“ und sie konnten ihre Antwort in fünf Abstufungen geben: von [5] besonders positiv bis [1] besonders negativ. Dies wird als Wohlbefinden der Schüler:innen interpretiert. Eine hohe Zahl entspricht also einer hohen Ausprägung auf dem empirischen Merkmal Wohlbefinden und eine kleine Zahl entspricht einem geringen Wohlbefinden.

Weiterhin wurde die Zufriedenheit mit der Hilfe in der Lernzeit durch die Frage „Wie zufrieden warst du mit der Hilfe von [Person aus der Lernzeit]?“ abgebildet, wobei hier [5] sehr zufrieden und [1] besonders unzufrieden repräsentiert.

Die Korrelation zwischen diesem Merkmal mit dem Wohlbefinden liegt bei .73. Der positive Wert deutet an, dass eine hohe Zufriedenheit eher mit ausgeprägtem Wohlbefinden einhergeht und dass eine geringe Zufriedenheit mit eher geringeren Werten des Wohlbefindens einhergeht. Die Größe des Koeffizienten deutet an, dass der Zusammenhang sehr stark ist.

Auch wurde gefragt „Wie anstrengend waren die Aufgaben heute für dich?“, was das Belastungserleben repräsentieren sollte. Die Zahl [5] steht für besonders hohe und die Zahl [1] für eine besonders geringe Belastung. Dieses Merkmal und das Wohlbefinden hängen mit –.79 miteinander zusammen. Das negative Vorzeichen zeigt an: Hohe Belastung geht eher mit geringem Wohlbefinden und geringe Belastung eher mit ausgeprägtem Wohlbefinden einher. Die Nähe zu –1 zeigt, dass es sich um einen sehr starken, negativen Zusammenhang handelt.

Als ein letztes Beispiel aus Brisson und Theis (2020) soll noch die Einschätzung zu „Lärm und Unruhe“ in der Lernzeit betrachtet werden: Die Schüler:innen wurden gebeten einzuschätzen, ob es in der Lernzeit „heute laut und unruhig“ war und zwar von [1] stimmt gar nicht bis [4] stimmt genau. Der Korrelationskoeffizient von

–.10 ist recht dicht an Null, sodass davon auszugehen ist, dass das Muster deutlich weniger eindeutig ist als bei den vorigen beiden Korrelationskoeffizienten. Offenbar hängen die Merkmale Wohlbefinden und Lärm/Unruhe nicht oder nur wenig miteinander zusammen.

Inwiefern die drei Verbindungen voraussichtlich auch in der empirischen Welt in dieser Form zu finden sind, sehen wir später in Beispiel 42 (auf S. 107).

Wir wollen uns kurz vergegenwärtigen, wie die Korrelation gebildet wird, damit wir sie im Prinzip verstehen. Wir, die wir vor allem daran interessiert sind, empirisch-quantitative Publikationen zu lesen, müssen den Korrelationskoeffizienten nicht selbst berechnen können (und selbst wenn, dann würde dies der Computer für uns erledigen). Aber wir wollen einen Eindruck gewinnen, wie Forscher:innen es ganz grundsätzlich schaffen, zwei Variablen mit einer einzigen Maßzahl auszudrücken.

Für die Korrelation zweier metrischer Variablen berechnet ein Statistikprogramm zunächst die Mittelwerte beider Variablen. Für jedes Individuum wird daraufhin berechnet, wie groß die Distanz – mit Blick auf beide Variablen – zu den Mittelwerten ist (genauer: für beide Variablen wird pro Individuum je eine Differenz zum Mittelwert gebildet und die somit entstehenden Distanzwerte werden miteinander multipliziert). Jedes Individuum erhält also einen einzigen Wert, der für beide Variablen die beiden Abstände zum jeweiligen Mittelwert enthält.

Wir wollen aber nicht bloß einen Wert pro Individuum, der beide Variablen in einem Wert verknüpft, sondern wir benötigen einen Wert, der alle Individuen in dieser Weise repräsentiert. Daher rechnet das Statistikprogramm für alle Individuen diese Werte dann zusammen (summiert) und relativiert diese Summe an der Stichprobengröße. Das Ergebnis ist die sogenannte Kovarianz – ein Maß, das in vielen komplexen Analyseverfahren eine Rolle spielt. Für uns sind die Werte der Kovarianz aber schwierig zu interpretieren; daher relativiert das Statistikprogramm die Werte anschließend noch an den Standardabweichungen beider Variablen, sodass der Koeffizient die beschriebene Eigenschaft – ausschließlich Werte zwischen −1 und +1 annehmen zu können – erhält. Dies ist dann der sogenannte Korrelationskoeffizient.

Diese kurze etwas technische Beschreibung soll lediglich dem Verständnis dienen, wie Forscher:innen es schaffen, den Zusammenhang zweier metrischer Variablen in einem einzigen Wert auszudrücken.

Kommen wir nun zum einfachen Zusammenhang zweier kategorialer Variablen. Hierfür gibt es verschiedene Prozeduren und Maßzahlen, die in unterschiedlichen Situationen zum Einsatz kommen.

Ganz allgemein gesprochen würden zwei kategoriale Variablen zunächst einmal in einer sogenannten *Kreuztabelle* gegenübergestellt werden. Dabei werden die kategorialen Ausprägungen der einen Variablen in den Zeilen der ersten Spalte untereinandergeschrieben und die Ausprägungen der zweiten Variablen werden in der ersten Zeile ab Spalte zwei nebeneinander geschrieben (vgl. Tabelle 2 in Beispiel 39). Nun zählt man die Menge an Personen, die eine bestimmte Merkmalskombination auf beiden interessierenden Variablen haben. Da es sich um empirische Daten handelt, spricht man auch von „beobachteten" Häufigkeiten.

Beispiel 39

Dies wollen wir uns anhand der Publikation von Tillmann et al. (2018) ansehen. Eine Fragestellung in dem Beitrag ist, welche Schüler:innen an lesebezogenen Ganztagsangeboten teilnehmen. Zur Beantwortung dieser Frage wurden Daten von Schüler:innen der Primar- und der Sekundarstufe I herangezogen. Für dieses Beispiel werden lediglich die Primarschüler:innen des Messzeitpunkts 4 angesehen.

Es wird tabellarisch berichtet (Tillmann et al., 2018, S. 297), dass der Anteil an Mädchen in der Gesamtstichprobe bei 49 Prozent liegt und dass der Anteil an Mädchen in Leseangeboten bei 71 Prozent liegt.

Rein von diesen Zahlen her erschließt sich uns, dass der Mädchenanteil in Leseangeboten – im Vergleich zur Gesamtstichprobe – auffällig hoch ist. Um dies genauer in Augenschein zu nehmen, erstellen wir aus den Prozentangaben sowie den Angaben zur Stichprobengröße (n = 2.149) in Tabelle 2 eine Kreuztabelle.

Tabelle 2. Kreuztabelle mit absoluten Häufigkeiten aus Tillmann et al. (2018)

	Mädchen	Keine Mädchen	Gesamt
Teilnahme an Leseangeboten	168	70	238
Keine Teilnahme an Leseangeboten	883	1.028	1.911
Gesamt	1.051	1.098	2.149

Quelle: Eigene Berechnung anhand der Werte aus Tillmann et al. (2018)

In der Kreuztabelle erhält man eine gute Übersicht über die einzelnen Werte. Allerdings müssen wir zugeben, dass man so in der Form nur sehr wenig erkennen kann, ob beide Merkmale miteinander zusammenhängen oder nicht.

Die zuvor genannten Prozentangaben waren da schon hilfreicher. Daher erstellen wir die gleiche Kreuztabelle mit den beiden kategorialen Merkmalen, aber dieses Mal nutzen wir die relativen Häufigkeiten (Prozentangaben). Da sich die relativen Häufigkeiten in diesem Fall für jede Zeile zu 100 Prozent summieren, spricht man auch von zeilenweisen Prozenten (Tabelle 3).

Tabelle 3. Kreuztabelle mit relativen Häufigkeiten (zeilenweise Prozente) aus Tillmann et al. (2018)

	Mädchen	Keine Mädchen	Gesamt
Teilnahme an Leseangeboten	70,6	29,4	100,0
Keine Teilnahme an Leseangeboten	46,2	53,8	100,0
Gesamt	48,9	51,1	100,0

Quelle: Eigene Berechnung anhand der Werte aus Tillmann et al. (2018)

In Tabelle 3 erkennen wir den Wert 70,6 (gerundet 71) Prozent wieder, den wir zuvor genannt hatten. Und wir sehen hier in der Kreuztabelle sehr klar, dass sich das Geschlecht eigentlich grob 50:50 verteilt, nur in der Gruppe der Schüler:innen, die an Leseangeboten teilnehmen, ist die Geschlechtsverteilung so, dass mehr als zwei Drittel der Teilnehmenden Mädchen sind. Kurzum: Mädchen scheinen häufiger an Leseangeboten teilzunehmen.

Vorteil von Kreuztabellen ist, dass man mit ihnen eine gute Übersicht über die Kombinationen der Ausprägungen auf zwei kategorialen Variablen erhält. Teils werden – wie das Beispiel zeigt – die Häufigkeiten mit Prozentangaben (entweder zeilenweise oder spaltenweise) ergänzt, um die Interpretation zu erleichtern.

Im Beispiel 39 in Tabelle 3 ist der Unterschied der Prozente sehr auffällig. In vielen anderen Situationen ist dies aber nicht so eindeutig. Somit braucht es eine Vorgehensweise, um die Besonderheiten der beobachteten bivariaten Häufigkeiten auszumachen. Hierbei geht man so vor, dass für einen Moment angenommen wird, dass beide Variablen voneinander unabhängig sind. Und dann berechnet man die bivariaten Häufigkeiten für sämtliche Kombinationen der Ausprägungen – unter der Annahme, dass beide Variablen unabhängig voneinander sind (vgl. Beispiel 40). Diese Werte werden als erwartete Häufigkeiten bezeichnet. Der Vergleich der beobachteten Häufigkeiten – die sich aus dem Datensatz ergeben – und der erwarteten Häufigkeiten – die man unter der Annahme der vollständigen Unabhängigkeit beider Variablen berechnet – ermöglicht eine genauere Einschätzung, inwiefern sich ein auffälliges Muster des Zusammenhangs zeigt, oder nicht.

Beispiel 40

Dies soll am Beispiel der Publikation von Tillmann et al. (2018) genauer nachvollzogen werden. Wir bleiben dafür bei der Frage, welche Schüler:innen an lesebezogenen Ganztagsangeboten teilnehmen und fokussieren weiterhin die Primarschüler:innen des Messzeitpunkts 4 (Tillmann et al., 2018, S. 297).

Im vorigen Beispiel 39 wurde die Kreuztabelle mit den beobachteten bivariaten Häufigkeiten erstellt. Wenn wir nun die erwarteten Häufigkeiten berechnen, müssen wir so tun, als würden beide Variablen nicht miteinander zusammenhängen. Dies tun wir, indem wir die Häufigkeiten der tatsächlichen Kombinationen der Ausprägungen löschen und nur von den Verteilungen der beiden Variablen ausgehen. Dies sieht so aus, wie in Tabelle 4 dargestellt. Hier sieht man, dass ausschließlich die Randhäufigkeiten übernommen wurden. Die detaillierten Informationen, wie viele Mädchen nun genau an Leseangeboten teilnehmen, oder wie viele Mädchen nicht teilnehmen, usw. wurde nicht in Tabelle 4 übertragen.

Tabelle 4. Kreuztabelle ausschließlich mit Randhäufigkeiten

	Mädchen	Keine Mädchen	Gesamt
Teilnahme an Leseangeboten	–	–	238
Keine Teilnahme an Leseangeboten	–	–	1.911
Gesamt	1.051	1.098	2.149

Quelle: Eigene Berechnung anhand der Werte aus Tillmann et al. (2018)

Tabelle 5. Kreuztabelle mit erwarteten Häufigkeiten

	Mädchen	Keine Mädchen	Gesamt
Teilnahme an Leseangeboten	116 (+)	122 (-)	238
Keine Teilnahme an Leseangeboton	934 (-)	977 (+)	1.911
Gesamt	1.051	1.098	2.149

Quelle: Eigene Berechnung anhand der Werte aus Tillmann et al. (2018)

In der Tabelle 4 versucht man nun, die Leerstellen aufzufüllen. Dafür werden die Randhäufigkeiten multipliziert und durch die Gesamtzahl geteilt. Für Mädchen, die an Leseangeboten teilnehmen ergibt sich somit die Rechnung 1.051 * 238/2.149 = 116. Auf diese Weise wird die Tabelle aufgefüllt. Die auf diese Weise errechneten Werte repräsentieren die Werte, die wir – unabhängig von den empirischen, bivariaten Häufigkeiten – erwarten würden. Die Kreuztabelle mit allen erwarteten Häufigkeiten ist in Tabelle 5 dargestellt.

Mit diesen Informationen zu den erwarteten Häufigkeiten – unter Annahme der Unabhängigkeit beider Variablen – kann nun das in Beispiel 39 dargestellte Befundmuster überprüft werden. Wir sehen in Tabelle 5, dass mehr Mädchen an Leseangeboten teilnahmen (n = 168) als bei statistischer Unabhängigkeit beider Variablen erwartbar (n = 116) wäre. Dies ist als „(+)" in der Tabelle mit den erwarteten Häufigkeiten symbolisiert. Ebenso sind jene häufiger als erwartet im Datensatz vertreten, die keine Mädchen sind und nicht an Leseangeboten teilnehmen (beobachtet n = 1.028; erwartet n = 977). Dies ist ein auffälliges Befundmuster, das unterstreicht, dass offenbar mehr Schülerinnen als Schüler an Leseangeboten teilnehmen.

Die Berechnung der erwarteten Häufigkeiten müssen wir nicht auswendig wissen. Aber der Abgleich der beobachteten und erwarteten bivariaten Häufigkeiten in Kreuztabellen ist die Grundlage für viele Maßzahlen, die die Verbindung zweier kategorialer Variablen zeigen.

Eine Maßzahl, die auf dem Vergleich aus beobachteten mit erwarteten Häufigkeiten basiert, ist *Chi-Quadrat* (geschrieben χ^2). Chi-Quadrat wird häufig bei der Analyse von zwei kategorialen Variablen eingesetzt.

Der Chi-Quadrat-Wert ermöglicht die Signifikanztestung (vgl. dazu Abschnitt 3.2.3), er selbst gibt uns aber keine verständlichen Informationen zur Art des Zusammenhangs. Die Größe von Chi-Quadrat kann nicht einfach hinsichtlich der Stärke des Zusammenhangs interpretiert werden. Sollten wir an der Richtung des Zusammenhangs interessiert sein, müssen wir in der Publikation nach weiteren Informationen suchen. Publikationen, in denen die beobachteten und erwarteten Häufigkeiten in Kreuztabellen berichtet werden, sind selten. Eher sollten wir nach bivariaten Häufigkeiten oder Prozenten Ausschau halten. Prozentangaben zu den Ausprägungen sind in Publikation häufig gegeben. Wie in Beispiel 39 gezeigt, nützen schon wenige Prozentangaben zu den bivariaten Merkmalsverteilungen, um die Richtung des Zusammenhangs interpretieren zu können.

Neben Chi-Quadrat gibt es viele weitere Maßzahlen zur Beschreibung der Verbindung zweier kategorialer Variablen. Ein wichtiges Maß für zwei kategoriale Variablen ist *Cramérs V*. Kurz gesagt handelt es sich um eine standardisierte Form von Chi-Quadrat. Der Wert Cramérs *V* kann daher hinsichtlich der Stärke des Zusammenhangs interpretiert werden. Der Wertebereich, in dem der Cramérs

V-Wert sich bewegt, liegt zwischen 0 und +1, wobei 0 keinem Zusammenhang und +1 einem perfekten Zusammenhang entspricht.

Cramérs *V* geht davon aus, dass die möglichen Ausprägungen der kategorialen Variablen in keiner natürlichen – der empirischen Welt entsprechenden – Reihenfolge stehen. Vielmehr stehen die einzelnen Zahlen einer Variablen für bestimmte einzelne Sachverhalte in der empirischen Welt. Daher bietet Cramérs *V* auch keine Information, um die Richtung des Zusammenhangs zu bestimmen. Die Richtung des Zusammenhangs muss man wie bei Chi-Quadrat aus den Prozenten oder der Kreuztabelle erschließen.

Anders sieht dies aus, wenn die betrachteten kategorialen Variablen entweder nur zwei Ausprägungen haben, nämlich 0 und 1, oder wenn die Variablen mehr Ausprägungen haben, die in einer der empirischen Welt entsprechenden Reihenfolgen stehen. Im ersteren Fall lässt sich eine Analyse mit der Bezeichnung Phi Koeffizient durchführen. Und im letzteren Fall lässt sich das Maß Kendalls Tau oder beispielsweise die Analyse mit der Bezeichnung Spearmans Roh verwenden. Diese Analyseprozeduren zeigen durch einen einzigen Wert sowohl die Stärke als auch die Richtung des Zusammenhangs an. Die Werte der Koeffizienten liegen, wie beim Korrelationskoeffizienten zwischen −1 und +1, wobei die Interpretation vergleichbar zu der Interpretation des Korrelationskoeffizienten ist: Je höher bzw. niedriger der Koeffizient – genauer: je weiter der Koeffizient von 0 entfernt ist –, desto stärker ist der Zusammenhang. Und ein positives Vorzeichen meint, dass höhere Werte auf der einen Variablen häufig mit höheren Werten auf der anderen Variablen einhergehen und umgekehrt. Ein negatives Vorzeichen meint ein gegenläufiges variieren beider Variablen: Hohe Werte auf der einen Variablen gehen mit geringen Werten auf der anderen Variablen einher. Und ein Koeffizient von Null deutet darauf hin, dass sich kein (lineares) Muster erkennen lässt.

An dieser Stelle haben wir die Verbindung zweier metrischer Variablen kennengelernt und zudem die Verbindung von zwei kategorialen Variablen. Fehlt noch die *Verbindung einer metrischen mit einer kategorialen Variablen*. Wir vergleichen also eine metrische Variable für zwei Gruppen. Da bei den einfachen Verbindungen beide Variablen gleichwertig sind, ist die Reihenfolge der miteinander verbundenen Variablen nicht von Bedeutung: ob metrisch-kategorial oder kategorial–metrisch ist im Prinzip gleich.

Sofern die kategoriale Variable dichotom ist, kann die Verbindung wie bei zwei metrischen Variablen mittels eines Korrelationskoeffizienten dargestellt werden. Die Methode wird als „(Punkt-)Biseriale Korrelation" bezeichnet. Im Prinzip handelt es sich aber um einen Korrelationskoeffizienten, wie wir ihn zuvor kennengelernt haben. In empirisch-quantitativen Publikationen ist der (Punkt-)Biseriale Korrelationskoeffizient (als $r_{(p)bis}$ abgekürzt) aber selten bis gar nicht anzutreffen.

Wenn es im Rahmen der bivariaten Analyse darum geht, eine metrische und eine kategoriale Variable hinsichtlich ihrer Verbindung miteinander zu betrachten, nimmt man häufiger einen sogenannten *t-Test*. Der *t*-Test hat verschiedene Anwendungsbereiche. Für die bivariate Analyse einer metrischen Variable, die getrennt für zwei Gruppen – die durch eine kategoriale Variable festgelegt werden – betrachtet wird, kommt der sogenannte „*t*-Test für unabhängige Stichproben“ zum Einsatz. Die Formulierung „unabhängige Stichprobe“ klingt etwas ungewöhnlich – dies meint schlicht, dass durch die kategoriale Variable zwei Gruppen unterschieden werden, in denen jeweils unterschiedliche Individuen sind. Die Analyserichtung des *t*-Tests ist, ob sich die beiden Gruppen hinsichtlich der metrischen Variable im Mittel unterscheiden. Ähnlich wie bei Chi-Quadrat können wir das Ergebnis des *t*-Tests hauptsächlich zur statistischen Absicherung nutzen, nicht aber zur Interpretation der Richtung oder Stärke des Gruppenunterschieds. Daher werden *t*-Tests zumeist so berichtet, dass – zusätzlich zu den für die Interpretation der Signifikanz nötigen Angaben – die Mittelwerte der metrischen Variablen getrennt für die einzelnen Gruppen angegeben werden.

Beispiel 41

Dies schauen wir uns anhand der Publikation von Sauerwein und Heer (2020) einmal genauer an. Anhand von Daten von Schüler:innen der Sekundarstufe I soll unter anderem die These überprüft werden, dass das Leseselbstkonzept, das Leseverstehen, die Lesegeschwindigkeit und die Noten bei Schüler:innen besser sind, die sich freiwillig für die Teilnahme an außerunterrichtlichen Leseangeboten entschieden haben, im Vergleich zu jenen, die sich nicht freiwillig zur Teilnahme an Leseangeboten entschieden haben. Die Analysen werden einzeln und bivariat durchgeführt und umfassen jeweils eine metrische und eine kategoriale Variable.

Sauerwein und Heer (2020) berechnen *t*-Tests und illustrieren die Richtung der Befunde anhand von Mittelwerten. Alle bivariaten Befunde deuten darauf hin, dass diejenigen, die sich freiwillig zur Teilnahme an Leseangeboten entschieden haben, in allen vier Leistungsindikatoren bessere Werte aufweisen. Das Leseselbstkonzept etwa – das als Skala mit vier Items erfasst wurde – liegt bei denjenigen, die freiwillig teilnehmen im Mittel bei 3,14 und bei jenen die unfreiwillig im Leseangebot sind bei einem Mittelwert von 2,85. Dieser Unterschied ist statistisch signifikant.

3.2.3 Vom Datensatz auf die empirische Welt schließen

Bis hierhin haben wir Maßzahlen kennengelernt, die die Verbindung zweier Variablen in einem einzigen Wert möglichst gut beschreiben. Die Frage ist damit aber nicht geklärt, ob das gefundene Muster in besonderer Weise auffällig ist oder nicht. Sticht die Verbindung beider Variablen derart klar und deutlich in den Daten hervor, sodass wir annehmen dürfen, dass sie aller Voraussicht nach auch in der empirischen Welt – und nicht bloß im Datensatz – Gültigkeit hat?

Wie wir bereits kennengelernt haben, geht es in der empirisch-quantitativen Forschung zwar um die Analyse von konkreten Daten in einem Datensatz. Dies ist aber nur ein Hilfsmittel, um komplexe Zusammenhänge in der empirischen Welt aufdecken zu können. Die Analysen müssen entsprechend so gestrickt sein, dass sie nicht ausschließlich Aussagen über den Datensatz erlauben (sog. *Deskriptivstatistik*), sondern dass sie auch Auskunft darüber geben können, ob ein Ergebnis aller Voraussicht nach und mit hoher Wahrscheinlichkeit auch auf andere Individuen der Grundgesamtheit, die nicht in der Stichprobe gelandet sind, zutreffend ist (sog. *Inferenzstatistik*). Zwei Herangehensweisen lassen sich unterscheiden.

Die erste ist die sogenannte Testung der Signifikanz und die zweite das sogenannte Konfidenzintervall. Signifikanz-Testung ist in der deutschsprachigen Literatur im erziehungswissenschaftlichen Bereich der Standard und sehr verbreitet. Konfidenzintervalle zu berichten ist eher etwas, das sich im internationalen Bereich langsam ausbreitet. Wir lernen beides im Prinzip kennen, damit wir für alle möglichen empirisch-quantitativen Publikationen gewappnet sind.

Das Konzept der *Signifikanz* basiert auf der Vorstellung, dass wir die Verbindung zweier Merkmale in der empirischen Welt nicht einfach so mit Variablen aus einem Datensatz beweisen können. Es braucht eine Art Referenzpunkt von dem ausgehend man ein gefundenes Muster zwischen zwei (oder mehr) Variablen beurteilen kann. Im Rahmen der Signifikanztestung geht man daher so vor, dass das Statistikprogramm das im Datensatz gefundene Muster mit einem hypothetischen Szenario vergleicht, bei dem beide Variablen statistisch gesehen überhaupt nichts miteinander zu tun haben (die Logik eines solchen Vergleichs haben wir im Prinzip zuvor kennengelernt bezüglich des Vergleichs von beobachteten und erwarteten Häufigkeiten in Kreuztabellen; vgl. Abschnitt 3.2.2). In der Forschung spricht man hier auch von der sog. Nullhypothese (‚beide Merkmale haben nichts miteinander zu tun'). Man vergleicht bei der Signifikanztestung also die zu untersuchende Verbindung in den empirischen Daten mit dem hypothetischen Nullhypothese-Szenario. Sollte sich herausstellen, dass die Daten sich in bedeutsamer Weise von der Nullhypothese unterscheiden, wird die Nullhypothese abgelehnt. Diese Ablehnung der Nullhypothese interpretiert man dann in der Forschungspraxis so, dass die Verbindung der Variablen höchstwahrscheinlich nicht nur in der Welt der Zahlen des Datensatzes existiert, sondern darüber hinaus auch in der empirischen Welt.

Dieses ‚höchstwahrscheinlich' wird in Publikationen mit dem „*p-Wert*" ausgedrückt. Der Wert für p ist eine Prozentangabe, die angibt, wie hoch die Wahrscheinlichkeit ist, dass man einen Fehler begeht, wenn man sagt, dass die Nullhypothese falsch ist. Etwas alltagssprachlicher ausgedrückt: Ist p für eine Analyse der Verbindung zweier Variablen sehr klein, hat man allen Grund für die Annahme, dass die beiden Merkmale, für die die beiden Variablen stehen, wirklich miteinander in Zusammenhang stehen.

In der empirisch-quantitativen Forschung im Bereich der Erziehungswissenschaft hat sich eingebürgert, die Grenze bei $p = 0{,}05$ zu ziehen. Man spricht auch von einem „5-Prozent-Signifikanz-Niveau". Wenn der berechnete p-Wert kleiner ist als 0,05, dann kann man mit Fug und Recht von einer „signifikanten" Verbindung beider Variablen sprechen. So die weit verbreitete Konvention.

Ein strengeres Signifikanzniveau (also 0,01, oder 0,001 oder sogar noch kleiner) ist nicht unbedingt auch besser. Stellen wir uns vor, der Grenzwert, ab dem man von einer signifikanten Verbindung spricht, ist besonders streng: das heißt, der p-Wert muss unter 0,001 liegen oder sogar noch kleiner sein, damit man von der Signifikanz einer Verbindung sprechen kann. In einem solchen Fall kann es leicht passieren, dass ein bestehender Zusammenhang in der empirischen Welt gar nicht erst in der Analyse der empirischen Daten entdeckt werden kann – einfach, weil das Signifikanzniveau zu strikt ausgewählt wurde. Dies wird in der Forschung als *Betafehler* bezeichnet. Andersherum kann es passieren, dass ein besonders lascher Grenzwert (zum Beispiel, wenn bereits bei p-Werten unter 0,1 von einer signifikanten Verbindung gesprochen wird) viele Zusammenhänge als signifikant ausweist, obwohl nicht in jedem Fall auch ein Zusammenhang in der empirischen Welt vorliegt. Diesen Fall, wenn das Signifikanzniveau zu weit gefasst ist, nennen Forschende auch *Alphafehler*.

Beim Lesen von empirisch-quantitativen Publikationen ist die Unterscheidung zwischen diesen beiden Fehlersorten nicht unbedingt im Detail bedeutsam. Wohl aber sollten wir uns einprägen, dass ein strikteres Signifikanzniveau nicht per se besser ist. Der Begriff „signifikant" lässt sich nicht steigern. Ein p-Wert von 0,02 ist nicht signifikanter als ein p-Wert von 0,03. Wohl aber sind diese beiden p-Werte auf dem 5-Prozent-Niveau signifikant, eben weil sie kleiner sind als der etablierte Grenzwert von 0,05.

Auch wenn das 5-Prozent-Niveau in der erziehungswissenschaftlichen Forschung die Grenze zwischen signifikant und nicht-signifikant markiert, so hat sich trotzdem durchgesetzt, in Publikationen drei unterschiedliche Niveaus differenziert auszuweisen, nämlich:

0,001 = 0,1 % (häufig in Publikationen angegeben) ➔ Symbol ***
0,01 = 1 % (häufig in Publikationen angegeben) ➔ Symbol **
0,05 = 5 % (etablierte Grenze) ➔ Symbol *
(0,1 = 10 % (sehr selten) ➔ Symbol +)

Diese tauchen in Publikationen sehr häufig auf. Und in der jeweiligen Publikation ist – zumeist sogar als Legende an jeder Tabelle bzw. Abbildung – häufig auch eine kurze Erläuterung der Symbole zu finden. Beispielsweise „* $p < .05$, ** $p < .01$, *** $p < .001$“.

Kurzum: Bei der Signifikanztestung kommt ein *p*-Wert heraus, der dann mit den genannten Grenzwerten verglichen wird, und daraus ergibt sich, ob die Verbindung für signifikant gehalten wird, oder nicht.

Beispiel 42

Auf Seite 97f. hatten wir den Beitrag von Brisson und Theis (2020) als Beispiel angesehen (Beispiel 38). Die Zusammenhänge zwischen Wohlbefinden und der Zufriedenheit mit der Hilfe (.73) sowie der Belastung (–.79) waren recht hoch, der Zusammenhang mit Lärm und Unruhe (–.10) vergleichsweise gering. Die Koeffizienten .73 sowie –.79 sind auf dem 5-Prozent Niveau signifikant, –.10 jedoch nicht (Brisson & Theis, 2020, S. 312). Wir gehen also davon aus, dass das Wohlbefinden und die Zufriedenheit mit der Hilfe zusammenhängen und dass das Wohlbefinden negativ mit der Belastung zusammenhängt. Doch scheint kein Zusammenhang zwischen Wohlbefinden und Lärm/Unruhe zu bestehen.

Weiterhin hatten wir in der Publikation von Tillmann et al. (2018) gesehen, dass – rein von der Betrachtung der Prozente her – auffällig viele Mädchen an Leseangeboten teilnehmen (Beispiel 39, S. 99f. und Beispiel 40, S. 101f.). Mit dem Wissen um die Signifikanztestung können wir dies nun statistisch absichern. Die Verbindung der Teilnahme an Leseangeboten mit dem Geschlecht ist mit „***“ versehen. Dies bestätigt unsere Interpretation, dass der hohe Mädchenanteil in Leseangeboten statistisch signifikant ist.

Und zuletzt noch die Publikation von Sauerwein und Heer (2020), die wir in Beispiel 41 (S. 104) angesehen hatten. Hier zeigte sich, dass beispielsweise das Leseselbstkonzept bei jenen höher war, die freiwillig an Leseangeboten teilnahmen. Der *p*-Wert ist mit .02 ausgewiesen. Wir stellen fest, dass der Wert unter .05 ist, und interpretieren daher den Unterschied in den Mittelwerten als statistisch signifikant.

Die Signifikanztestung wird im Methoden-Forschungsdiskurs auch kritisiert. Ein Hauptargument ist, dass die Berechnung der Signifikanz unter anderem von der Stichprobengröße abhängt. Auch wird als Kritikpunkt stark gemacht, dass 0,05 ein vergleichsweise beliebiger Grenzwert ist, der eher eine Konvention und kein ‚hartes' Kriterium darstellt. Zudem ist eine signifikante Verbindung nicht notwendiger Weise gleichbedeutend damit, dass der Zusammenhang oder ein Effekt besonders groß oder wirklich auch inhaltlich bedeutsam ist, so die Kritik.

Aus dieser Kritik heraus hat sich eine etwas andere Herangehensweise entwickelt, um von den Daten auf die dahinter liegende empirische Welt zu schließen. Wir haben gelernt, dass ein Wert berechnet wird, um die Verbindung zu beschreiben und dass ein weiterer Wert berechnet wird, der angibt, wie hoch die Wahrscheinlichkeit ist, dass man einen Fehler begeht, wenn man sagt, dass die Verbindung der betreffenden Variablen praktisch nicht existiert. Die andere Herangehensweise ist nun so, dass stattdessen ein Wertebereich errechnet wird, in dem der ‚wahre' Wert in der empirischen Welt mit höchster Wahrscheinlichkeit liegt. Dieser Bereich wird als *Konfidenzintervall* bezeichnet. Wenn ein Konfidenzintervall angegeben wird, dann zumeist ein 95-Prozent-Konfidenzintervall oder ein 90-Prozent-Konfidenzintervall. Meist wird dies Englisch mit „95 % CI" oder „90 % CI" (CI steht für ‚confidence interval') abgekürzt.

Konzeptionell gesehen hängt das Konfidenzintervall mit dem in Abschnitt 3.1.3 beschriebenen Standardfehler zusammen. Je größer der Standardfehler ist, desto breiter ist das Konfidenzintervall. Die Breite des Konfidenzintervalls symbolisiert, dass die Schätzung (beispielsweise eines Mittelwerts, oder eines Korrelationskoeffizienten) weniger präzise ist und daher eine größere Bandbreite von Werten in der empirischen Welt möglich sind.

Das Konfidenzintervall wird gängiger Weise mit zwei Werten angegeben: Dem unteren Wert („LL", lower level) und dem oberen Wert („UL", upper level). Oft kann man Konfidenzintervalle in Publikationen auch an den eckigen Klammern erkennen, die sonst eigentlich kaum in empirisch-quantitativen Publikationen zum Einsatz kommen: beispielsweise „[.051, .198]". Das Konfidenzintervall spannt sich hier zwischen 0,051 und 0,198 auf.

Methodiker:innen unterstreichen, dass der Prozentwert des Konfidenzintervalls nicht die Wahrscheinlichkeit angibt, mit der der wahre Wert in dem Bereich des Konfidenzintervalls liegt – sondern die 90 beziehungsweise 95 Prozent beziehen sich darauf, dass, wenn wir viele Stichproben aus derselben Grundgesamtheit ziehen, und wenn wir für jede dieser Stichproben ein Konfidenzintervall berechnen, dann liegt in 90 beziehungsweise 95 Prozent dieser Intervalle der wahre Wert.

Pragmatisch gesehen wird das Konfidenzintervall wie folgt interpretiert: Wenn es beispielsweise wichtig ist, ob sich eine Maßzahl von Null unterscheidet (wie dies beispielsweise beim Korrelationskoeffizienten der Fall ist), dann ist das zuvor genannte Konfidenzintervall von 0,051 bis 0,198 ein ziemlich solider Beleg dafür, dass der Koeffizient in der empirischen Welt nicht Null, sondern größer als Null ist. Dies erkennt man daran, dass Null von dem Wertebereich des Konfidenzintervalls nicht mit eingeschlossen ist. Die inferenzstatistische Interpretation wäre, dass der Korrelationskoeffizient nicht Null ist, sondern im positiven Bereich liegt.

Konfidenzintervalle können beispielsweise auch bei dem Vergleich von Gruppen mit Blick auf die Mittelwerte einer metrischen Variablen zum Einsatz kommen. In Gruppe A liegt der Wert einer metrischen Variablen beispielsweise bei „[2,7, 3,2]“ und in Gruppe B bei „[3,0, 3,8]“. Die beiden Konfidenzintervalle überschneiden sich – schließlich ist der Wertebereich von 3,0 bis 3,2 bei beiden Gruppen gegeben. Das heißt in der Interpretation, dass nicht ausgeschlossen werden kann, dass die Mittelwerte beider Gruppen identisch sind. Anders ausgedrückt: Gruppe A und B unterscheiden sich mit Blick auf den Mittelwert der betrachteten metrischen Variablen nicht. Gruppe C mit einem Konfidenzintervall des Mittelwerts von „[4,2, 4,5]“ hingegen liegt ganz offenbar über den Mittelwerten der beiden Vergleichsgruppen. Die inferenzstatistische Interpretation ist eindeutig: Gruppe C hat einen höheren Mittelwert als die Gruppen A und B.

3.2.4 Die Arbeit mit Modellen

Bis hierhin haben wir einfache Verbindungen zweier Variablen kennengelernt. Es zeigte sich, dass die Verbindung mit einer einzigen, vergleichsweise leicht zu interpretierenden Maßzahl beschrieben wurde, und zudem wurde die Übertragbarkeit des Zusammenhangs in den Daten auf einen möglichen Zusammenhang in der empirischen Welt überprüft.

Im Folgenden wollen wir nun annehmen, dass nicht mehr beide Variablen als gleichwertig angesehen werden; sondern, dass die eine Variable eine erklärende Kraft hat (unabhängige Variable) und dass die Variabilität auf der abhängigen Variablen durch diese Variable – mehr oder weniger gut – erklärt wird.

Die Methoden, die wir bislang zur Analyse einfacher Verbindungen kennengelernt haben, nutzen die Daten, um konkrete Maßzahlen zur Beschreibung der Verbindung zu errechnen. Zur Berechnung der Korrelation wird beispielsweise von den Mittelwerten der konkreten Variablen ausgegangen und es werden die Entfernungen der einzelnen Datenpunkte von den beiden Mittelwerten angesehen. Die Analyse versucht Muster in den Daten aufzudecken und sie ist daher unmittelbar mit den Daten verknüpft.

Bei den Verbindungen, die nun im Vordergrund stehen, ist die Herangehensweise eine etwas andere: Der erste Schritt ist – aufgrund theoretischer oder plausibler Annahmen – modellhafte Überlegungen anzustellen, wie die Verbindung beider Variablen ‚ideal' aussehen würde. Der Einfachheit halber ist diese Modellannahme sehr häufig (aber nicht immer), dass zwischen der einen und der anderen Variablen ein perfekt-linearer Zusammenhang besteht.

Erst der zweite Schritt der Analyse besteht darin, zu prüfen, wie gut die Daten zu der idealen, angenommenen Modellvorstellung passen. Wie gut die Passung ist, kann analysiert werden. Diese Information der Passung des Modells zu den Daten ist wertvoll, da sie eine Bewertung der Modellvorstellung zu den Daten erlaubt. Erfahrene Datenanalytiker:innen können zudem die einzelnen Abweichungen der Datenpunkte vom Modell (in der Fachsprache spricht man von Residuen) genauer untersuchen. Dies wird aber eher selten in Publikationen berichtet.

In Abbildung 18 ist das Prinzip verdeutlicht. Links in Abbildung 18 finden sich (fiktive) Werte zweier metrischer Variablen X und Y in einer Punktediagramm-Darstellung. Die beiden Variablen könnten beispielsweise die Intensität des Besuchs von Ganztagsangeboten (X) und das Wohlbefinden der Schüler:innen (Y) sein. Unsere Vermutung wäre, dass mit zunehmender Intensität der Teilnahme am Ganztagsbetrieb auch das Wohlbefinden höher ist (X➔Y). Wir können uns hier aber auch sämtliche andere metrische Variablen vorstellen: Hauptsache ist, dass wir davon ausgehen können, dass die eine Variable die andere erklärt.

Abbildung 18. Illustration linearer Modelle

X	Y
1,2	1,9
2,6	2,0
2,3	2,4
2,2	2,2
2,7	3,1
2,7	2,6
3,0	2,7
3,4	3,3
3,5	3,9
3,9	3,2

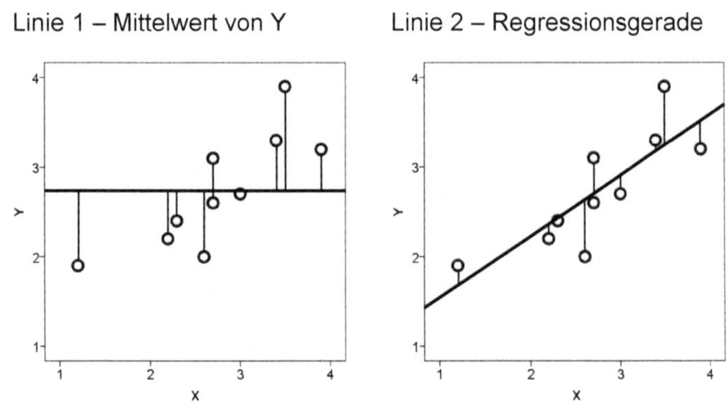

Quelle: Eigene Darstellung

Rechts daneben in Abbildung 18 werden diese Daten zwei Mal in identischer Weise in ein Koordinatensystem übertragen. Für jede Datenzeile wird ein Punkt gesetzt, und zwar entsprechend des X-Werts auf der Querachse und entsprechend des Y-Werts auf der Hochachse. Das heißt: Die zehn Datenzeilen entsprechen den zehn Punkten in beiden Koordinatensystemen.

Wir nehmen – aufgrund inhaltlicher Überlegungen – modellhaft an, dass zwischen beiden Variablen ein linearer Zusammenhang besteht. Konkret bedeutet dies, wir wollen in das Koordinatensystem eine Gerade (=linear) einzeichnen, die die Daten möglichst gut beschreibt.

Linie 1 in Abbildung 18 ist ein erster Versuch, eine solche Gerade zu finden. Die Gerade im linken Koordinatensystem wurde auf Höhe des Mittelwerts von Y parallel zur X-Achse eingezeichnet. Zusätzlich ist in dem linken Koordinatensystem nun noch eingezeichnet, wie groß die Abstände in Y-Richtung zwischen den einzelnen Datenpunkten und der Geraden jeweils sind. Wir bemerken, wie groß die Abstände sind. Lediglich zwei Datenpunkte befinden sich in der Nähe der Geraden. Alle anderen Datenpunkte werden durch die Gerade in dieser Form nicht besonders gut repräsentiert, was sich darin zeigt, dass sie weit von der Geraden weg liegen.

Bei Linie 2 (Abbildung 18 im rechten Koordinatensystem) scheint es besser zu funktionieren, dass die Gerade so durch die Punktewolke geht, dass diese möglichst gut von der Geraden repräsentiert wird. Linie 2 wurde – im Vergleich zu Linie 1 – etwas gekippt und in der Höhe verändert, sodass sie möglichst mitten durch die Punktewolke geht. Die Abstände der Datenpunkte zur „Modell“-Linie erscheinen – insgesamt gesehen – nicht so groß, wie bei Linie 1. Das deutet darauf hin, dass die Linie 2 die Datenpunkte besser beschreibt als Linie 1.

Linie 2 ist die bestmögliche Lösung, den Zusammenhang der zwei betrachteten Variablen mit einer Geraden zu beschreiben. Die Steigung und der Achsenabschnitt dieser Geraden sind exakt so gewählt, dass die Abstände der Datenpunkte zur Geraden zusammengenommen möglichst klein wurden. Genau das ist das Prinzip, das hinter der sogenannten *Regressionsgeraden* steckt.

Wenn wir theoretisch annehmen, dass eine „Linie“ (und nicht etwa eine Kurve) die beste Form ist, um die Verbindung abzubilden, dann beschreibt diese Linie 2 in Abbildung 18 bestmöglich die vorliegenden Daten. Mit anderen Worten: Ihr Achsenabschnitt und ihre Steigung sind bestmöglich gewählt, damit alle Abstände der Datenpunkte zur Linie möglichst klein sind. Mit bloßem Auge bestätigt sich dies: Mit Linie 2 lassen sich die Daten besser beschreiben als mit Linie 1.

Die Regressionsgerade (Linie 2) hat einen Y-Achsenabschnitt und eine Steigung. Diese werden zur inhaltlichen Interpretation der Regression herangezogen. Häufig geht es in der erziehungswissenschaftlichen Forschung um die Steigung der Regressionsgerade: Sie beschreibt, um wie viel sich der Y-Wert (sprich: die abhängige Variable) ändert, wenn sich X (sprich: die unabhängige Variable) um eine Einheit vergrößert. In Linie 2 liegt dieser Wert bei .680.

Hinsichtlich der Signifikanztestung hatten wir in Abschnitt 3.2.3 kennengelernt, dass man einen Vergleich mit einem hypothetischen Szenario anstellt, bei dem die Variablen nichts miteinander zu tun haben. In Abbildung 18 ist links die

Steigung der Geraden Null; mit ihr vergleicht das Statistikprogramm die Regressionsgerade (rechts in der Abbildung). Berechnet man für die Steigung der Linie 2 von .680 den *p*-Wert, so erhält man 0,004. Die Steigung ist also als signifikant zu bezeichnen.

Wenn man die Linie 2 in Abbildung 18 nochmal genauer in den Blick nimmt, fällt auf, dass sie zwar (signifikant) besser ist als Linie 1; aber wir sehen, dass diese Linie 2 die Punkte auch keinesfalls perfekt beschreibt. Perfekt meint, dass alle Punkte wirklich auf der Linie liegen würden und nicht daneben. Anders ausgedrückt: In dem Fall einer perfekten Passung der Linie zu den Daten, könnten mit allen Werten der unabhängigen Variablen alle Werte der abhängigen Variablen haargenau erklärt werden. Man sagt auch, dass 100 Prozent der Variabilität der abhängigen Variablen erklärt werden können. In unserem Fall liegen die Punkte der Linie 2 in Abbildung 18 aber etwas daneben – mal unter der Regressionsgeraden, mal darüber. Der Prozentsatz der aufgeklärten Variabilität wird als *Bestimmtheitsmaß* R^2 („R Quadrat") bezeichnet. Teils wird R^2 auch *Determinationskoeffizient* genannt. Berechnet man diesen Wert für Linie 2, so liegt er bei immerhin 67 Prozent. Das heißt, dass 67 Prozent der Werte der abhängigen Variablen durch die Werte auf der unabhängigen Variablen erklärt werden können. Wie genau R^2 ausgerechnet wird, ist für uns hier nicht entscheidend – wir verstehen aber: Je höher R^2, desto mehr Prozent der Variabilität in der abhängigen Variablen wird durch die unabhängige Variable erklärt; das heißt, desto besser passt das Modell (die Linie) zu den Daten.

Wir wollen an dieser Stelle nicht zu stark in die Details gehen, aber wir sollten an dieser Stelle den Vorteil verstehen, den es mit sich bringt, zunächst eine Modellvorstellung zu entwickeln und dann durch systematische Analyseverfahren zu überprüfen, wie gut die Modellvorstellung die Daten abbilden kann.

In Publikationen ist ein weiterer Vorteil der Arbeit mit Modellen eher selten anzutreffen: Die Gerade (lineare Funktion) kann problemlos gegen andere Funktionen ausgetauscht werden, wie etwa einer quadratischen oder einer logistischen Funktion (wir werden beispielsweise im nachfolgenden Abschnitt 3.2.5 die logistische Regression kennenlernen, bei der eine logistische Funktion zum Einsatz kommt). Das heißt, dass nicht nur lineare Zusammenhänge untersucht werden können, sondern auch solche mit kurvenartigem Verlauf.

Zusammenfassend können wir feststellen, dass es besonders erkenntnisreich ist, spezifische Modellannahmen begründet zu postulieren und daraufhin empirische Daten zu nutzen, um die Passung der Daten zur Modellvorstellung zu prüfen. Im Folgenden werden wir uns einige Verbindungstypen ansehen, die diesem Prinzip folgen. Sie haben im Grundprinzip gemeinsam, dass sie als gerichtete Verbindungen zweier manifester Variablen zu verstehen sind.

3.2.5 Manifeste gerichtete Verbindungen in der Übersicht

Bei gerichteten Verbindungen zweier Variablen „(□➔□)“, um die es in diesem Abschnitt geht, gibt es eine Variable, der aufgrund theoretischer Überlegungen eine Erklärungskraft zugesprochen wird „(**□**➔□)“ und es gibt eine weitere Variable, die erklärt wird „(□➔**□**)“. Erstere wird als unabhängige Variable (teils auch kurz uV genannt) bezeichnet, da sie in dem Moment der Betrachtung zweier Variablen von keiner anderen Variablen abhängt. Anders ist dies bei der Variablen, die durch die unabhängige Variable erklärt wird: Sie wird als abhängige Variable (teils auch kurz aV) bezeichnet, weil sie von der unabhängigen gewissermaßen abhängt. Dies sind in der Forschungspraxis besonders gängige Bezeichnungen, die entsprechend auch in Publikationen zu finden sind.

Es gibt viele unterschiedliche Analysemethoden für gerichtete Verbindungen, die die Erklärungskraft einer unabhängigen Variablen auf eine abhängige Variable modelliert. Es gibt aber ein Set von Standardprozeduren, das aus verschiedenen Gründen in empirisch-quantitativen Publikationen im Bereich der Erziehungswissenschaft häufig im Einsatz ist. Diese wollen wir uns im Folgenden vergegenwärtigen.

Gehen wir vom einfachsten Schema (vgl. visuelle Toolbox in Abschnitt 2.3.3) aus, so unterscheiden wir zwei Variablentypen: kategoriale Variablen und metrische Variablen. Während bei den einfachen Verbindungen beide zu analysierende Variablen gleichwertig nebeneinanderstanden, ist hier nun die Position der einzelnen Variablen im Modell wichtig, nämlich, ob eine Variable als unabhängige oder als abhängige Variable in einer Analyse angesehen wird. Daher ergeben sich vier Kombinationsmöglichkeiten zweier Variablen:

(1) metrisch ➔ metrisch,
(2) kategorial ➔ metrisch,
(3) metrisch ➔ kategorial und
(4) kategorial ➔ kategorial.

Die Darstellung mittels Symbolen aus der Toolbox und die entsprechenden (Haupt-)Auswertungsmethoden finden sich in Abbildung 19. Wenn sowohl die unabhängige als auch die abhängige Variable metrisch ist, wird die Analyse als lineare Regression bezeichnet. Wird eine abhängige metrische Variable durch eine kategoriale unabhängige Variable erklärt, heißt dies Varianzanalyse bzw. ANOVA. Sofern die abhängige Variable kategorial ist, kommt eine logistische Regression zum Einsatz.

Abbildung 19. Gerichtete Verbindungstypen zweier Variablen

- (lineare) Regression
- Varianzanalyse („ANOVA“)
- logistische Regression
- (bi-/multi-)nominale logistische Regression

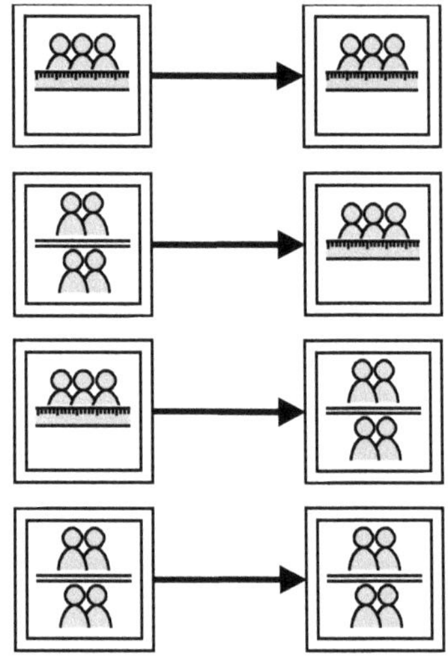

Quelle: Eigene Darstellung

Beispiel 43

Um diese vier Möglichkeiten etwas anschaulicher zu machen, werden mögliche Beispielfragestellungen angeführt, die diesen Möglichkeiten entsprechen. Für den Einfluss einer metrischen auf eine metrische Variable (1) könnte die Fragestellung beispielsweise lauten, inwiefern mittels der wahrgenommenen Qualität im Ganztagsangebot das Sozialverhalten der Schüler:innen erklärt werden kann (vgl. dazu bspw. Kuhn et al., 2016). Inwiefern die Teilnahme an Leseangeboten (ja/nein) das Ergebnis im Lese-Leistungstest erklärt (vgl. dazu bspw. Tillmann et al., 2018) wäre ein Beispiel für eine Fragestellung, die den Einfluss einer kategorialen auf eine metrische Variable analysiert (2). Wenn beispielweise die abhängige Variable misst, ob ein Kind in Laufe der Sekundarstufe I sitzengeblieben ist (ja/nein), dann könnte interessieren, ob dies von der Mathematik- oder Deutschnote (3), oder von der dauerhaften Teilnahme an schulischen Ganztagsangeboten (ja/nein; vgl. ähnlich bspw. Steiner, 2011) erklärt werden kann (4).

Wonach suchen wir nun aber, wenn wir eine empirisch-quantitative Publikation lesen, in der ein gerichteter bivariater Zusammenhang im Fokus steht? Hierfür müssen wir zunächst einmal verstehen, um welche Analyse es geht. Dazu müssen wir uns im Kompass (vgl. Abbildung 3, S. 25) orientieren, nämlich müssen wir eine klare Vorstellung davon haben, welche Forschungsfrage bearbeitet wird und wie die einzelnen Merkmale erfasst wurden (speziell: kategorial vs. metrisch). Aus diesen Informationen können wir eine konkrete Vorstellung ableiten, wie die Datenanalyse aussieht. Und diese wiederum können wir mit unserem Wissen um die gerichteten bivariaten Analyseverfahren (vgl. Abbildung 19) abgleichen. Hieraus ergibt sich, welche Maßzahlen und Informationen wir suchen.

Ist eine gerichtete bivariate Verbindung berechnet worden, so erwarten wir im Grunde speziell drei Informationen, die wir in dieser Reihenfolge zur Kenntnis nehmen und interpretieren: (1.) Informationen zur Signifikanz, (2.) Informationen zur Verbindung (Richtung, Stärke) und (3.) Informationen dazu, inwieweit die abhängige Variable durch die unabhängige erklärt werden kann (sprich: R^2).

Im Folgenden werden wir die einzelnen methodischen Herangehensweisen vertiefen und zudem auch noch weitere Details zur Interpretation der Ergebnisse sowie dazu, welche Informationen wir zu gerichteten Verbindungen in Publikationen erwarten können, kennenlernen.

Zunächst starten wir mit einer Analyse, bei der eine *metrische Variable mit einer metrischen Variablen erklärt wird*; die *lineare Regression*. Als wir uns vor wenigen Absätzen Gedanken zur Arbeit mit Modellen gemacht haben, wurde ein Beispiel herangezogen, welches das Prinzip der linearen Regression wiedergibt (vgl. Abbildung 18, Linie 2). Wir hatten gesagt, dass wir in der Punktediagramm-Darstellung im zweidimensionalen Koordinatensystem eine Linie suchen, die so liegt, dass die Datenpunkte insgesamt eine möglichst kleine Abweichung zur Linie haben. Mit anderen Worten: Die Daten zweier Variablen sollen durch eine möglichst simple mathematische Funktion – mittels Achsenabschnitt und Steigung (was zusammen genommen eine Gerade beschreibt) – bestmöglich wiedergegeben werden. Nachteil ist, dass dies in der empirischen Forschung praktisch nie perfekt funktioniert. Vorteil ist aber, dass beschrieben und analysiert werden kann, wie gut die Gerade geeignet ist, um die empirischen Daten zu repräsentieren.

Geraden in zweidimensionalen Koordinatensystemen werden durch zwei Informationen genau beschrieben: Den Achsenabschnitt (teils in deutschen Publikationen auch Englisch als ‚Intercept' bezeichnet) und die Steigung (teils ebenfalls Englisch: ‚Slope'). Genau diese beiden Werte liefert die lineare Regression neben anderen Informationen. Während der Achsenabschnitt bei erziehungswissenschaftlichen Fragestellungen, bei denen zwei Variablen im Spiel sind, eher selten interpretiert wird, ist die Steigung das Maß, um das sich die Interpretation der Ergebnisse häufig dreht. Die Steigung gibt folgendes an: Wenn sich der Wert auf der unabhängigen Variablen um eine Einheit erhöht, dann erhöht sich der Wert auf der abhängigen Variablen um den Wert der Steigung (des Slopes).

Die Steigung wird als *b* angegeben. Dieser Wert wird als *Regressionskoeffizient* oder auch als *Regressionsgewicht* bezeichnet. Er gibt an, um wieviel sich die abhängige Variable ändert, wenn sich die unabhängige Variable um eine Einheit ändert. In gewisser Weise wird damit die Stärke des Zusammenhangs quantifiziert.

Vorteil von *b* ist, dass die Erklärungskraft anhand der konkreten Metriken der einbezogenen Variablen beschrieben werden kann. Erhöht sich die unabhängige Variable um 1, so erhöht sich die abhängige Variable um den Wert *b*. Gemeinsam mit dem Achsenabschnitt kann man entsprechend die Regressionsgerade genau zeichnen, so wie es in Abbildung 18, Linie 2 zu sehen ist.

Die Interpretation des Werts *b* hängt von den Metriken (sprich: der Art der Messung) der beiden Variablen ab. Teils ist die Interpretation von *b* daher etwas umständlich, vor allem, wenn für mehr als zwei Variablen eine lineare Regression berechnet wird (vgl. dazu Abschnitt 3.3) und wenn die einbezogenen Variablen auf unterschiedliche Weise gemessen wurden. Daher haben Forscher:innen einen standardisierten *b*-Wert entwickelt, der als beta bzw. mit dem griechischen Buchstaben β sehr häufig – statt *b* – in Publikationen berichtet wird.

Um inhaltlich auszudrücken, was der Wert β bedeutet, erinnern wir uns an das Konzept der Standardabweichung (vgl. SD Abschnitt 3.2.1). Wenn der Wert auf der unabhängigen Variablen um eine Standardabweichung steigt, dann steigt der Wert auf der abhängigen Variablen um β Standardabweichungen.

Diese Erklärung der inhaltlichen Bedeutung von β ist zugegebenermaßen nicht sonderlich anschaulich. Wir können die Interpretation des β-Werts aber auch pragmatisch betrachten, indem wir die in Abschnitt 3.2.2 besprochene Interpretation des Korrelationskoeffizienten zugrunde legen. Der Wertebereich von β liegt nämlich in den meisten Fällen zwischen -1 und $+1$. Ist der Regressionskoeffizient nahe an -1 oder $+1$, ist der Zusammenhang perfekt negativ oder positiv, ist er nahe an 0, existiert kein Zusammenhang. Ist der Zusammenhang signifikant (*p*-Wert unter 0,05 und/oder *, **, ***), besteht der gefundene Zusammenhang voraussichtlich auch in der empirischen Welt.

Wie im vorigen Abschnitt bereits erwähnt, wird die Vorhersagekraft der erklärenden Variablen mit Blick auf die zu erklärende Variable durch das Bestimmtheitsmaß R^2 ausgedrückt. Dieses Maß gibt als Prozentwert (meist als Kommazahl: „.217" oder „0,217" entspricht „21,7 Prozent") an, wie viel Prozent der Variabilität auf der abhängigen Variablen durch die unabhängige Variable erklärt werden kann. Es ist gängig das sog. ‚korrigierte *R*-Quadrat' zu berichten, da R^2 dazu tendiert, insbesondere bei der Betrachtung von mehr als einer unabhängigen Variablen (vgl. dazu Abschnitt 3.3), die erklärte Variabilität hinsichtlich der abhängigen Variable zu überschätzen.

Beispiel 44

Dazu vergegenwärtigen wir uns ein Beispiel. In der Publikation von Arnoldt (2021) geht es unter anderem um die Entwicklung des prosozialen Verhaltens. Zu zwei Messzeitpunkten im Abstand von einem Jahr wurde das prosoziale Verhalten von Schüler:innen in der Sekundarstufe I gemessen. Es wurde überprüft, inwiefern das prosoziale Sozialverhalten zur ersten Messung geeignet ist, um das prosoziale Verhalten zum Messzeitpunkt 2 zu erklären bzw. vorherzusagen. Die Analyse ergibt ein beta von .532*** sowie ein Korr. R^2 von .28 (Arnoldt, 2021, S. 68). Der standardisierte Regressionskoeffizient ist signifikant. Inhaltlich bedeutet der Koeffizient, dass ein um eine Standardabweichung (vgl. SD in Abschnitt 3.1) größerer Wert zu Messzeitpunkt 1 mit einem um eine halbe (0,532) Standardabweichung größerem Wert zu Messzeitpunkt 2 einhergeht. Einfacher gesagt: Beide Variablen hängen deutlich miteinander zusammen. Zudem zeigt die Analyse, dass 28 Prozent der Variabilität der zu Messzeitpunkt 2 gemessenen Werte mittels der zu Messzeitpunkt 1 gemessenen Werte vorhergesagt werden können (Korr. R^2 = .28).

Die zweite Analysestrategie versucht *mit einer kategorialen unabhängigen Variablen eine metrische abhängige Variable zu erklären*. Dies wird mit der sog. *Varianzanalyse* (Engl. ANalysis Of VAriance ‚ANOVA') durchgeführt. Sie ist im Prinzip nicht wirklich viel anders als eine lineare Regression. Wir wissen aus Abbildung 19 (S. 114), dass der Hauptunterschied darin besteht, dass die unabhängige Variable eine kategoriale Variable ist.

Die unabhängige Variable unterteilt die Stichprobe in Gruppen – und zwar so viele, wie die kategoriale Variable Ausprägungen hat. Die ANOVA analysiert dann mit Blick auf die abhängige metrische Variable, ob sich die Gruppen signifikant im Mittel voneinander unterscheiden. Dies wird mit dem sog. *F*-Wert ausgedrückt. Der *F*-Wert selbst ist für die Interpretation des Zusammenhangs für uns eher zweitranging, da er keine für uns greifbaren Informationen über die Art des Zusammenhangs enthält.

Um die Art der Gruppenunterschiede genauer zu analysieren, müssen die Mittelwerte für jede Gruppe einzeln nebeneinandergestellt werden, damit man durch den Vergleich einschätzen kann, in welche Richtung der Befund zu deuten ist.

Für die gesamte ANOVA ist zum *F*-Wert auch ein *p*-Wert angegeben, der – wenn er unter .05 liegt – einen Hinweis darauf liefert, dass die Gruppen sich bzgl. der Ausprägungen auf der abhängigen metrischen Variable voneinander unterscheiden. Man sieht daran aber nur, dass sie sich unterscheiden. Welche Gruppen sich in welcher Weise unterscheiden, erkennt man hieraus aber nicht. Um abzusichern, welche Gruppenpaare sich nun eigentlich genau voneinander unterscheiden, werden sogenannte Post Hoc-Analysen durchgeführt. Diese führen dazu, dass man für alle einzelnen Gruppen-Kombinationen auch wirklich einzelne Signifikanz-Werte ausgegeben bekommt.

Vergleichbar zu R^2 gibt es auch bei der ANOVA ein Maß, das angibt, wie hoch der Anteil der Variabilität der abhängigen Variable ist, die durch die unabhängige Variable erklärt wird. Es wird Eta² genannt und findet sich in Publikationen teils auch mit dem griechischen Buchstaben η^2 geschrieben.

Beispiel 45

Dies wird am Beispiel der Publikation von Tillmann et al. (2018) verdeutlicht. Diese Publikation wurde bereits zuvor als Beispiel angeführt. Diesmal soll auf die Frage eingegangen werden, inwiefern sich mittels der Teilnahme von Primarschüler:innen (des Messzeitpunkts 4) an Leseangeboten deren Lesekompetenzen vorhersagen lässt. Dazu wurde eine ANOVA berechnet. Der Mittelwert der Lesekompetenzen liegt in der betrachteten Gesamtstichprobe bei 100,10 Punkten im Lesetest; bei denjenigen, die an Leseangeboten (des Messzeitpunkts 4) teilnehmen, liegt er bei „105,69***“ (Tillmann et al., 2018, S. 297). An den Sternchen erkennen wir, dass die ANOVA signifikant ist, was bedeutet, dass die Erklärungskraft der Teilnahme an Leseangeboten voraussichtlich in der empirischen Welt ebenfalls in bedeutsamer Weise die Leseleistung erklärt. Wie umfassend die Erklärungskraft der Teilnahme-Variable hinsichtlich der Leseleistung ist (Eta²), ist in der Publikation nicht angegeben.

Die dritte und vierte Analysestrategie haben gemeinsam, dass *eine kategoriale Variable erklärt* werden soll. Wenn eine kategoriale abhängige Variable durch eine metrische unabhängige Variable erklärt werden soll, so kommt die *logistische Regression* zum Einsatz. Bei der logistischen Regression sollte die abhängige Variable dichotom sein, das heißt, sie sollte genau zwei Ausprägungen haben (1 = Merkmal gegeben; 0 = Merkmal nicht gegeben).

Wie bei der linearen Regression, erhält man auch aus einer logistischen Regression den Regressionskoeffizienten *b*. Dieser Wert kann im Falle einer kategorialen abhängigen Variablen aber nicht leicht interpretiert werden, da die Wahrscheinlichkeit, dass die abhängige Variable den Wert 1 (statt 0) annimmt, nicht linear mit zunehmendem Wert auf der unabhängigen Variablen steigt. Was bei der ANOVA – wenn die unabhängige Variable kategorial ist – offenbar kein Problem darstellt, führt bei der logistischen Regression – wenn die abhängige Variable kategorial ist – zu einem schwierig zu interpretierenden Koeffizienten.

Daher behilft man sich in den meisten Fällen damit, *b* umzurechnen: Und zwar in einen Wert, der als *Odds Ratio* (Engl. ‚odds' = Gewinnchance; ‚ratio' = Verhältnis) bezeichnet wird. In Publikationen finden wir diesen Wert häufig, wenn eine logistische Regression berechnet wurde. Der für eine Analyse erhaltene Odds Ratio-Wert ist im Vergleich zu den bisher betrachteten Maßzahlen und Koeffizienten etwas ungewöhnlich, sodass wir uns den Wertebereich und die Bedeutung der einzelnen Werte genauer ansehen sollten.

Die Odds Ratio ist 1, wenn es überhaupt keinen Zusammenhang zwischen der unabhängigen und der abhängigen Variablen gibt. Ist die Odds Ratio kleiner als 1, dann bedeutet das, dass höhere Werte auf der unabhängigen Variablen damit einhergehen, dass die Wahrscheinlichkeit dafür, dass die abhängige Variable den Wert 1 hat, sinkt (in anderen Kontexten hatten wir von einem ‚negativen Zusammenhang' gesprochen). Ist die Odds Ratio größer als 1, dann bedeutet dies, dass höhere Werte der unabhängigen Variablen mit einer erhöhten Wahrscheinlichkeit einhergehen, dass die abhängige Variable 1 wird (‚positiver Zusammenhang').

Werte über 1 werden als erhöhte Wahrscheinlichkeit interpretiert, dass der Wert auf der abhängigen Variablen 1 wird. Eine Odds Ratio von 2 bedeutet etwa: Steigt der Wert auf der unabhängigen Variablen um 1, dann ist die Wahrscheinlichkeit, dass die abhängige Variable den Wert „1" annimmt – im Vergleich zur (Referenz-)Kategorie „0" – zweimal so hoch. Bei einer Odds Ratio von 3 wäre es dreimal so hoch.

Da die Odds Ratio aber nicht negativ werden kann, sind Werte unter 1 eher schwierig in dieser Weise zu interpretieren. Häufig interessiert einen nicht genau die Höhe der Odds Ratio, sodass man sich damit begnügt, zu sehen, dass die Odds Ratio einen negativen (Wert kleiner 1) oder positiven Zusammenhang (Wert größer 1) anzeigt. Will man die Höhe dennoch interpretieren, so kann man den Kehrwert der Odds Ratio bilden. Mit anderen Worten: Man kann die Zahlen zwischen 0 und 1 in den Zahlenraum 1 bis unendlich projizieren. Hierbei muss man dann aber natürlich im Kopf behalten, dass es sich eigentlich um einen negativen Zusammenhang handelt und dass man den Kehrwert aus dem Grund gebildet hat, um die Odds Ratio korrekt hinsichtlich der Richtung des Zusammenhangs interpretieren zu können. Wie dies gemacht wird, ist in Beispiel 16 erläutert.

Für die logistische Regression finden sich ebenfalls Signifikanzwerte und R^2. Dass man bei logistischen Regressionen nicht von R^2 sondern von pseudo-R^2 spricht, soll uns nicht weiter beschäftigen. Die Maße sind in vergleichbarer Weise zu interpretieren, wie wir es zuvor kennengelernt haben.

Bevor wir uns ein Beispiel vergegenwärtigen, schauen wir uns zuletzt noch den Fall an, wenn eine kategoriale unabhängige Variable verwendet werden soll, um eine kategoriale abhängige Variable zu erklären. Es ist bereits angeklungen: Eine kategoriale unabhängige Variable scheint keine größeren Probleme zu verursachen. Und für kategoriale abhängige Variablen haben wir die logistische Regression kennengelernt. Beides zusammengenommen bedeutet, dass „kategorial → kategorial" ebenfalls mittels logistischer Regression modelliert wird. Nur dass als unabhängige Variable eine dichotome Variable verwendet wird.

Sollte die unabhängige Variable mehr Kategorien haben als zwei, werden die übrigen Kategorien in weiteren dichotomen Variablen kodiert. In Abschnitt 2.2.1 hatten wir hierfür – dass man unterschiedliche Ausprägungen einer Variable dichotomisiert – den Begriff ‚Dummy-Codierung' genutzt.

Beispiel 46

In der Publikation von Steiner (2011) geht es – gemäß des Titels – um die Ganztagsteilnahme und um Klassenwiederholungen. Es wird „der Frage nachgegangen, ob durch Inanspruchnahme von Ganztagsangeboten das individuelle Risiko für das Eintreten einer Klassenwiederholung reduziert wird" (Steiner 2011, S. 188). Analysiert wurden Schüler:innen der Sekundarstufe I, die im Rahmen von StEG-I befragt wurden.

Die dauerhafte Teilnahme an außerunterrichtlichen Angeboten (1=dauerhafte Teilnahme; 0=keine dauerhafte Teilnahme) ist die unabhängige Variable. Sie wird genutzt, um die Klassenwiederholung (1=sitzengeblieben; 0=nicht sitzengeblieben) als abhängige Variable vorherzusagen. Beide sind kategorial.

Laut Steiner (2011, S. 195) wurden „Rare-Event-Logit-Modelle" berechnet. Auch wenn dies eine für uns unbekannte Spielart ist, haben wir einfach aufgrund der methodischen Beschreibungen ein Vorstellung von der Methode: Eine kategoriale Variable soll eine weitere kategoriale Variable vorhersagen. Dies scheint eine Art der logistischen Regression zu sein (vgl. Abbildung 19 auf S. 114).

Wie wir im Abschnitt zur logistischen Regression gelernt haben, ist der Regressionskoeffizient *b* in solchen Regressionen mit kategorialer abhängiger Variable schwierig zu interpretieren. Wir suchen also nach den Odds Ratios. In Steiner (2011, S. 203) finden sich die Koeffizienten dargestellt in einer Tabelle. Laut der Tabellenunterschrift sind in Klammern Odds Ratios sowie ‚robuste SE' (SE steht für ‚standard error'; dt.: Standardfehler) angegeben.

Für die „*Teilnahme → Klassenwiederholung*" findet sich in der Tabelle (Steiner 2011, S. 203): –0,559* (0,6/0,24). Der *b*-Koeffizient ist hier also –0,559 und er ist auf dem 5-Prozent-Niveau signifikant. Die Odds Ratio liegt bei 0,6 und der Standardfehler liegt bei 0,24. Wir hatten gesagt, dass eine Odds Ratio zwischen 0 und 1 auf einen negativen Zusammenhang hindeutet: In unserem Fall heißt das, dass die dauerhafte Teilnahme an Ganztagsangeboten die Wahrscheinlichkeit für Klassenwiederholungen verringert und umgekehrt: dass keine dauerhafte Teilnahme die Wahrscheinlichkeit für Klassenwiederholungen erhöht. Nimmt man den Kehrwert von 0,6 (0,6 als Bruch ist 3/5; der Kehrwert ist 5/3 = 1,67), so können wir interpretieren, dass an Ganztagsangeboten teilzunehmen, die Wahrscheinlichkeit sitzenzubleiben um das 1,67-fache senkt.

Dieser Effekt ist jetzt nicht erstaunlich groß, aber er ist signifikant. Als Ergebnis aller berechneten Modelle hält Steiner (2011) entsprechend fest, „dass eine mehr als einmalige Inanspruchnahme von Ganztagsangeboten durchaus das Risiko des Eintretens einer Klassenwiederholung senkt" (S. 205).

3.3 Multivariat – Komplexe und latente Modelle

Viele Fragestellungen im Bereich der Erziehungswissenschaft drehen sich um den Zusammenhang zweier Merkmale. Allerdings kommen wir in den Modellen, die wir berechnen, in den seltensten Fällen wirklich auch mit bloß zwei Variablen aus. Das liegt beispielsweise daran, dass wir den Zusammenhang zwischen unabhängiger und abhängiger Variable absichern wollen – dabei werden weitere Variablen (sog. Kontrollvariablen) in das Modell, das berechnet werden soll, mit einbezogen. Weiterhin liegt dies auch daran, dass uns nicht bloß ein Merkmal zu einem Zeitpunkt interessiert, sondern eben dieses Merkmal in der Entwicklung über mehrere Zeitpunkte: Dann geht die Entwicklung dieses Merkmals über die Zeit in die Analyse mit mehreren Variablen ein. Ein weiterer Grund, warum mehr als zwei Variablen gleichzeitig analysiert werden müssen, ist, wenn ein Merkmal nicht direkt messbar ist (dies hatten wir als ‚latent' bezeichnet). Dann nämlich müssen wir mehrere manifeste Variablen erheben, die zusammengenommen ein einziges Merkmal abbilden. Teils interessieren uns aber auch Fragestellungen, die per se mehr als zwei Merkmale beinhalten. Auch dann müssen wir mehr als zwei Variablen gleichzeitig betrachten.

Das heißt, wir können es nicht bei der Betrachtung bivariater Verbindungen belassen, sondern müssen auch komplexere, multivariate Modelle in den Blick nehmen, in denen drei und mehr Variablen gleichzeitig analysiert werden. Um multivariate Modelle im Prinzip verstehen zu können, müssen wir uns zunächst noch einmal vertieft mit der Variabilität auf den einbezogenen Variablen beschäftigen.

3.3.1 Prinzip der bereinigten Variabilität

Wir hatten die Aufklärung der Variabilität in Modellen mit zwei Variablen bereits in Abschnitt 3.2.4 kennengelernt. Wenn nun aber mehr als zwei Variablen gleichzeitig betrachtet werden, müssen wir unsere bisherige Vorstellung erweitern. Wir brauchen ein Verständnis davon, wie die einzelnen Verbindungen in komplexeren Modellen mit drei und mehr Variablen zu betrachten sind. Dieses Verständnis ermöglicht es uns, multivariate Zusammenhänge korrekt zu interpretieren.

In Abbildung 20 symbolisieren die Kreise die Variabilität (sog. Venn-Diagramm Darstellung). Die Schnittflächen der Kreise symbolisieren die gemeinsame, erklärte Variabilität. In Modell 1 ist eine gerichtete bivariate Verbindung veranschaulicht: Die unabhängige Variable wird genutzt, um die abhängige Variable zu erklären. Die Kreise symbolisieren die Variabilität pro Variable. Die Überschneidung der Kreise symbolisieren die gemeinsame Variabilität – das meint, dass im Überschneidungsbereich (A) die Variabilität auf der abhängigen Variablen vollständig von der unabhängigen Variablen aufgeklärt wird. Man sieht in der Illustration, dass dieser Bereich – verglichen mit der Gesamtfläche der abhängigen Variablen – nicht besonders groß ist. Mit anderen Worten: Es gibt viel unerklärte Variabilität (B) auf der abhängigen Variablen, aber eben auch einen Bereich (A), der durch die unabhängige Variable erklärt wird. Um den prozentualen Anteil der Aufklärung der Variabilität auf der abhängigen Variable zu beschreiben, hatten wir in Abschnitt 3.2.4 das Maß R^2 kennengelernt.

Abbildung 20. Illustration der Variabilität in einem bivariaten Modell (1) und einem multivariaten Modell (2)

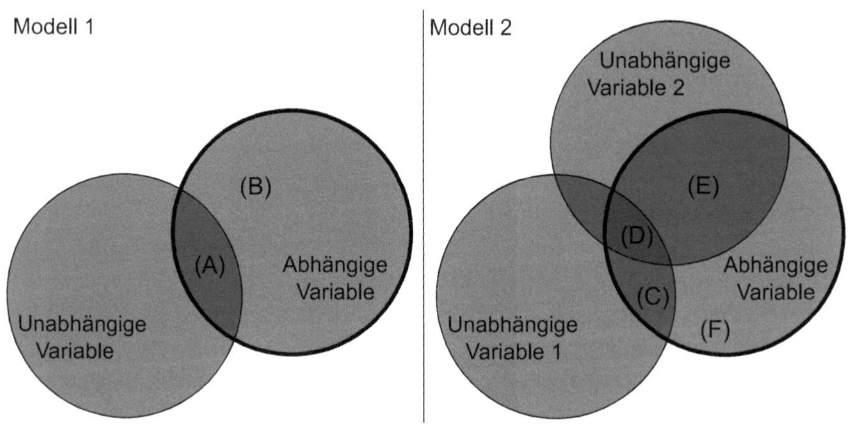

Quelle: Eigene Darstellung

Um die Werte auf der abhängigen Variable besser und vollständiger erklären zu können, wird nun eine zweite erklärende Variable hinzugezogen. Im Modell 2 in Abbildung 20 sind daher neben der abhängigen Variablen zwei unabhängige Variablen eingezeichnet. Im Vergleich zu Modell 1 sieht man bei Modell 2, dass sich der Bereich, der durch die beiden unabhängigen Variablen erklärt wird, etwas vergrößert. Es handelt sich bei dem erklärten Bereich um die Schnittflächen (C), (D) und (E). Alle zusammen sind – relativ zur gesamten Variabilität der abhängigen Variablen – die aufgeklärte Variabilität R^2.

Wir nehmen zur Kenntnis, dass sich die aufgeklärte Variabilität aus unterschiedlichen Schnittflächen zusammensetzt. Und zwar aus der ausschließlichen Erklärungskraft der unabhängigen Variablen 1 (C), der ausschließlichen Erklärungskraft der unabhängigen Variablen 2 (E) sowie aber auch aus einem Bereich, bei dem sich die beiden unabhängigen Variablen die Erklärungskraft teilen (D). Die gemeinsame Erklärungskraft (D) kommt dadurch zustande, dass die beiden unabhängigen Variablen untereinander korreliert sind – sprich: eine gemeinsame Variabilität aufweisen.

Gehen wir nun genauer auf die Erklärungskraft der unabhängigen Variable 1 mit Blick auf die abhängige Variable ein. Im Prinzip besteht diese sowohl aus (C) als auch aus (D), wie ein Vergleich mit Modell 1 in Abbildung 20 deutlich macht. Allerdings handelt es sich bei (D) im Modell 2 nicht um einen einzigartigen Erklärungsbeitrag der unabhängigen Variable 1. Nur die Fläche (C) repräsentiert die alleinige Erklärungskraft der unabhängigen Variablen auf die abhängige Variable, unter Abzug der Erklärungskraft der unabhängigen Variablen 2. Man sagt auch, dass der Einfluss der unabhängigen Variable 2 herausgerechnet oder um dessen Einfluss bereinigt wurde.

Viel tiefer müssen wir hier nicht ins Detail gehen. Es reicht, dass wir an dieser Stelle verstehen, dass wir in komplexen Modellen die uns interessierende, einzigartige Erklärungskraft von unabhängigen Variablen dadurch erhalten, dass wir den Einfluss der jeweils anderen unabhängigen Variablen herausrechnen.

Dieses Prinzip macht man sich in komplexen Modellen zunutze, indem man etwa den Einfluss von Kontrollvariablen aus der eigentlich interessierenden Verbindung herausrechnet. Kontrollvariablen sind Variablen, von denen man ausgehen kann, dass sie eine Erklärungskraft hinsichtlich der abhängigen Variable haben, wobei sie selbst aber nicht unmittelbar Teil der zu überprüfenden Fragestellung und/oder Hypothese sind.

Kontrollvariablen werden häufig in empirisch-quantitativen Untersuchungen einbezogen, um den eigentlich interessierenden Einfluss einer bestimmten unabhängigen Variable auf eine abhängige Variable abzusichern. Ein zweites Beispiel wäre, wenn von der interessierenden Variablen auch Werte zu einem früheren Messzeitpunkt vorliegen – dann rechnet man den Einfluss dieses früheren Messzeitpunkts der interessierenden Variablen heraus (vgl. hierzu die Ausführungen zur längsschnittlichen Modellierung ab Abschnitt 3.3.6).

Die Venn-Darstellung in Abbildung 20 ist gut geeignet, um das Grundprinzip zu vermitteln. Um aber noch etwas besser verstehen zu können, was gemeint ist, wenn man „Variabilität irgendwo herausrechnet“, sollten wir uns dies noch einmal genauer ansehen.

Abbildung 21 baut auf der Abbildung einer Regressionsgeraden auf, die wir in Abschnitt 3.2.4 bereits kennengelernt haben: Gezeigt sind hier fiktive Daten mit einer Variablen X (unabhängige Variable) und der Variablen Y (abhängige Variable). Die sich aus X und Y ergebenen Punkte im Diagramm lassen sich mittels einer Linie (Regressionsgerade) beschreiben. Es gibt Abweichungen der einzelnen Werte von der Regressionslinie, aber im Großen und Ganzen passt diese Linie recht gut zu den Daten.

Abbildung 21. Die abhängige Variable um den Einfluss der unabhängigen Variablen bereinigen

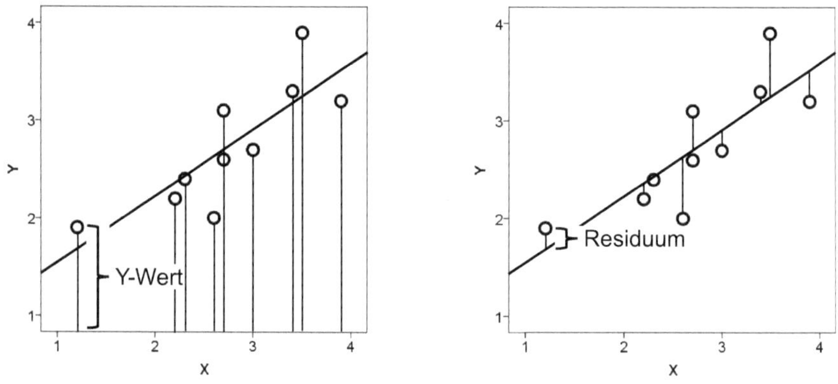

Quelle: Eigene Darstellung

In Abbildung 21 ist eine bivariate gerichtete Verbindung einer unabhängigen Variablen X, die eine abhängige Variable Y erklärt, illustriert. Auf der linken Seite die Y-Werte aller Individuen als vertikale Linien eingezeichnet. Auf der rechten Seite in Abbildung 21 sind die Abstände der Werte (Kreise) zu den durch die Regressionsgerade vorhergesagten Y-Werten eingezeichnet. Diese werden auch als Residuen bezeichnet. Residuen sind die Abstände in Y-Richtung jedes einzelnen Datenpunkts von der Regressionsgeraden. Mit anderen Worten: Residuen sind die Werte, die übrig bleiben, wenn man den Einfluss der Variablen X aus der Variablen Y herausrechnet.

Dies soll für unseren Zweck an Detaillierungsgrad ausreichend sein. Wir hatten gesehen, dass bei zwei Variablen die Situation relativ einfach ist (vgl. Abbildung 20, Modell 1): Die unabhängige Variable erklärt einen bestimmten Anteil (A) der abhängigen Variablen, und einen Teil nicht (B). Schon bei drei Variablen wird es aber ungleich komplizierter (vgl. Abbildung 20, Modell 2): Wir sind an dem einzigartigen Erklärungsbeitrag einzelner unabhängiger Variablen interessiert, sodass alle Überschneidungen mit anderen unabhängigen Variablen herausgerechnet werden.

Beispiel 47

Um dieses Prinzip zu festigen, ziehen wir die Publikation von Dohrmann et al. (2021) heran. Kern der Auswertung ist herauszufinden, welche Bedingungen günstig sind, damit Peer Mentoring in Hausaufgabenbetreuungen oder Lernzeiten für die Schüler:innen einen Mehrwert bieten. Eine der Analysen prüft, ob die wahrgenommene Schüler:innen-Mentor:innen-Beziehung positiv auf die Englischleistung der Lernenden wirkt. Im Kern geht es um zwei Variablen: Die Beziehung als unabhängige Variable und die Leistung als abhängige Variable.

Nun wurde überlegt, dass sich die Englischleistung ggf. nach Geschlecht, nach kulturellem Kapital sowie nach Migrationshintergrund unterscheiden könnte. Der Einfluss der drei Variablen auf die Englischleistung sollte möglichst aus der interessierenden Verbindung Beziehungen→Leistung herausgerechnet werden. Daher werden diese drei Merkmale – neben der Schüler:innen-Mentor:innen-Beziehung – als weitere unabhängige Variablen spezifiziert. Da diese drei Variablen nicht in der Fragestellung vorkommen, werden sie als Kontrollvariablen bezeichnet. Mit anderen Worten: Sie werden einbezogen, um das wirklich interessierende Ergebnis abzusichern.

Zudem wurde überlegt, dass Schüler:innen, die ganz generell gut in Englisch sind, die Beziehungen ggf. positiver einschätzen und zwar unabhängig vom Peer-Mentoring. Um zu prüfen, ob die Englischleistung der Schüler:innen schon immer hoch war, oder ob sie erst nach Besuch des Angebots mit Peer-Mentoring hoch war, wurde zudem die Englischleistung zu einem früheren Zeitpunkt als weitere unabhängige Variable mit in das Modell aufgenommen. Wird das Leistungsniveau in Englisch um das Leistungsniveau zu einem früheren Zeitpunkt bereinigt, bleibt nur noch die Veränderung der Leistung in Englisch vom früheren bis zum interessierenden Messzeitpunkt übrig.

Bezieht man diese Variablen als unabhängige Variablen in dieser Weise ein, dann bleibt von der Schüler:innen-Mentor:innen-Beziehung als interessierende unabhängige Variable nur die einzigartige Erklärungskraft – die sich nicht mit den genannten anderen Variablen überschneidet – übrig.

Im Ergebnis (Dohrmann et al., 2021, S. 116) zeigt sich, dass die Kontrollvariablen signifikant sind. Geringere Englischleistungen weisen eher Jungen (β = –.099) auf. Schüler:innen mit höherem kulturellen Kapital (β = .104) sowie Schüler:innen mit Migrationshintergrund (β = .137) haben eher höhere Englischleistungen. Wie zu erwarten war, hängt die Englischleistung zu einem früheren Zeitpunkt mit der interessierenden Englischleistung zum zweiten Messzeitpunkt zusammen (β = .678).

Diese ganzen Befunde sind interessant. Aber eigentlich ging es – laut Fragestellung – vordergründig darum, ob die Schüler:innen-Mentor:innen-Beziehung die Englischleistung erklären kann. Unter Abzug der Einflüsse aller genannten Kontrollvariablen lässt sich ein signifikant positiver Einfluss der Schüler:innen-Mentor:innen-Beziehung auf die Englischleistung (β = .099) identifizieren.

3.3.2 Multivariate Modelle

In diesem Abschnitt lernen wir nun einige Analysemodelle kennen, in denen mehr als zwei Variablen gleichzeitig analysiert werden. Hierbei werden wir uns zunächst auf die bislang etablierte Struktur, dass es die eine Seite der unabhängigen Variablen (uV) und die andere Seite der abhängigen Variablen (aV) gibt, beziehen.

Die Modelle, die wir in empirisch-quantitativen Publikationen im Bereich der Erziehungswissenschaft vorfinden, sind im Prinzip unterschiedliche Kombinationen von kategorialen und metrischen Variablen (vgl. visuelle Toolbox in Abschnitt 2.3.3), die einerseits auf Seiten der unabhängigen Variablen und andererseits auf Seiten der abhängigen Variablen in einer bestimmten Art und Weise arrangiert sind. All diese Arrangements haben Namen. Statistiker:innen und Datenanalytiker:innen kennen diese Namen und nutzen sie in Publikationen, um unter Fachkolleg:innen zu kommunizieren, welche Methoden bzw. Modelle verwendet wurden.

Für unseren Zweck ist es nicht nötig, alle Modelle im Detail benennen zu können. Aber es nützt, die wichtigsten Konstellationen wiedererkennen zu können und entsprechend zu verstehen, was wir im Ergebnisteil einer Publikation erwarten können und nach welchen Werten und Maßzahlen wir Ausschau halten müssen. In dieser Weise wollen wir uns einige der gängigsten komplexen Modelle, die auf manifesten Variablen beruhen, im Folgenden vergegenwärtigen.

Tabelle 6 zeigt die häufigsten komplexen Modelle in der Übersicht. Hier handelt es sich um Modelle, die nach dem Schema „unabhängige Variable(n) ➔ abhängige Variable(n)“ aufgebaut sind. Es zeigt sich, dass die (lineare oder im Prinzip auch die logistische) Regression mit Blick auf die Seite der unabhängigen Variablen erweitert werden kann. Modelle mit zwei und mehr unabhängigen metrischen Variablen werden als multiple Regression bezeichnet. Wird die Regression auf Seiten der abhängigen Variablen um weitere Variablen erweitert, so spricht man von multivariater Regression.

Tabelle 6. Bezeichnungen häufiger komplexer Modelle

	mehr als eine uV → eine aV	eine oder mehr uV → mehr als eine aV
uV metrisch	Multiple Regression	Multivariate Regression
uV kategorial	Faktorielle ANOVA	M(ultivariate)ANOVA
uV metr. und kat.	ANCOVA	M(ultivariate)ANCOVA

Quelle: Eigene Darstellung

Ebenfalls in Tabelle 6 findet sich die entsprechende Erweiterung der Varianzanalyse. Wird mehr als eine unabhängige kategoriale Variable im Modell spezifiziert, spricht man von (mehr-)faktorieller ANOVA. Erklärt eine Gruppierungsvariable mehrere metrische abhängige Variablen, wird dies als multivariate ANOVA – bzw. häufig auch kurz: MANOVA – bezeichnet.

Es kommt durchaus in Publikationen vor, dass in Regressionen eine metrische abhängige Variable durch mehrere unabhängige Variablen erklärt wird, wobei unter diesen unabhängigen Variablen sowohl kategoriale als auch metrische Variablen sind (vgl. Tabelle 6). Eher selten findet man hierfür in Publikationen die Bezeichnung als ANCOVA (Analysis of Covariance; dt. Kovarianzanalyse). Sofern in einem solchen Modell mehrere abhängige Variablen vorkommen, spricht man von MANCOVA.

In Publikationen gehen wir bei all diesen Modellen so vor: Wir suchen Informationen zur Signifikanz, zur Stärke und Richtung der jeweiligen Verbindung sowie zur Erklärungskraft. Diese Suchrichtung galt bislang für einfache Verbindungen zweier Variablen. In der einfachsten Form haben multivariate Modelle (vgl. Tabelle 6) drei Variablen und damit nicht bloß eine Verbindung, sondern zwei. In vielen publizierten Modellen sind es deutlich mehr Variablen. Das heißt, dass Informationen zur Art des Zusammenhangs auch für jede der vorkommenden Verbindungen gegeben sind, was die Ergebnisdarstellung besonders komplex werden lässt.

Bei der Signifikanz gibt es eine wichtige Erweiterung dahingehend, dass für jede der Verbindungen eine entsprechende Signifikanz gegeben wird. Hinzu kommt, dass es auch für das Gesamtmodell eine Signifikanz gibt. Die Frage hierbei ist – mit Blick auf alle einzelnen Verbindungen zusammengenommen –, ob das Gesamtmodell in der empirischen Welt belastbar ist. In komplexen Modellen können wir also erwarten, mehrere Signifikanzangaben zu finden: Eine für das Gesamtmodell und dann jeweils eine pro bivariater Verbindung im Modell.

Hinsichtlich der Erklärungskraft hatten wir bislang speziell auf R^2 bzw. Eta^2 geachtet. Dies stimmt auch bei komplexeren Modellen. Allerdings erhalten wir einen entsprechenden Wert für jede Variable, die von einer anderen erklärt wird. Etwas visueller ausgedrückt: Für jede Variable, auf die ein Pfeil zeigt, gibt es einen Wert, der ausdrückt, wie viel ihrer jeweiligen Variabilität durch die erklärende(n) Variable(n) aufgeklärt wird.

Die bis hierhin vorgestellten komplexen Modelle folgten der Logik, dass eine oder mehrere unabhängige Variablen eine oder mehrere abhängige Variablen erklären (vgl. Modell 1 in Abbildung 22). Im Folgenden lernen wir zwei Modelltypen kennen, die eine noch komplexere Struktur aufweisen. Diese sind ebenfalls als Modell 2 und Modell 3 in Abbildung 22 dargestellt. Wichtig ist hier, auf die Position der Variablen zueinander sowie die jeweilige Spezifikation der statistischen Modellierung zu achten.

Abbildung 22. Verschiedene Positionen der unabhängigen Variablen

Statistische Modellierung		Konzeptionelles Modell
Modell 1:	uV1 erklärt aV uV2 erklärt aV	
Modell 2:	uV erklärt aV Mod. erklärt aV uV * Mod. erklärt aV[1]	
Modell 3:	uV erklärt aV[2] uV erklärt Med.[3] Med. erklärt aV[3]	

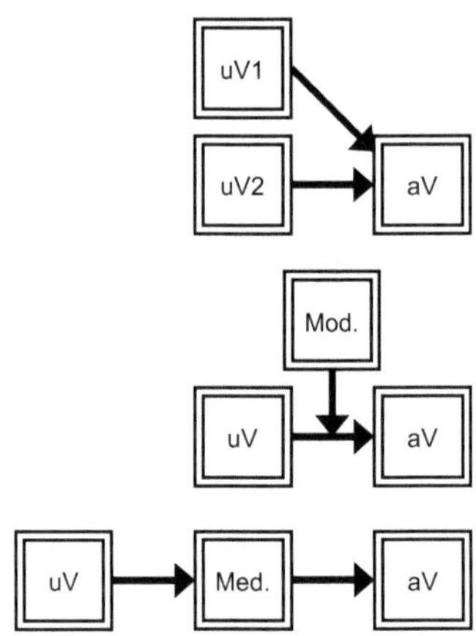

*[1] uV * Mod. ist der sog. Interaktionsterm.*

[2] uV→aV ist der sog. direkte Effekt.

[3] Der multiplizierte Effekt von uV→Med. und Med.→aV ist der sog. indirekte Effekt.

Quelle: Eigene Darstellung

Als *Moderator* oder *Moderatorvariable* wird eine Variable dann spezifiziert, wenn man davon ausgeht, dass sie nicht auf eine bestimmte andere Variable Einfluss nimmt, sondern dass sie den Zusammenhang zweier Variablen beeinflusst. Daher geht in Abbildung 22 im Modell 2 auch der Pfeil von der Moderatorvariable auf den Pfeil zwischen uV und aV und nicht auf eine der beiden Variablen selbst. Ein positiver Einfluss einer Moderatorvariable würde inhaltlich also bedeuten, dass der Zusammenhang zwischen zwei Variablen stärker ist, sofern die sie moderierende Variable höhere Werte aufweist.

Bei der Spezifikation eines solchen Modells wird so vorgegangen: Faktisch ist man zunächst einmal interessiert an dem Einfluss der unabhängigen Variablen auf die abhängige Variable. Das heißt, in der statistischen Modellierung wird ein Regressionspfad von der unabhängigen auf die abhängige Variable spezifiziert. Hinzu kommt die Erklärungskraft der Moderatorvariablen auf die abhängige Variable. Und zuletzt wird der kombinierte Effekt der unabhängigen Variable und der Moderatorvariablen zusammengenommen als Erklärung für die abhängige Variable spezifiziert.

Der kombinierte Effekt wird auch als *Interaktion,* Interaktionsterm oder als Interaktionseffekt bezeichnet. Von der Vorgehensweise her werden die unabhängige Variable und die Moderatorvariable miteinander multipliziert. Dies resultiert in einer neuen Variablen, die die kombinierten Werte beider Variablen beinhaltet. Daher findet man in Publikationen häufig auch die Schreibweise mit „x" oder „*" („Variable A x Variable B" oder „Variable A * Variable B"), um auf die Multiplikation beider Variablen hinzuweisen. Eine solche Spezifikation deutet auf die Modellierung eines Moderators hin.

Die abhängige Variable in Modell 2 wird also von drei Variablen erklärt: (1.) der unabhängigen Variablen, (2.) der Moderatorvariablen und (3.) durch den kombinierten Effekt beider. Wird das Modell berechnet, wird nach der jeweils einzigartigen Erklärungskraft der Variablen gesucht. Der kombinierte Effekt aus der unabhängigen Variablen und der Moderatorvariablen dürfte viel gemeinsame Variabilität mit den beiden einzelnen Variablen haben. Wenn von dem Interaktionsterm ein eigenständiger, signifikanter Effekt ausgeht, der trotz der einzelnen Variablen in dem Modell signifikant ist, ist davon auszugehen, dass eine Moderation vorliegt. Das würde bedeuten, dass der Moderator den Einfluss von der unabhängigen auf die abhängige Variable modifiziert.

Häufig ist der Moderator eine dichotome Variable, die anzeigt, ob das moderierende Merkmal gegeben ist (=1) oder nicht (=0). In einem Regressionsmodell, das wie genannt spezifiziert wurde (die abhängige Variable wird erklärt durch die unabhängige Variable, die Moderatorvariable sowie das Produkt beider), gilt: Ist das moderierende Merkmal nicht gegeben (=0), so ist der Effekt von der unabhängigen Variablen auf die abhängige Variable schlichtweg der Regressionskoeffizient der unabhängigen Variable. Ist das moderierende Merkmal allerdings gegeben (=1), so erhöht sich der genannte Regressionskoeffizient um den Wert des Regressionskoeffizienten des Interaktionsterms.

Beispiel 48

Dies wollen wir uns in einem Beispiel ansehen. In der Publikation von Strietholt et al. (2015) wurde unter anderem getestet, ob die Organisationsform – Halbtagsschule oder Ganztagsschule – einen Effekt auf die Kopplung zwischen Leistung und Migrationshintergrund (beide Eltern im Ausland geboren) hat. Aus Daten von PISA-E 06 wurden Schüler:innen unter anderem im Bereich Naturwissenschaften (Nawi) hinsichtlich ihrer Leistungen getestet. In einem umfassenden Modell berechnen Strietholt et al. (2015, S. 753) folgende nicht-standardisierte Regressionskoeffizienten (das Modell enthält noch mehr Variablen, hier wird der Einfachheit halber auf den relevanten Ausschnitt fokussiert):

- Migrationshintergrund ➔ Nawi-Leistung | –63,22**
- Ganztagsschule ➔ Nawi-Leistung | –9,25
- Migrationshintergrund * Ganztagsschule ➔ Nawi-Leistung | 13,00**

Man sieht, dass bei gegebenem Migrationshintergrund die Nawi-Leistung schwächer ist (–63,22**). Die Nawi-Leistung an Ganztags- und Halbtagsschulen unterscheidet sich nicht signifikant. Der Einfluss des Interaktionsterms auf die Leistung ist signifikant (+13,00**).

Der Moderator ist, ob die Schüler:in eine Halbtagsschule (=0) oder eine Ganztagsschule (=1) besucht. Für den Fall, dass es sich um eine Halbtagsschule handelt, ist der Effekt vom Migrationshintergrund auf die Nawi-Leistung schlichtweg der entsprechende Regressionskoeffizient (–63,22**). Das heißt, für die Halbtagsschüler:innen, dass jene mit Migrationshintergrund um 63 Punkte schlechter im Leistungstest abschneiden als Schüler:innen ohne Migrationshintergrund.

Ist das moderierende Merkmal (Ganztagsschule) gegeben, so erhöht sich der genannte Regressionskoeffizient (–63,22**) um den Wert des Regressionskoeffizienten des Interaktionsterms (+13,00**). Das heißt, für die Schüler:innen an Ganztagsschulen, dass jene mit Migrationshintergrund lediglich um (–63+13=) 50 Punkte – statt 63 Punkte – schlechter im Leistungstest abschneiden als Schüler:innen ohne Migrationshintergrund.

Die Ergebnisse unter beiden moderierenden Bedingungen (Halbtagsschule oder Ganztagsschule) sind sicherlich kein Grund zur Freude – offenbar hängt sowohl an Halbtags- wie an Ganztagsschulen die Leistung der Schüler:innen daran, in welchem Land die Eltern geboren wurden. Aber zumindest lässt sich „vermuten, dass Migrant[:inn]en an Ganztagsschulen besser gefördert werden, als an Halbtagsschulen", wie Strietholt et al. (2015, S. 754) schreiben.

Neben dem Moderator gibt es auch den sog. *Mediator*, der eine Variable bezeichnet, die den Einfluss einer unabhängigen Variablen auf eine abhängige Variable vermittelt. Das meint, dass die unabhängige Variable die abhängige nur unzureichend direkt erklären kann. Vielmehr ist es so, dass die unabhängige Variable die Mediatorvariable und diese wiederum die abhängige Variable erklärt, was als indirekter Effekt bezeichnet wird. Dies ist in Abbildung 22, Modell 3 dargestellt.

An der Darstellung ist erkennbar, dass wir nun unser gewohntes Schema verlassen, dass eine Variable (oder ein Interaktionsterm) eine andere Variable erklärt. Vielmehr handelt es sich beim indirekten Effekt um eine Kette aus drei Variablen.

In der statistischen Umsetzung wird der Mediator durch die unabhängige Variable erklärt (a). Die abhängige Variable wird durch den Mediator erklärt (b) sowie auch durch den direkten Effekt der unabhängigen Variablen (c). Der sog. indirekte Effekt besteht aus dem Produkt der Effekte a und b.

Damit eine Variable als Mediator gilt, müsste das Ergebnis zunächst einmal zeigen, dass der indirekte Effekt (a*b) signifikant ist. Das würde bedeuten, dass der Effekt, der von der unabhängigen Variablen über die Mediatorvariable bis zur abhängigen Variablen reicht, sich höchstwahrscheinlich in der empirischen Welt von Null unterscheidet.

Für die Interpretation der Mediation ist es zudem bedeutsam, wie die direkte Verbindung zwischen der unabhängigen und der abhängigen Variablen aussieht. Dabei vergleicht man die bivariate Verbindung zwischen unabhängiger und abhängiger Variablen (ohne Einbezug des Mediators) mit der gleichen Verbindung aber unter Kontrolle des Effekts des Mediators. Sofern uV→aV in ersterem Modell signifikant ist, in letzterem Modell (unter Kontrolle des Mediators) aber nicht, dann weist dies deutlich auf die Bedeutung des Mediators hin.

Beispiel 49

Ein Beispiel für die Modellierung eines indirekten Effekts findet sich in der Publikation von Kuhn und Fischer (2011). Die Autor:innen interessieren sich für den Effekt der dauerhaften Teilnahme an Ganztagsangeboten (TN) auf die Entwicklung der Durchschnittsnote (Entw. Ø-Note). Ihrer Überlegung zu folge, könnte der Zusammenhang beider durch die Entwicklung des Sozialverhaltens (Entw. Soz.; gemessen als problematisches Sozialverhalten) vermittelt – sprich: mediiert (vgl. Abbildung 22, Modell 3) – sein. Zur Prüfung dieser Überlegung wurden StEG I-Daten von Schüler:innen verwendet. Einige der Variablen wurden als Entwicklungen modelliert. Im Ergebnis (Kuhn & Fischer, 2011, S. 156) werden standardisierte Koeffizienten berichtet (vereinfachte Darstellung des umfangreichen Modells und Auswahl der für das Beispiel relevanter Informationen):

- TN ➔ Entw. Ø-Note | 0,06
- TN ➔ Entw. Soz. | –0,07*
- Entw. Soz. ➔ Entw. Ø-Note | 0,23***
- Indirekter Effekt (TN ➔ Entw. Soz. ➔ Entw. Ø-Note) | –0,02*

Die Koeffizienten belegen, dass in dem Modell die dauerhafte Angebotsteilnahme keinen eigenständigen direkten Effekt (0,06) auf die Entwicklung der Durchschnittsnote hat. Wohl aber sagt die Teilnahme die Entwicklung des Sozialverhaltens signifikant vorher (–0,07*) und diese wiederum erklärt die Entwicklung der Durchschnittsnote in signifikanter Weise (0,23***). Das Produkt dieser beiden Effekte (–0,07 und 0,23) bildet den indirekten Effekt, der signifikant ist (–0,02*). Das heißt, die dauerhafte „Teilnahme an Ganztagsangeboten [wirkt sich] positiv auf die Entwicklung des Sozialverhaltens und darüber vermittelt positiv auf die Entwicklung der Noten aus", wie Kuhn und Fischer (2011, S. 156) den Befund beschreiben. Dies spricht für die These, dass die Entwicklung des Sozialverhaltens den Einfluss der dauerhaften Teilnahme an Angeboten auf die Durchschnittsnote mediiert.

In empirisch-quantitativen Publikationen ist es teils nicht auf den ersten Blick ersichtlich, ob eine Moderation oder eine Mediation getestet wird. Sofern in den Analysen ein „Interaktionsterm" (eine Variable * eine andere Variable) als unabhängige Variable einbezogen wird, weist dies darauf hin, dass eine Moderation getestet wird. Sollte in den Analysen ein „indirekter Effekt" mit in den Ergebnissen ausgewiesen sein, deutet dies auf eine Mediationsanalyse hin.

Bislang hatten wir nur zwei Variablen angeschaut und sind dann dazu übergegangen, dass man auch mehr als zwei Variablen gleichzeitig analysieren kann, sofern sie die Form uV ➔ aV haben. Zuletzt am Beispiel der Mediatoranalyse haben wir gesehen, dass wir auch Ketten von drei Variablen in einem Modell gleichzeitig berechnen können (beispielsweise uV ➔ Mediator ➔ aV), indem die Effekte multipliziert werden.

Im Prinzip ist es möglich, die Kette an Variablen noch weiter zu verlängern und zwischen all den einbezogenen Variablen alle möglichen gerichteten und ungerichteten Verbindungen zu spezifizieren. Es ist möglich, solch besonders komplexe Modelle mit genügend umfangreichen und qualitativ hochwertigen Daten (und natürlich mit Hilfe der heutigen leistungsfähigen Computer und entsprechender Analysesoftware) zu berechnen. Das meint, dass all die spezifizierten Verbindungen gleichzeitig betrachtet werden. In diesem Fall – sofern die klassische Form des Einflusses von unabhängigen auf abhängige Variablen verlassen wird – spricht man von sog. *Pfadmodellen*.

Wichtig für die Interpretation von Pfadmodellen ist, dass es zu jeder spezifizierten Verbindung einen Koeffizienten und eine Signifikanz gibt. Je nach Berechnung ist dieser Koeffizient unstandardisiert oder standardisiert, so, wie wir es für die Regression kennengelernt haben. Außerdem gibt es zu jeder Variablen, die durch eine oder mehrere andere Variablen erklärt wird, einen R^2-Wert, der darüber informiert, wie viel Prozent der Variabilität auf der betrachteten Variablen durch die andere(n) Variable(n) aufgeklärt wird. Bei komplexeren Modellen leuchtet ein, dass es mehrere solcher abhängiger Variablen geben kann und dass es durchaus Variablen in solch komplexen Analysen gibt, die abhängige und unabhängige Variable zugleich sind – sprich: Variablen, auf die ein oder mehrere Pfeile zeigen und von denen gleichzeitig ein oder mehrere Pfeile ausgehen.

In einfachen Modellen konnte R^2 verwendet werden, um einen Hinweis darauf zu erhalten, wie gut die Daten zu dem Modell passen. Aufgrund der hohen Komplexität der Pfadmodelle ist dies nicht ohne weiteres möglich. Daher wurden verschiedene sog. *Fit-Indizes* (*Fit-Werte*) entwickelt, die Auskunft über die Passung des Modells bieten. Auch wenn die Fit-Indizes und deren Bewertung im Einzelnen unter Wissenschaftler:innen noch intensiv diskutiert werden, finden sich doch einige Fit-Indizes immer wieder in empirisch-quantitativen Publikationen im erziehungswissenschaftlichen Bereich. Die Empfehlungen im Folgenden beziehen sich auf die in der Literatur üblichen Cutoff-Werte. Details – auch die Kritikpunkte – hierzu können in der weiterführenden Literatur, die in Kapitel C gegeben ist, nachgelesen werden.

Zunächst einmal gibt es Fit-Indizes, die angeben, wie schlecht das Modell zu den Daten passt. Die beiden Namen der bekanntesten Fit-Indizes in dieser Richtung sind Root Mean Square Error of Approximation (RMSEA) und Standardized Root Mean Square Residual (SRMR). In beiden Namen steckt jeweils der Hinweis auf den Fokus einer schlechten Passung, indem sie jeweils auf den ‚Fehler' hinweisen: RMSEA – das E steht für Fehler; SRMR – das R steht für Residuum. Das heißt, je größer die Werte dieser beiden Fit-Indizes sind, umso schlechter ist der Modell-Fit, also die Passung des Modells zu den Daten. Um den Modell-Fit eines Modells als akzeptabel bezeichnen zu können, sollte der RMSEA unter .08 liegen und der SRMR sollte unter .10 sein.

Andersherum geben zwei weitere, häufig berichtete Fit-Indizes an, wie gut das Modell im Vergleich zu einem sog. Nullmodell (auch: Baselinemodell) ist, in dem keine Beziehungen zwischen den Variablen angenommen werden. Solche Werte sind einerseits der Comparative Fit Index (CFI) und andererseits der Tucker-Lewis Index (TLI). Die Fit-Werte dieser beiden Indizes beziehen sich darauf, inwiefern das von der Forscher:in spezifizierte Modell besser als das Nullmodell ist. Daher sind hier große Werte wünschenswert. Akzeptabel ist der Modell-Fit ab einem Wert von .90 sowohl beim CFI als auch beim TLI. Höhere Werte sind noch besser.

Beispiel 50

Damit wir einen Eindruck gewinnen, wie so ein Pfadmodell ganz konkret aussieht, nehmen wir die Publikation von Holtappels et al. (2011). Die Autor:innen gehen unter anderem der Frage nach, welchen Einfluss Ziele und Konzeption der Ganztagsschule auf die Entwicklung der Lehrkräftekooperation haben. Berechnet wurde ein komplexes Pfadmodell, das mit einem CFI = .975 und einem RMSEA = .044 einen guten Fit aufweist. Das berechnete Modell ist in Abbildung 23 dargestellt.

Abbildung 23. Komplexes Pfadmodell aus Holtappels et al. (2011)

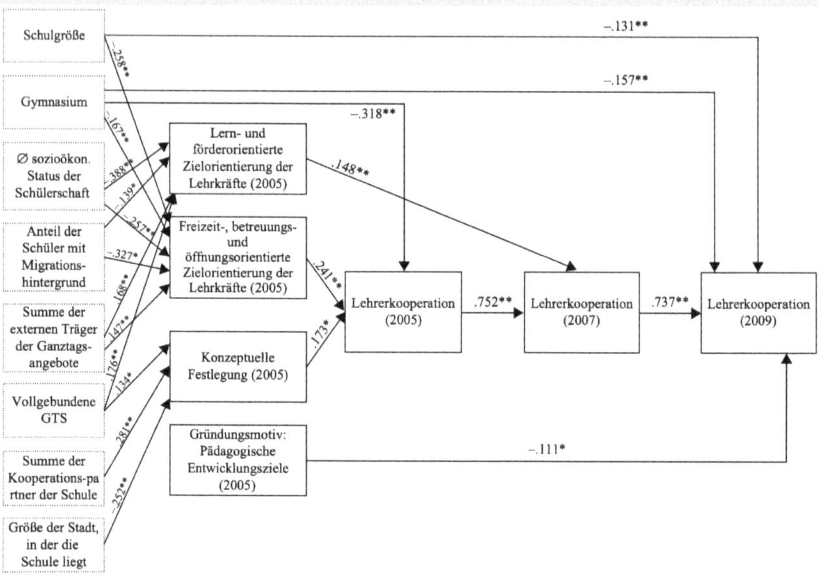

Quelle: Holtappels et al. (2011, S. 37)

Auf die Details der Ergebnisse soll an dieser Stelle nicht eingegangen werden. Wir sehen aber, wie viele manifeste Variablen (Kästen) mit gerichteten Verbindungen (Pfeile) modelliert wurden. Anhand der Regressionskoeffizienten – die an den Pfeilen gemeinsam mit Sternchen zur Beurteilung ihrer Signifikanz zu finden sind – können wir die Stärke und Richtung des jeweiligen Zusammenhangs erkennen. Es ist üblich, in der grafischen Veranschaulichung solch großer Pfadmodelle, nur die signifikanten Verbindungen als Pfeile darzustellen, während nicht signifikante Verbindungen ausgeblendet werden. Das macht es einfacherer, die Übersicht zu behalten.

3.3.3 Modelle mit latenten Variablen

Von einigen Merkmalen nehmen wir an, dass sie existieren, ohne dass wir sie direkt auf einfachem Wege erfassen können. In dieser Weise hatten wir gesehen, dass es Merkmale gibt, die schwierig bis gar nicht direkt erfassbar sind (speziell auch anhand von Abbildung 9, S. 57). Wir hatten dafür den Begriff latent kennengelernt. Es ist aber möglich, andere gut messbare Merkmale zu finden die eng mit dem eigentlich interessierenden Merkmal zusammenhängen, bzw. von diesem beeinflusst werden. Um Rückschlüsse auf das latente Merkmal treffen zu können, interessieren wir uns für diese messbaren Merkmale als Indikatoren für das latente Merkmal.

Für die Analysen entsteht dadurch aber eine erhebliche Schwierigkeit: Zu den latenten Merkmalen – um die es in den Analysen eigentlich gehen sollte – gibt es keine direkten Antworten der Befragten und daher im Datensatz auch keine entsprechenden Variablen. Alle Analysen, die wir bislang betrachtet haben, gehen davon aus, dass die interessierenden Variablen wirklich auch im Datensatz vorliegen. Wir müssen offenbar noch eine Art der Modellierung kennenlernen, die auch latente Variablen einbeziehen kann. Wie man dieser Herausforderung begegnet, schauen wir uns im Folgenden genauer an.

Gehen wir gedanklich noch einmal zurück zu Abschnitt 2.2.1. Dort hatten wir festgestellt, dass es in der empirischen Welt bestimmte latente Merkmale (beispielsweise die soziale Verantwortungsübernahme) gibt und dass diese Merkmale eines Individuums das konkrete Verhalten in bestimmten Situationen (beispielsweise jemanden zu unterstützen, sich aktiv dafür zu engagieren, um einen Konflikt gewaltfrei zu lösen, oder sich gegen Störungen im Unterricht einzusetzen) beeinflussen. Weiterhin hatten wir in Abschnitt 2.2.1 gesagt, dass man konkrete Verhaltensweisen – bzw. Auskünfte über konkrete Verhaltensweisen – besser erfassen kann als abstrakte. In Befragungen und Datenerhebungen werden daher nur die messbaren Merkmale erhoben, sodass auch nur diese Merkmale für Analysen in Form von Daten zur Verfügung stehen. Das heißt, die Analyse muss von den gemessenen Merkmalen auf die latenten Merkmale schließen.

Es deuten sich zwei Richtungen an, wie das Verhältnis von manifest und latent bestimmt werden kann. Einerseits gehen wir davon aus, dass von den gemessenen Daten auf die latenten Merkmale geschlossen werden muss (manifest → latent). Andererseits gehen wir aber eigentlich davon aus, dass die latenten Merkmale die messbaren Merkmale hervorbringen (latent → manifest). Im Folgenden werden wir sehen, dass es zu beiden Verständnissen entsprechende Modelle gibt.

Wie in Modell (A) in Abbildung 24 dargestellt, gibt es eine Analysemethode, die von den gemessenen Variablen ausgeht. Diese Methode wird als *Hauptkomponentenanalyse* (auch: PCA, principal component analysis) bezeichnet. Sie versucht, die gemessenen Variablen mit möglichst wenigen neuen Variablen (sog. Hauptkomponenten) zu beschreiben. Eine Hauptkomponente kann viele gemessene Variablen repräsentieren. In dem Sinne stellt die Hauptkomponente eine Kombination bestimmter gemessener Variablen dar.

Abbildung 24. Zwei Verständnisse der Relation zwischen Variablen und dem latenten Merkmal, das sie repräsentieren

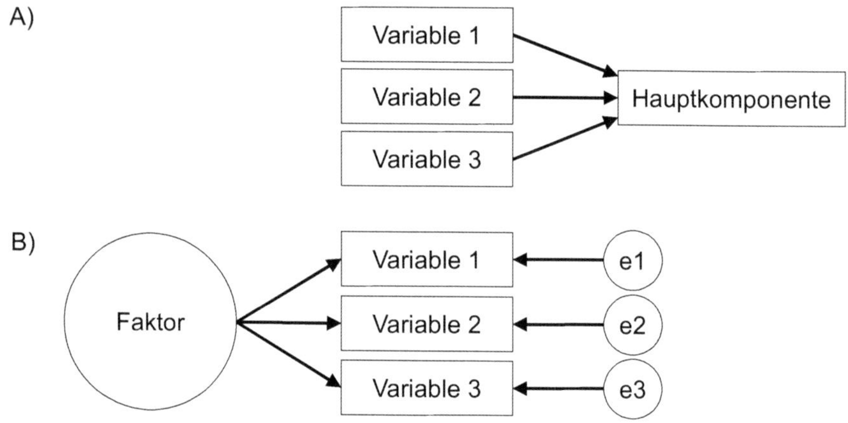

Quelle: Eigene Darstellung

Modell (B) in Abbildung 24 erfüllt im Endeffekt denselben Zweck: nämlich die einzelnen gemessenen Variablen zusammenzufassen. Wir sehen auf den ersten Blick, dass das Modell aber ganz anders aufgebaut ist als Modell (A). Es wird eine hypothetische – nicht im Datensatz vorkommende (sprich: latente) – Variable angenommen, die mit einem Kreis symbolisiert wird. Diese Variable wird auch als *Faktor* bezeichnet. Daher bezeichnet man Verfahren, die so oder so ähnlich aufgebaut sind, auch als *Faktorenanalyse* (vgl. Details in Abschnitt 3.3.4). Die latente Variable weist Eigenschaften auf, wie eine normale Variable; sie hat einen Mittelwert und eine Variabilität der Werte. Wo aber kommen diese Werte her?

In Abbildung 24, unten ist deutlich zu erkennen, dass der Faktor drei manifeste Variablen erklärt. Das heißt, dass der latente Faktor jene Variabilität enthält, die genutzt werden kann, um alle drei manifesten Variablen zu erklären. Einfacher ausgedrückt: Die gemeinsame Variabilität aller drei manifester Variablen steckt in dem Faktor und wird von diesem repräsentiert.

Stellen wir uns nun vor, dass der Faktor durch statistische Prozeduren berechnet werden konnte, und dass er nun genutzt wird, um die drei manifesten Variablen – zu denen ja echte Zahlen im Datensatz vorliegen – zu erklären. Es liegt auf der Hand, dass dies nicht perfekt funktioniert. Auf jeder manifesten Variable wird es einen Teil der Variabilität geben, der erklärt werden kann (nämlich die gemeinsame Variabilität der Variablen) und es wird einen Teil geben, der nicht durch den Faktor erklärt werden kann. Als wir uns mit der Erklärung von Variablen in bivariaten und multivariaten Modellen auseinandergesetzt hatten, ist uns diese nichterklärte Variabilität im Prinzip bereits untergekommen.

Um die nichterklärte Variabilität der einzelnen manifesten Variablen beschreibbar zu machen, wird jede manifeste Variable durch eine latente Variable individuell erklärt. Auch dies ist im Modell (B) in Abbildung 24 repräsentiert, und zwar durch e1, e2 und e3. Die latenten Variablen e1, e2 und e3 werden auch *Residual-* bzw. *Fehlerterme* genannt; man spricht auch von *Residualfaktoren* bzw. von *Fehlervariablen* (e für error, dt. Fehler; vgl. e1–e3 in Abbildung 24). Einfacher ausgedrückt: Die latenten „e“-Variablen in Abbildung 24 nehmen diejenige Variabilität der jeweiligen Variablen – mit der sie jeweils verbunden sind – auf, die nach Abzug der gemeinsamen Variabilität aller manifesten Variablen (die vom Faktor repräsentiert wird) noch übrigbleibt.

In Abschnitt 2.2.1 hatten wir festgestellt, dass sich der gemessene Wert stets aus dem korrekten bzw. wahren Wert und einem Messfehler-Wert zusammensetzt. Zu dieser theoretischen Vorstellung scheint Modell B in Abbildung 24 besonders gut zu passen: Der Faktor repräsentiert den wahren Wert des latenten Merkmals – oder zumindest eine sehr gute Annäherung an diesen Wert. Und die Messfehler werden durch die Fehlervariablen repräsentiert.

Die Art der Modellierung im unteren Teil der Abbildung 24 ist für die komplexe quantitative Forschung besonders wichtig. Besonders ist an dieser Art der Modellbildung, dass die Variabilität der einbezogenen manifesten Variablen aufgeteilt wird: Einerseits wird die Variabilität, die allen manifesten Variablen gemeinsam ist, in dem Faktor gebündelt. Andererseits wird die übrigbleibende Variabilität für jede Variable in eine eigene latente Variable verrückt. Der Faktor enthält damit die Kombination der manifesten Variablen und ist gleichsam aber – und das ist sehr wichtig – *um die Messfehler* (die in den Fehlertermen untergebracht werden) *bereinigt*.

Bis hierhin haben wir nun kennengelernt, dass in manchen Analysen eine latente Variable eine Reihe von manifesten Variablen erklärt. Dies haben wir uns zunächst unabhängig davon angesehen, ob die manifesten Variablen kategorial oder metrisch sind und ob die latente Variable für kategorial oder metrisch gehalten wird. Wir werden uns im Folgenden daher eine *Übersicht zu Modellen mit latenten Variablen* verschaffen.

Die latente Variable soll das latente Merkmal repräsentieren. Theoretische Überlegungen sind nötig, um festzulegen welche Ausprägungen des Merkmals überhaupt möglich sind. Wird angenommen, dass das latente Merkmal metrische Ausprägungen annehmen kann? Bei manchen Individuen wäre das Merkmal dann stärker ausgeprägt, bei manchen etwas oder viel schwächer. Oder wird angenommen, dass das latente Merkmal bestimmte Gruppen von Individuen differenziert? Manche Individuen gehören mit Blick auf das Merkmal in die eine Gruppe und manche gehören in eine andere Gruppe. Die Bezeichnung, die wir hierfür kennengelernt hatten, war kategorial.

Es leuchtet daher ein, dass die erklärende latente Variable entweder kategorial oder metrisch sein kann. Dass manifeste, gemessene Variablen entweder kategorial oder metrisch sein können, wissen wir bereits. Somit gibt es vier gängige Kombinationen. In Abbildung 25 sind gerichtete Verbindungstypen mit einer latenten unabhängigen Variablen aufgelistet. Zu jeder Verbindung ist die Standardbezeichnung der Analyseprozedur mit angegeben.

Abbildung 25. Gerichtete Verbindungstypen mit einer latenten Variablen

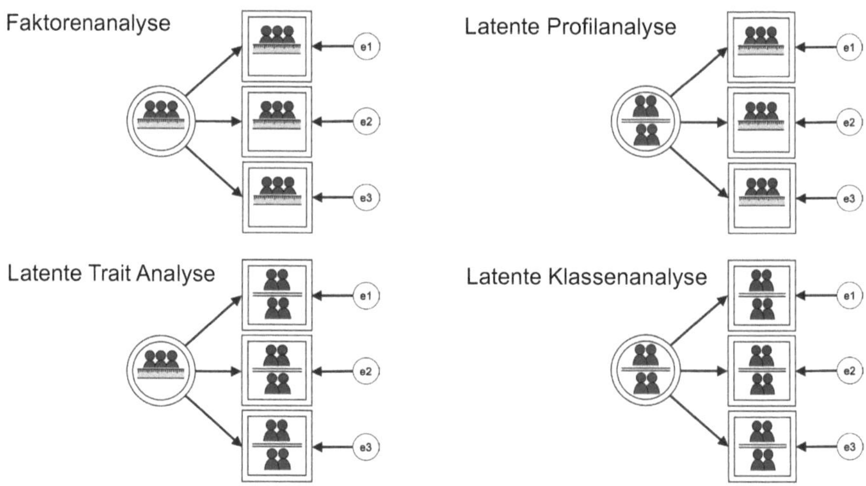

Quelle: Eigene Darstellung

Der erste Typ von Analysen ist die *Faktorenanalyse*. Faktorenanalytische Verfahren sind in Publikationen im erziehungswissenschaftlichen Bereich weit verbreitet.

Gemeinsam ist ihnen, dass sie davon ausgehen, dass eine metrische latente Variable angenommen wird, die mehrere metrische manifeste Variablen beeinflusst.

Bei der *Latenten ‚Trait' Analyse* (Engl. „trait" = Merkmal, Eigenschaft) ist die Vorstellung, dass die vorhandenen Variablen im Datensatz ein kategoriales Format haben – sehr häufig sind sie dichotom. Diese werden von einem dahinterliegenden, latenten Merkmal erklärt, von dem man aber annimmt, dass es metrisch ist. Häufig wird der Begriff Item Response Theory (IRT) im Zusammenhang mit der Latenten Trait Analyse – und teils synonym – verwendet.

Beispiel 51

Die beiden latenten Modelle, bei denen die latente Variable metrisch ist, wollen wir uns genauer vergegenwärtigen. Nehmen wir hierzu das Beispiel der sog. Prozessqualität schulischer Ganztagsangebote. Gemeint ist die Bewertung seitens der Schüler:innen, ob die schulischen Ganztagsangebote zu ihren Interessen und zu ihrem Vorwissen passen, und ob die Schüler:innen sich einbringen können und durch die Angebote zu aktiver Beteiligung ermuntert werden. Es handelt sich um einen globalen Qualitätsindikator aus Schüler:innensicht.

Die theoretische Vorstellung ist, dass jede Schüler:in grundsätzlich in der Lage ist, ein Qualitätsurteil hinsichtlich der schulischen Ganztagsangebote zu treffen. Dieses Urteil kann etwas besser ausfallen, oder aber weniger gut – mit anderen Worten: Es handelt sich um ein metrisches Merkmal. Schüler:innen sind es nicht unbedingt gewohnt, die Qualität ihrer Lernumgebungen zu beurteilen und dieses Urteil explizit zum Ausdruck zu bringen. Daher müssen wir davon ausgehen, dass diese Bewertung implizit beziehungsweise latent ist.

Ob aber bei den Schüler:innen durch das schulische Ganztagsangebot Begeisterung geweckt wird (Item 1), ob die Inhalte interessant und spannend vermittelt werden (Item 2), oder ob beispielsweise die Schüler:innen über die Themen mitentscheiden können (Item 8), darüber können die Schüler:innen schon Auskunft geben, inwiefern dies jeweils zutrifft. Dies sind Beispiele für die verschiedenen Aspekte der Qualität schulischer Ganztagsangebote (Quellenberg, 2009, S. 102), die als manifest zu bezeichnen sind.

Werden diese konkreten Qualitätseinschätzungen nun mit Blick auf die Intensität der Zustimmung abgefragt, so sind die Daten metrisch. Das Verfahren zur Analyse muss entsprechend die Erklärungskraft latenter metrischer Variablen auf manifeste metrische Variablen modellieren können. Hier muss also die Faktorenanalyse zum Einsatz kommen (wie dies beispielsweise in Radisch et al., 2007 der Fall ist; genaueres zu dieser Publikation werden wir uns im Abschnitt 3.3.4 ansehen).

Unter Umständen kann es aber Sinn machen, die manifesten Items nicht hinsichtlich des Grads der Zustimmung oder hinsichtlich der Intensität abzufragen, sondern schlicht zu fragen, ob etwas der Fall ist (ja) oder nicht (nein). Ein Grund könnte sein, jüngere Schüler:innen nicht mit Nuancen der Antwortskala überfordern zu wollen. In einem solchen Fall (Antworten im ja | nein-Format) wäre die latente Variable als metrisch anzunehmen, während aber die manifesten Variablen kategorial wären. Dies wäre ein Anwendungsfall der Latenten Trait Analyse (Items Response Theory, IRT).

Schauen wir uns nun die zwei weiteren latenten Modelle in Abbildung 25 an. Bei der *Latenten Profilanalyse* ist die erklärende latente Variable eine kategoriale Variable, die ein Set von metrischen manifesten Variablen erklärt. Dieses Verfahren kommt zum Einsatz, wenn man theoretisch davon ausgehen kann, dass die Gruppenzugehörigkeit (sprich: die Ausprägung auf der latenten kategorialen Variablen) bestimmte manifeste metrische Merkmale beeinflusst.

Und zuletzt noch der Fall, dass von einer kategorialen latenten Variable auf manifeste kategoriale Variablen geschlossen wird: Dies wird als *Latente Klassenanalyse* (auch *LCA*; Engl. latent class analysis) bezeichnet. In der latenten Klassenanalyse werden dichotome Merkmale aus dem Datensatz genutzt, um spezifische Gruppen von Individuen (sog. ‚Klassen' bzw. ‚Cluster') voneinander zu unterscheiden, wobei die Vorstellung ist, dass die latente Gruppenzugehörigkeit die kategorialen sichtbaren Ausprägungen der manifesten Variablen beeinflusst.

Beispiel 52

Anhand der Publikation von Sauerwein et al. (2016) sollen die zwei zuletzt genannten latenten Modelle illustriert werden, bei denen das latente Merkmal als kategorial angenommen wird. Die Autor:innen argumentieren, dass nicht die Teilnahme an einzelnen schulischen Ganztagsangeboten auf die Schüler:innen wirkt, sondern, dass es die Kombination verschiedener außerunterrichtlicher Angebote (sog. Teilnahmeprofil) ist, die entscheidend für Wirkungen bei den Schüler:innen ist. Entsprechend ist ihre Forschungsfrage, inwiefern sich das Teilnahmeprofil auf das Sozialverhalten und die Durchschnittsnote auswirkt. Wir konzentrieren uns hier im Beispiel darauf, wie das Teilnahmeprofil abgefragt und statistisch abgebildet wurde.

Das Teilnahmeprofil meint beispielsweise, ob es eine Gruppe von Schüler:innen gibt, die dazu tendiert, eher zusätzliche Sportangebote zu wählen, oder eher Musikangebote, oder ob es eine Schüler:innengruppe gibt, die eine andere, ganz bestimmte Kombination von schulischen Ganztagsangeboten favorisiert. Sauerwein et al. (2016) wollen aber nicht bloß die schulischen Ganztagsangebote einbeziehen, sondern auch die außerschulischen Aktivitäten, die in der Studie ebenfalls erfragt worden sind und entsprechend im Datensatz als Variablen vorliegen.

„Wie ist dein Teilnahmeprofil?" lässt sich als Schüler:in aber nicht unbedingt leicht beantworten. Daher handelt es sich um ein latentes Merkmal, das offenbar kategorial ist, da es Gruppen von Personen hinsichtlich ihrer Angebotsteilnahme unterscheidet. Für die Analyse kommt also die Latente Profilanalyse oder die Latente Klassenanalyse in Frage, da beide eine latente kategoriale Variable annehmen. Welche Analyse nun durchzuführen ist, kommt auf die manifesten Variablen an – sind sie kategorial oder metrisch?

Sauerwein et al. (2016, S. 107) referieren, dass in StEG-I die Teilnahme an schulischen Ganztagsangeboten kategorial abgefragt wurde. Die außerschulischen Aktivitäten hingegen wurden mit Blick auf die Häufigkeit (metrisch) erfasst: 1=nie, 2=weniger als einmal im Monat, 3=einmal/mehrmals im Monat, 4=mehrmals in der Woche, 5=jeden Tag/fast jeden Tag.

Gemäß unserem Schema (Abbildung 25) bedeutet dies für die Analysen, dass das Teilnahmeprofil bzgl. der schulischen Ganztagsangebote als Latente Klassenanalyse modelliert werden müsste und die außerschulischen Aktivitäten müssten als Latente Profilanalyse modelliert werden.

Sauerwein et al. (2016, S. 107) sind etwas anders vorgegangen. Sie haben die metrischen Variablen zu den einzelnen außerschulischen Aktivitäten kategorisiert, indem jeweils folgende neue Werte vergeben wurden: 0=nie, 0=weniger als einmal im Monat, 0=einmal/mehrmals im Monat, 1=mehrmals in der Woche, 1=jeden Tag/fast jeden Tag. Die somit entstehenden Variablen sind kategorial (0 | 1). Nun können die kategorialen Variablen zu schulischen Ganztagsangeboten und die kategorial gemachten Variablen zu außerschulischen Aktivitäten gemeinsam in einer Latenten Klassenanalyse (LCA) analysiert werden, wie dies in Sauerwein et al. (2016) umgesetzt wurde.

All diese Prozeduren entfalten ihre Stärke nur dann, wenn mehrere manifeste Variablen als Indikatoren des latenten Merkmals zur Verfügung stehen. Gängig ist, drei manifeste Variablen als Mindestanzahl zu fordern. Es können aber auch vier, fünf oder sogar deutlich mehr sein. Eher selten – und dann ist dies theoretisch wie methodisch erklärungsbedürftig – finden sich solche Modelle mit nur zwei manifesten Variablen pro Faktor.

3.3.4 Explorative und konfirmatorische Faktorenanalyse

Bis hierher haben wir nun die hauptsächlichen Modelltypen mit latenten Variablen kennengelernt. Alle konzeptionellen Überlegungen und Beispiele gingen bislang davon aus, dass wir lediglich an einer einzigen latenten Variablen interessiert sind und dass wir inhaltlich passende manifeste Variablen, die von der latenten Variablen erklärt werden sollen, in das Modell mit aufnehmen. Dies können wir aber durchaus auch mit einem Fragezeichen versehen: Liegt den manifesten Variablen wirklich nur ein einziger Faktor zugrunde?

Stellen wir uns in diesem Sinne vor, dass wir ein Set an manifesten Variablen in einem Datensatz haben, die alle ein bestimmtes latentes Merkmal repräsentieren. Wir sind uns aber nicht ganz sicher, ob es sich wirklich nur um einen einzigen Faktor handelt, oder ob die manifesten Variablen nicht besser von mehr als einem Faktor – beispielsweise von zwei Faktoren oder drei – erklärt werden können. Falls dies der Fall sein sollte, möchten wir natürlich wissen, welche manifesten Variablen offenbar Ausdruck von welchem Faktor sind.

Da wir latente Modelle mit einem Faktor bereits in Abbildung 24 und Abbildung 25 kennengelernt haben, schauen wir uns in Abbildung 26 nun die latente Modellierung mittels zwei latenter Faktoren an. Die Faktoren erklären sechs manifeste Variablen. Die Anzahl der latenten Faktoren und der manifesten Variablen dient als Beispiel; es können durchaus mehr sein. In einem solchen Modell gilt: Manifeste Variablen deren Variabilität erklärt werden soll, bezeichnet man gemeinhin mit dem Buchstaben y. Und latente Faktoren werden mit f abgekürzt.

Das Arrangement der latenten Variablen (f1, f2) in Bezug auf die manifesten Variablen (y1 bis y6) auf der linken Seite in Abbildung 26 wird als *Explorative Faktorenanalyse* (EFA) bezeichnet. Dieses Verfahren untersucht, inwiefern eine bestimmte Anzahl latenter Variablen – hier: zwei – geeignet ist, die in die Analyse einbezogenen manifesten Variablen vorherzusagen.

Die Pfeile sind gerichtete Verbindungen; das heißt, wir können durch die Analyse in Erfahrung bringen, welche Verbindungen besonders stark sind, was als (standardisierte) Regressionskoeffizienten ausgegeben wird. Die Analyse des EFA-Modells könnte beispielsweise ergeben, dass die gerichteten Verbindungen von f1 zu y1, y2 und y3 stark sind, während die Verbindungen von f1 zu y4, y5 und y6 eher schwach sind. In derselben Analyse könnte sich zudem zeigen, dass f2 eine starke Verbindung zu y4, y5 und y6 hat, nicht aber zu y1, y2 und y3. Ein solches Ergebnis würde sehr deutlich dafürsprechen, dass der Faktor f1 vor allem die manifesten Variablen y1, y2 und y3 erklärt und dass der Faktor f2 vor allem die manifesten Variablen y4, y5 und y6 erklärt.

Abbildung 26. Explorative Faktorenanalyse (EFA) und konfirmatorische Faktorenanalyse (CFA)

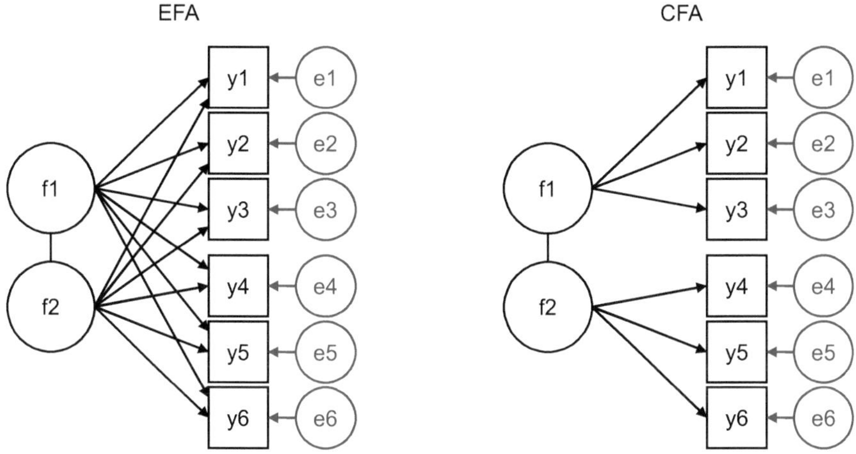

Quelle: Eigene Darstellung

Als „explorativ“ ist die EFA deshalb zu bezeichnen, da alle möglichen Verbindungen spezifiziert werden, sodass sich die Zuordnung der Faktoren zu den manifesten Variablen erst aus der Analyse – explorativ – ergibt.

Die Frage ist aber, ob nicht drei oder mehr Faktoren besser wären, um eine gewisse Anzahl manifester Variablen erklären zu können. Zur Methode der Explorativen Faktorenanalyse zählt daher auch, zu bestimmen, wie viele latente Faktoren überhaupt – aufgrund der Datenlage – angenommen werden sollten. Die Verfahrensweise basiert auf der Analyse der erklärten Variabilität die jeder Faktor, der zusätzlich postuliert wird, bringen würde (die Maßzahl hierfür ist der sog. Eigenwert; Engl. Eigenvalue).

Die explorative Suchbewegung ist dabei wie folgt: Ein einziger angenommener latenter Faktor erklärt einen gewissen Anteil der gesamten Variabilität der einbezogenen manifesten Variablen. Ein zweiter latenter Faktor bringt eine kleine Verbesserung der Erklärung der Gesamtvariabilität. Wird ein dritter Faktor postuliert, gibt es wiederum eine kleine Verbesserung der Variabilitätsaufklärung. Und so geht es weiter. Die zusätzliche Erklärungskraft weiterer angenommener Faktoren wird immer und immer kleiner werden. Die Frage ist, wie viele Faktoren optimal sind mit Blick auf die Beschreibung der in die Analyse einbezogenen manifesten Variablen.

Drei Verfahren zur Prüfung, mit wie vielen Faktoren ein bestimmtes Set von manifesten Variablen optimal beschrieben werden kann, haben sich etabliert.

Erstens wird die Anzahl der latenten Faktoren anhand der Eigenwerte bestimmt, indem nur Faktoren mit Eigenwerten über 1 genommen werden (sog. *Kaiser-Kriterium*). Die Vorstellung dabei ist, dass Faktoren, die einen Eigenwert größer eins haben, mehr Variabilität erklären als eine einzelne der gemessenen Variablen. Ein zweites Verfahren interpretiert anhand einer Grafik (sog. Screeplot; X-Achse: Anzahl postulierter Faktoren, Y-Achse: Eigenwerte), wann das Hinzunehmen weiterer angenommener latenter Faktoren keinen wirklichen Zugewinn hinsichtlich der erklärten Variabilität mehr bringt (sog. *Cattells Methode*). Nur solche Faktoren, die einen visuell erkennbaren Zugewinn bedeuten, werden für die weitere Analyse genommen. Das dritte Verfahren ist ähnlich der Methode von Cattell; auch hier wird der Eigenwerteverlauf der empirischen Daten als Linie in einem Screeplot veranschaulicht. Jedoch wird dem Screeplot ein weiterer Graph hinzugefügt, der den Eigenwerteverlauf von vollständig unkorrelierten Zufallsvariablen repräsentiert. Genau genommen handelt es sich bei diesem Graph zumeist um das 90 %-Konfidenzintervall (vgl. zum Konfidenzintervall Abschnitt 3.2.3) der Eigenwerte für die unterschiedlichen Anzahlen von Faktoren aus 1.000 Zufalls-Datensätzen. Nur solche Faktoren werden als substanziell angesehen, die nicht im Bereich des 90 %-Konfidenzintervalls der Zufallsdatensätze fallen. Einfacher ausgedrückt: Nur Faktoren, deren jeweilige Erklärungskraft besser als der Zufall ist, werden für die weitere Analyse genutzt. Diese Methode nennt sich *Parallelanalyse* (selten auch als *Horns Methode* bezeichnet).

Publikationen, die eine Explorative Faktorenanalyse berichten, nutzen mit Sicherheit eine der drei Methoden zur Bestimmung der Anzahl der Faktoren. Die Methoden produzieren aber für ein und dieselben Daten teils unterschiedliche Ergebnisse. Nutzt man das Kaiser-Kriterium fällt die Anzahl der angenommenen Faktoren tendenziell eher hoch aus. Dies kann inhaltlich interessant sein, da aufgrund der größeren Zahl an Faktoren verschiedene Facetten des interessierenden Merkmals in den Blick kommen, die in weiteren Schritten analysiert werden können. Negativ ist, dass diese vielen Faktoren dazu tendieren eher instabil zu sein. Nimmt man eine manifeste Variable aus der Analyse heraus, ändern sich ggf. einige der Zuordnungen der Faktoren zu bestimmten manifesten Variablen.

Genau andersherum ist dies bei der Parallelanalyse der Fall. Die Parallelanalyse tendiert dazu, eher eine kleine Anzahl an Faktoren – und teils auch nur einen einzigen Faktor – nahezulegen. Auch wenn dies inhaltlich manchmal etwas undifferenziert erscheint, so ist der Vorteil, dass die wenigen Faktoren, die die Parallelanalyse nahelegt, dazu tendieren, besonders stabil zu sein. Wenn eine Variable wegfällt, erhält man dennoch mit höherer Wahrscheinlichkeit ein vergleichbares Ergebnis, was die statistische Zuordnung der Faktoren zu den manifesten Variablen angeht. Dies ist auch bei wiederholten Messungen nach einer gewissen Zeit wichtig, dass bestimmte manifeste Variablen dann noch von einem inhaltlich vergleichbar zu interpretierenden Faktor erklärt werden können (dazu mehr in den Abschnitten 3.3.6 und 3.3.7).

Cattells Methode findet sich – unter anderem durch den hohen visuellen und interpretativen Anteil bei der Festlegung der Anzahl der Faktoren – zwischen dem Kaiserkriterium und der Parallelanalyse.

In Publikationen findet sich die Explorative Faktorenanalyse häufig in Kombination mit der Überprüfung der der sogenannten internen Konsistenz der manifesten Variablen. Daher soll an dieser Stelle kurz hierauf eingegangen werden.

Die *interne Konsistenz* wird gängiger Weise mit dem Maß *Cronbachs Alpha* beschrieben. Inhaltlich beschreibt dieses Maß, inwiefern alle betrachteten manifesten Variablen, die von einem einzigen Faktor erklärt werden, miteinander korrelieren. Entsprechend sagt ein kleiner Wert, dass die einbezogenen Variablen nicht gut zusammenpassen – ein großer Wert besagt, dass die einbezogenen Variablen gut zusammenpassen. Auch wenn sich Forschende hier nicht ganz einig sind, liegt die Grenze, ob ein Wert für klein oder groß gehalten wird, im erziehungswissenschaftlichen Bereich häufig bei 0,7 (Engl.: .70). Größere Werte sind besser.

Beispiel 53

In Fischer, Kuhn, et al. (2011, S. 254) wurde das latente Merkmal soziale Verantwortungsübernahme mit verschiedenen manifesten Variablen zu drei Messzeitpunkten gemessen. In der Publikation findet sich in einer Tabelle der Hinweis „Reliabilitäten (Cronbach's Alpha) W1/W2/W3". Das heißt, es folgen die Werte für die interne Konsistenz der verschiedenen Variablen mit Bezug auf die soziale Verantwortungsübernahme und zwar differenziert für die Erhebungswelle 1 in 2005 (W1), die Welle 2 in 2007 (W2) und die Welle 3 in 2009 (W3). Offenbar hat die Skala „soziale Verantwortungsübernahme" folgende interne Konsistenzen in den unterschiedlichen Jahren: Datensatz aus dem Jahr 2005 = .72; Datensatz aus dem Jahr 2007 = .73; Datensatz aus dem Jahr 2009 = .74. All diese Werte liegen über .70, sodass wir annehmen können, dass die einzelnen Items hinreichend miteinander korreliert sind.

Das Beispiel zeigt, wie Cronbachs Alpha – nicht aber, wie eine explorative Faktorenanalyse – berichtet wird. Das liegt mitunter daran, dass in der zugrunde liegenden Studie die soziale Verantwortungsübernahme (sowie auch weitere latente Merkmale des Sozialverhaltens) mittels ganz spezifischer Items gemessen wurde. Es ist in diesem Fall nicht unbedingt nötig, die Faktoren zu explorieren, da es fundierte theoretische Überlegungen zur Faktorenstruktur gibt. Zur Anwendung müsste ein Verfahren kommen, das faktorenanalytisch prüft, ob die überlegte Struktur der Faktoren und manifesten Variablen auch mit den empirischen

Daten bestätigt (confirmatio aus dem Lateinischen: Bestätigung) werden kann: Dies wird mittels Konfirmatorischer Faktorenanalyse geprüft.

Das Modell der *Konfirmatorischen Faktorenanalyse* wird in Abbildung 26 (S. 143) auf der rechten Seite dargestellt. Man sieht deutlich illustriert, dass der Unterschied zur Explorativen Faktorenanalyse darin besteht, dass die Konfirmatorische Faktorenanalyse ein zuvor entwickeltes Modell spezifiziert und prüft. Die Faktoren sind jeweils nur mit ganz bestimmten manifesten Variablen verknüpft – und nicht, wie bei der EFA, mit allen.

Das Grundprinzip der Konfirmatorischen Faktorenanalyse haben wir bereits besprochen, als wir die Grundlagen der Faktorenanalyse kennengelernt haben (unter anderem in Abbildung 25, S. 138). Der Modellfit (wie in Abschnitt 3.3.2 besprochen) wird genutzt, um die Passung des Modells zu den Daten zu prüfen. Die einzelnen Koeffizienten, die die gerichtete Verbindung der Faktoren auf die manifesten Variablen darstellen, bieten Informationen darüber, wie gut einzelne Variablen zum jeweiligen Faktor passen.

Beispiel 54

Die Vorgehensweise soll am Beispiel der Publikation von Radisch et al. (2007) illustriert werden. Der Fokus liegt hier unter anderem auf der erstmaligen Analyse von zwölf neu entwickelten bzw. neu zusammengestellten Prozessqualitätsitems, die die Qualität der schulischen Ganztagsangebote aus Sicht der Schüler:innen abbilden sollte.

Zunächst wurde die Struktur der zwölf Items mittels Explorativer Faktorenanalyse sowie mittels Reliabilitätsanalyse (gemeint ist die Bestimmung der internen Konsistenz mittels Cronbachs Alpha) untersucht (Radisch et al., 2007, S. 237). Diese Schritte werden in der Publikation erwähnt, aber nicht weiter mit Blick auf die Details der Ergebnisse beschrieben. Herausgekommen ist, laut Radisch et al. (2007), dass die zwölf Items allesamt durch einen einzigen Faktor bestmöglich beschrieben werden können.

Diese unidimensionale Struktur der manifesten Items wurde daraufhin mittels Konfirmatorischer Faktorenanalyse überprüft. Das heißt, es wurde ein latenter Faktor f1 angenommen, der die manifesten Prozessqualität-Variablen allesamt erklärt. Die einzelnen Verbindungen des Faktors zu den manifesten Variablen – die sog. Faktorladungen – haben Werte von +.547 bis +.688.

Die Fit-Werte für eine gute Modellpassung (goodness of fit) liegen bei CFI: .956 und TLI: .944. Sie sind über .90 und damit mehr als akzeptabel. Die Fit-Werte mit Fokus auf eine nicht gegebene schlechte Modellpassung (badness of fit) liegen bei

RMSEA: .048 und bei SRMR: .031. Der RMSEA liegt unter .08 und der SRMR unter .10, was ebenfalls auf eine gute Passung hindeutet. Alle Fit-Werte zusammengenommen legen nahe, dass das Modell (sprich: dass all die Qualitätseinschätzungen durch ein gemeinsames latentes Merkmal beeinflusst werden), gut zu den Daten passt.

Die Autor:innen bestätigen, dass die Ergebnisse auf eine eindimensionale Gesamtstruktur der Items zur Prozessqualität hindeuten.

3.3.5 Strukturgleichungsmodelle

Faktorenanalysen eröffnen Einblicke in die latente Struktur manifester Variablen, indem latente Faktoren so spezifiziert werden, dass die in die Analyse einbezogenen manifesten Variablen bestmöglich erklärt werden. Fragestellungen der erziehungswissenschaftlichen Forschung haben aber praktisch nie oder nur sehr selten den alleinigen Fokus auf die latente Struktur der manifesten Variablen. Viel eher ist die Bildung bedeutsamer und passender latenter Faktoren ein Schritt hin zur eigentlichen, inhaltlichen Analyse.

Erweisen sich die latenten Faktoren als erklärungsmächtig mit Blick auf bestimmte manifeste Variablen, gibt es zwei Möglichkeiten in der Analyse weiter voranzuschreiten. Eine Möglichkeit ist, die zusammengehörenden manifesten Variablen zusammenzurechnen und somit eine neue Variable im Datensatz zu speichern, die die Werte für das latente Merkmal enthält. Dies wird entweder ganz schlicht und einfach so gemacht, dass – die aufgrund der Faktorenanalyse offenbar zusammengehörenden – Variablen mit Blick auf ihre Werte zusammengerechnet werden. Es entsteht ein Summenscore (der manchmal auch durch die Anzahl der einbezogenen Variablen geteilt wird), der den Wert des latenten Merkmals repräsentiert (wir sind im Abschnitt 3.3.3 hierauf schon einmal kurz eingegangen – auch darauf, dass dies ggf. nicht die beste Methode ist). Diese Vorgehensweise ist sehr verbreitet. Auch kann eine manifeste Variable gebildet werden, die die Werte des latenten Merkmals enthält, indem man den Computer im Rahmen der Faktorenanalyse die einzelnen Faktorwerte für jedes Individuum schätzen und in einer neuen manifesten Variablen speichern lässt.

Eine andere Möglichkeit, um mit einem im Rahmen der Konfirmatorischen Faktorenanalyse spezifizierten latenten Faktor in weiteren Analysen zu rechnen, ist, schlichtweg diesen Faktor (oder diese Faktoren) als normale Variable anzusehen und weitere Variablen – die diesen Faktor erklären und/oder die Variablen, die von diesem Faktor erklärt werden – in einem erweiterten Gesamtmodell zu spezifizieren. Dies nennt sich Strukturgleichungsmodell.

Typisch an *Strukturgleichungsmodellen* ist, dass sie aus dem Messmodell und dem Strukturmodell zusammengesetzt sind (vgl. Abbildung 27). Das sogenannte Messmodell beschreibt die Teile des Gesamtmodells, in denen die latenten Variablen mit den manifesten Variablen verknüpft werden. Die latenten Variablen sind dadurch messfehlerbereinigte Repräsentanten der interessierenden Merkmale (wie wir es in Abschnitt 3.3.3 besprochen haben).

Abbildung 27. Einfaches Strukturgleichungsmodell (SEM)

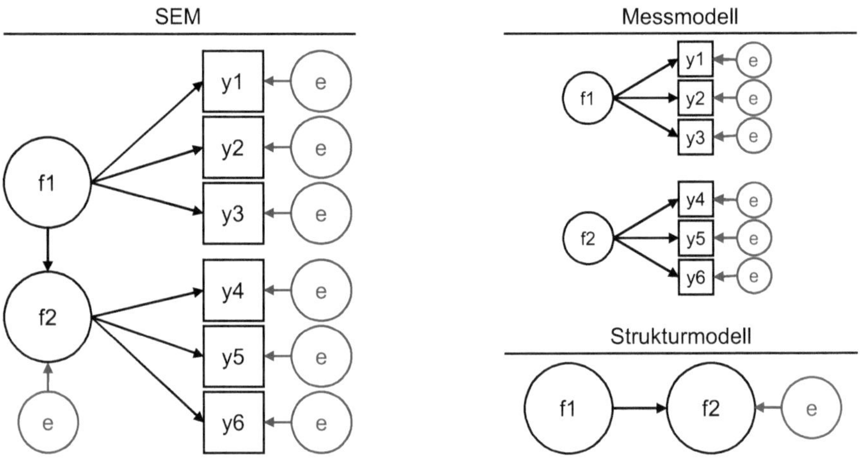

Quelle: Eigene Darstellung

Das Strukturmodell enthält die gerichteten Verbindungen der latenten Variablen untereinander. Hier ist auch der Unterschied zur Konfirmatorischen Faktorenanalyse (CFA in Abbildung 26) zu sehen: Zwar gibt es in der Konfirmatorischen Faktorenanalyse ein Messmodell – nämlich, dass der latente Faktor f1 beispielsweise die manifesten Variablen y1, y2 und y3 erklärt und dass beispielsweise der Faktor f2 die manifesten Variablen y4, y5 und y6 erklärt –, aber die Verbindungen der latenten Variablen untereinander sind nicht gerichtet (rechts in Abbildung 26; symbolisiert durch die Linie ohne Pfeilspitze zwischen f1 und f2).

Das Strukturmodell kann weitaus mehr als zwei Faktoren enthalten. Mitunter sind Strukturgleichungsmodelle groß und komplex – daher werden sie oft in Form von Kästen, Kreisen und Pfeilen veranschaulicht; ganz ähnlich, wie wir es hier in diesem Buch gelernt haben.

Bei der Interpretation von Strukturgleichungsmodellen ist – ähnlich wie bei der Analyse der Konfirmatorischen Faktorenanalyse – so vorzugehen, dass zunächst der Modell-Fit besonders interessiert. Die Frage hierbei ist, ob das Gesamtmodell überhaupt zu den Daten passt. Da wir uns vor allem für die inhaltliche Interpretation interessieren, werden wir daraufhin dann einen Blick auf die gerichteten Verbindungen zwischen den latenten Variablen werfen – sprich: auf die Verbindungen im Strukturmodell. Diese haben Koeffizienten und Signifikanzangaben, wie wir es bereits von anderen Analysen gewohnt sind. Die Koeffizienten der Verbindungen liefern uns die relevanten Informationen zur Interpretation der Ergebnisse sowie zur Beantwortung der Forschungsfrage.

Beispiel 55

Ein Beispiel soll dies illustrieren. In der Publikation von Kuhn et al. (2016) wird unter anderem der Frage nachgegangen, inwiefern Mitbestimmungsmöglichkeiten in schulischen Ganztagsangeboten das Sozialverhalten (speziell: die schulbezogene soziale Verantwortungsübernahme) beeinflusst.

Dieses Beispiel ist zunächst einmal insofern interessant, als dass sich in Beispiel 54 die Qualität der schulischen Ganztagsangebote aus Sicht der Schüler:innen als unidimensional erwiesen hat. Möglichkeiten zur Mitbestimmung sind ein Teil der genannten Qualitätseinschätzung. Sofern es theoretisch fundierte Gründe gibt, scheint es durchaus auch möglich und sinnvoll zu sein, sich bestimmte Teile einer Gesamtskala noch einmal genauer anzusehen.

Nun zum Messmodell: Die Mitbestimmung wurde als latente Variable modelliert, die die Werte auf zwei manifesten Variablen beeinflusst. Die soziale Verantwortungsübernahme wurde ebenfalls als latente Variable modelliert, und zwar mit Blick auf ihren Einfluss auf fünf manifeste Variablen. Beide latenten Variablen wurden in dieser Weise zu drei Messzeitpunkten modelliert.

Das Strukturmodell wird von Kuhn et al. (2016) daraufhin so spezifiziert, dass die beiden latenten Variablen zum ersten Messzeitpunkt die beiden latenten Variablen zum zweiten Messzeitpunkt und diese wiederum die latenten Variablen zum dritten Messzeitpunkt erklären.

Die Modellgüte (goodness of fit) scheint mit einem CFI: .97 und TLI: .96 (beide über .90) durchaus gegeben, während eine schlechte Modellpassung (badness of fit) mit einem RMSEA: .02 und einem SRMR: .03 nicht vorzuliegen scheint. Alle vier Maße deuten darauf hin, dass das Modell gut zu den Daten passt.

Die gerichtete Verbindung der Mitbestimmung zu Messzeitpunkt 1 auf die Verantwortungsübernahme zu Messzeitpunkt 2 liegt bei +.14***. Höhere Mitbestimmungsmöglichkeiten in schulischen Ganztagsangeboten scheinen also mit positiverer Verantwortungsübernahme einherzugehen (es handelt sich hier um eine längsschnittliche Modellierung, auf die wir später nochmal genauer zu sprechen kommen).

Ein letzter Punkt zu den latenten Modellen sei an dieser Stelle noch hinzugefügt. In Abschnitt 2.1 hatten wir gesehen, dass Stichproben aus Individuen bestehen, die in Klassen, in Schulen, Stadtteilen, Städten, Landkreisen, Bundesländern, usw. eingebettet sind. Individuen innerhalb einer Klasse, einer Schule, etc. haben mit Blick auf bestimmte Merkmale eine gewisse Variabilität – ggf. sind sich Individuen in einer Klasse, einer Schule, etc. aber ähnlicher im Vergleich zu anderen Klassen, Schulen, etc. Falls dies so ist, wäre dies für die statistische Auswertung ein Problem, denn sie geht davon aus, dass alle Individuen unabhängig voneinander sind.

Um mit diesem Problem umzugehen, sind verschiedene Ansätze entwickelt worden. Ein Ansatz, der in Publikationen, in denen mit dem Statistikprogramm M*plus* gearbeitet wurde, zu finden ist, ist, bei der Modellberechnung die ggf. vorhandene Verschachtelung der Daten zu beachten. Der Befehl hierzu lautet „type=complex" und dies wird teilweise in Publikationen entsprechend berichtet.

Eine noch explizitere Methode, die verschiedenen Ebenen zu beachten, ist, das gesamte Modell zwei Mal zu spezifizieren: Einmal auf Ebene der einzelnen Individuen, wofür der Datensatz, wie er ist, herangezogen wird. Und einmal auf nächst höherer Ebene – häufig ist dies in der erziehungswissenschaftlichen Forschung die Ebene der Schule. Möglich wäre aber auch die Ebene der Lerngruppe oder der Klasse.

Auf Ebene der Schule wird dann nicht mit den einzelnen Werten pro Individuum gerechnet, sondern mit den zusammengefassten Daten (sog. *aggregierten Daten*) der interessierenden Merkmale pro Schule. Grundsätzlich nennt sich dies *Mehrebenenanalyse* (Engl. *multilevel modeling* oder auch *hierarchical linear modeling, HLM*); wobei dieser Ansatz auch mit den genannten Strukturgleichungsmodellen kombiniert werden kann. Vorteil dieser Herangehensweise ist, dass die Variabilität und die Effekte getrennt für die Individual-, die Klassen- und beispielsweise die Schulebene identifiziert werden können.

Einen Hinweis, dass eine Analyse auf mehreren Ebenen durchgeführt werden sollten, liefert die sog. Intraklassenkorrelation (ICC; Engl. intraclass correlation). Dies ist ein Maß dafür, inwiefern der Anteil der Gesamtvariabilität bestimmter Merkmale auf die Zugehörigkeit der Individuen zu bestimmten Gruppen (Klasse, Schule, etc.) zurückzuführen ist. ICC-Werte werden in Publikationen häufig zwischen 0 und 1 angegeben, wobei 0 bedeutet, dass die Gruppenzugehörigkeit egal ist, während 1 bedeutet, dass die gesamte Variabilität auf die Gruppenzugehörigkeit zurückführbar ist. Allgemein – auch wenn Forschende sich hierbei nicht ganz einig sind – wird davon ausgegangen, dass ein ICC-Wert über 0,05 darauf hindeuten kann, dass Mehrebenenanalysen notwendig sein könnten. Hinzugenommen werden noch theoretische Überlegungen, ob die Analyse auf verschiedenen Ebenen mit Blick auf die Fragestellung sinnvoll sein könnte.

3.3.6 Konzept der Veränderung

Der Gegenstandsbereich der Erziehungswissenschaft erstreckt sich über verschiedene Bereiche, die von der Kindheit bis ins Erwachsenenalter reichen. Es werden Bildungsprozesse untersucht, bei denen Wissenserwerb, kognitive Entwicklung und Dynamiken der sozialen Integration eine entscheidende Rolle spielen. Bei der Erforschung von Lernumgebungen, Lehrmethoden, Schul- bzw. Bildungssystemen und Bildungspolitik geht es uns um die Prozesse der Wissensvermittlung und Persönlichkeitsentwicklung. Lebenslange Lernprozesse in formalen und informellen Bildungsbereichen interessieren uns ebenso. Es liegt also auf der Hand, dass wir im Großen und Ganzen speziell an Veränderungen, Prozessen, Dynamiken und Wirkungen interessiert sind.

Mit den Methoden, die wir bis hierhin kennengelernt haben, können wir bereits sehr gut verstehen, wie bestimmte Merkmale der empirischen Welt in die Welt der Zahlen transferiert werden, um bestimmte Muster und Auffälligkeiten besser sehen zu können. Das hilft uns, die empirische Welt in etwas anderem Lichte zu betrachten. Hierbei fehlt uns bislang aber diese wichtige Perspektive auf die Veränderung und Wirkung, da wir uns bislang auf die Analyse einer Momentaufnahme konzentriert haben. Wir haben bislang noch nicht kennengelernt, wie Veränderungen, Entwicklungen und Wirkungen in der empirisch-quantitativen Forschung modelliert werden.

Wir werden uns zunächst mit konzeptionellen Überlegungen zur Veränderung und Entwicklung auseinandersetzen. Dann lernen wir kennen, wie die Veränderung einer interessierenden Variablen modelliert wird (Abschnitt 3.3.7). Anschließend blicken wir darauf, wie erklärende Variablen in Längsschnittmodellen eingesetzt werden können (Abschnitt 3.3.8).

Im Grunde wird bei all dem stets angenommen, dass wir Personen individuell nachverfolgen und die interessierenden Merkmale bei ihnen mehr als nur einmal messen (Panel; vgl. dazu Abschnitt 2.2.3). Individuen sind in den meisten Fällen tatsächlich Schüler:innen, oder beispielsweise Pädagog:innen. Seltener können dies auch beispielsweise Schulen sein, an denen über die Zeit mehr als einmal Daten erhoben wurden und die Analysen beziehen sich dann auf die Veränderungen auf organisationaler Ebene der Schulen (sog. Schulpanel).

Am Anfang der längsschnittlichen Modellierung steht, theoretische Überlegungen anzustellen, inwiefern überhaupt Veränderungen erwartbar sind. Merkmale, die unabhängig von der Zeit sind – die also über die Zeit hinweg stabil sind – werden als *zeitinvariant* bezeichnet. Zeitinvariante Merkmale ändern sich über die Zeit nicht. Daher reicht es, diese nur einmal zu erheben. Merkmale, die sich über die Zeit verändern, heißen *zeitvariant*. Bei zeitvarianten Merkmalen ist davon auszugehen, dass sie sich im Laufe der Zeit verändern. Daher ist es nötig, diese Veränderung durch wiederholte Messungen und entsprechende Analysen abzubilden.

Beispiel 56

Dies schauen wir uns am besten an zwei Beispielen an. Häufig wird der Migrationshintergrund anhand von Geburtsorten der Befragten, der Eltern und/oder der Großeltern erfasst. In Fischer, Brümmer, et al. (2011) beispielsweise wurde der Migrationshintergrund als gegeben angesehen, wenn mindestens ein Elternteil im Ausland geboren wurde (Wert 1). War dies nicht der Fall, lag auch kein Migrationshintergrund vor (Wert 0). Ob eine Schüler:in einen Migrationshintergrund hat, ändert sich entsprechend nicht über die Zeit (zumindest dann nicht, wenn es um die leiblichen Eltern geht und nicht etwa um die erwachsene(n) Person(en), die mit im Haushalt leben). Das Merkmal Migrationshintergrund – in dieser Operationalisierung – ist also zeitinvariant.

Zu den zeitvarianten Merkmalen zählt beispielsweise die Bewertung der schulischen Ganztagsangebote durch die Schüler:innen. Hier kann es sein, dass die Schüler:innen die Angebote zu einem Zeitpunkt gut finden, zwei Jahre später aber ganz und gar nicht. „Dies liegt schon alleine darin begründet, dass die Schülerinnen und Schüler über den gesamten Erhebungszeitraum [in diesem Fall: 2005, 2007 und 2009] unterschiedliche Angebote besuchen und diese entsprechend beurteilen“ (Fischer, Brümmer, et al., 2011, S. 241).

Sofern ein Merkmal für zeitvariant gehalten wird, stellen sich weitere Fragen. Zunächst einmal ist wichtig zu klären, ob sich die betreffende *Veränderung graduell oder in Stufen* vollzieht. Graduell meint, dass ein Merkmal über einen bestimmten Zeitraum kontinuierlich immer stärker (oder schwächer) ausgeprägt ist. Manche Entwicklungen stagnieren ggf. über gewisse Zeiträume und in kurzer Zeit ergeben sich dann regelrechte Sprünge in der Entwicklung. In diesem Fall spricht man von stufenweiser Entwicklung.

Für die Modellierung ist diese Klärung wichtig, da die entsprechende Entwicklung bestimmter Merkmale in der empirischen Welt von der Welt der Zahlen nicht diktiert wird. Vielmehr muss die Forscher:in eine klare Vorstellung von der Art der Entwicklung haben und auch in der Publikation vermitteln, damit das Modell in der Welt der Zahlen korrekt spezifiziert werden kann. Insbesondere bei graduellen Veränderungen ist zudem theoretisch zu klären, wie genau das Wachstum aussieht; ob es *linear* oder beispielsweise *exponentiell* ist.

Damit hängt unmittelbar zusammen, wie die Studie und die Analyse aufgebaut sind. Stellen wir uns vor, wir wollten eine lineare Entwicklung (sprich: die Werte bzgl. des Merkmals steigen oder fallen über die Zeit kontinuierlich und immer gleich) messen, dann könnten wir dies mit Messungen zu zwei Messzeitpunkten tun. Man könnte schlichtweg die Ergebnisse des Messzeitpunkts t1 von den Ergebnissen zu Messzeitpunkt t2 abziehen, und hätte somit Werte für die Veränderung im betrachteten Zeitraum. Allerdings passt die Verbindung der Werte zu Zeitpunkt 1 und 2 mit einer Geraden (was eine lineare Entwicklung widerspiegelt) praktisch immer. Mit anderen Worten: Ob die Entwicklung, die sich in den Daten abzeichnet, wirklich linear ist, lässt sich mit zwei Messzeitpunkten nicht prüfen.

Um die Frage zu beantworten, ob das lineare Modell wirklich passt, müsste mindestens ein dritter Messzeitpunkt hinzugenommen werden. Bei drei Messzeitpunkten oder mehr zeigt sich, ob die drei Messungen im Zeitverlauf wirklich auf einer Geraden liegen, oder nicht.

Mitunter kann mit Blick auf bestimmte Merkmale auch davon ausgegangen werden, dass die Entwicklungen keiner mathematischen Funktion (weder graduell noch stufenweise) folgen. Hier spricht man von *dynamischen Veränderungen* und meint damit, dass sich Veränderungen auf der Zeitachse nicht in vorhersagbarer Weise entfalten, sondern dass die Situation (sprich: der jeweilige Messzeitpunkt) in Kombination mit der jüngsten Vergangenheit (sprich: der vorige Messzeitpunkt) die Ausprägung auf dem jeweiligen Merkmal erklären können. Hierbei gilt aber ebenfalls, dass mit zwei Messzeitpunkten nicht geprüft werden kann, ob eine Veränderung wirklich dynamisch ist. Hierfür bräuchte es mehr als zwei Messzeitpunkte.

Pointiert kann man formulieren, dass mit zwei Messzeitpunkten die Entwicklungsrichtung und -stärke analysiert werden kann. Mit drei und mehr Messzeitpunkten kann zudem die Form der Entwicklung (beispielsweise ob sie linear ist) geprüft werden.

Neben der Form der Veränderung – mit der die Anzahl der Messzeitpunkte einhergeht – spielt auch eine Rolle, in welchen Zeiträumen Veränderungen erwartet werden. Diese Überlegungen basieren ebenfalls maßgeblich auf theoretischen Erwägungen. Genauer gesagt könnten sich einerseits Entwicklungen über Jahre hinweg entfalten. Andererseits sind auch Entwicklungen denkbar, die innerhalb von Monaten oder Wochen merklich sind. Ggf. geht es aber auch um sehr eng getaktete Veränderungen im Tages- oder Wochenverlauf. Das Forschungsdesign muss diese Veränderungsvorstellung abbilden, indem die Zeiträume zwischen den einzelnen Messzeitpunkten angemessen gewählt werden.

Mit Blick auf die Umsetzung empirischer Studien kann sich ggf. aber ein Dilemma ergeben. Sind längere Zeiträume im Blick, so wird es teils zunehmend schwieriger die Individuen auch tatsächlich wieder aufzufinden (insbesondere wenn ein Übergang in eine weiterführende Schule oder der Übergang ins Studium/in den Beruf stattgefunden hat). Sind besonders kurze Zeiträume – ggf. sogar in Form des Erlebens und Verhaltens im Tagesverlauf – im Interesse der Forscher:in, dann kann dies ggf. an die Grenzen des für die Individuen Zumutbaren stoßen, da ihr Alltag durch die vielen Befragungen ggf. erheblich gestört wird.

Dass Überlegungen und Reflexionen zur zeitlichen Dimension wichtig sind, sehen wir besonders, wenn wir die zeitvarianten Merkmale noch einmal genauer in den Blick nehmen. So können sich nämlich bestimmte Fragen auf das Hier und Jetzt der jeweiligen Befragung beziehen. Hierzu zählen insbesondere Bewertungen der Situation oder beispielsweise der pädagogischen Settings. Andere Fragen können sich aber auch rückwärtsgerichtet auf frühere Zeiträume vor der Befragung beziehen. Dies können Ereignisse und Zeiträume sein, die zeitlich kurz vor der Datenerhebung stattgefunden haben – sie können teils aber auch länger zurückliegen. Wir sollten uns die Zeitachse, auf der sich die erfassten Merkmale in der empirischen Welt entfalten, vorstellen können, um sie richtig zu interpretieren. Ggf. muss man sich mit einer Skizze der zeitlichen Abfolge behelfen.

Beispiel 57

Die zeitliche Abfolge lässt sich gut anhand der Publikation von Fischer et al. (2009) illustrieren. Die Autor:innen beziehen in ihrer Analyse zwei Messzeitpunkte ein, die jeweils im zweiten Halbjahr der Schuljahre 2004/05 und 2006/07 liegen. Gemessen wird unter anderem die Teilnahme an Ganztagsangeboten. Die Frage „Besuchst du die Ganztagsangebote an deiner Schule?“ bezieht sich jeweils auf das Halbjahr der Befragung.

Zudem interessieren sich Fischer et al. (2009) aber unter anderem auch für die Noten in Deutsch und Mathematik. Dies wurde so erfragt: „Welche Note hattest du im letzten Zeugnis in den folgenden Fächern? […]“. Erfragt wurde eine Information, die für die befragten Schüler:innen zeitlich in der Vergangenheit lag, nämlich der Zeitpunkt der Halbjahreszeugnisausgabe. Die Note wird allerdings „als Maß der schulischen Performanz“ (Fischer et al., 2009, S. 152) genutzt. Die Note bezieht sich auf die schulische Performanz im vorigen Schulhalbjahr. Das heißt, mit der Frage nach der letzten Zeugnisnote erfasst man nicht die schulische Performanz im Halbjahr der Befragung, sondern im vorigen Schulhalbjahr.

Dass die retrospektive Befragung zeitlich noch viel weiter zurück reichen kann, zeigt das Beispiel von Arnoldt et al. (2016). In dieser Publikation werden Ergebnisse einer Datenerhebung von Schüler:innen in der 9. und 10. Klasse berichtet. Da herausgefunden werden sollte, inwiefern die Teilnahme an Ganztagsangeboten über Jahre hinweg den weiteren Bildungsweg nach der 9./10. Klasse beeinflusst, wurden die Schüler:innen gebeten, all ihre Aktivitäten innerhalb und außerhalb der Schule – die nicht Unterricht sind – seit der 5. Klasse zu notieren (vgl. methodische Details in Furthmüller, 2016). Zeitlich gesehen liegen also die erfragten empirischen Ereignisse viele Jahre zurück.

Die zeitliche Dimension der Merkmale ist insbesondere dann wichtig, wenn es um die Interpretation von Effekten als *Wirkungen* geht. Wirkungen empirisch zu isolieren und abzusichern ist nicht einfach. Unter Forscher:innen herrscht Uneinigkeit über die Details der Erforschung von *Kausalität*. Dennoch lässt sich festhalten, dass es zwischen Ursache und Wirkung (1) einen identifizierbaren Zusammenhang geben muss, dass (2) die Ursache zeitlich vor der Wirkung auftreten muss und dass (3) Alternativerklärungen überzeugend ausgeschlossen werden können. Im zweiten Punkt (und teils auch im dritten) liegt die Notwendigkeit begründet, die zeitliche Abfolge der gemessenen Merkmale sehr genau zu reflektieren.

Wir wollen nun noch kurz auf einige Herausforderungen von Modellen der Veränderung und Wirkung eingehen. Eine besondere Herausforderung sind fehlende Werte in den Daten. Wir hatten in Abschnitt 2.3.2 bereits gesehen, dass Missings ein Problem darstellen, mit dem man aktiv in Studien umgehen muss. Nun ist es aber so, dass pro Messzeitpunkt mit fehlenden (oder unplausiblen) Werten zu rechnen ist. In der Summe kumuliert sich das Problem also. Durch die Kombinationen von einzelnen fehlenden Werten und einzelnen fehlenden Individuen über die Messzeitpunkte hinweg, können insgesamt gesehen in längsschnittlichen Panelstudien nicht unerhebliche Anteile an empirischen Daten fehlen. Die Optionen, mit Missings umzugehen, haben wir in Abschnitt 2.3.2 bereits kennengelernt. Sie sind bei längsschnittlichen Paneldesigns aber besonders wichtig.

Für die Modellierung der Veränderung ist es eine entscheidende Voraussetzung, dass dieselben Merkmale zu unterschiedlichen Zeitpunkten gut gemessen wurden. Dabei stellen sich verschiedene Herausforderungen ein. Eine davon ist, dass nicht alle Messinstrumente sinnvoll mehrfach eingesetzt werden können. Nehmen wir beispielsweise einen Leistungstest im Lesen: Sofern exakt derselbe Test mehrfach in kurzen Zeitabständen eingesetzt werden soll, lernen die Schüler:innen diesen Test immer besser kennen – nicht (nur) ihre Leistung verbessert sich, sondern größtenteils ihre bloße Kenntnis des Messinstruments.

Wird der Leistungstest im Lesen hingegen mit einem besonders großen Zeitabstand eingesetzt, kann es passieren, dass er die Leistungsniveaus der guten Leser:innen gar nicht mehr erfassen kann, da die Schüler:innen aus dem vom Test abgedeckten Kompetenzkontinuum herausgewachsen sind (sog. *Deckeneffekt*). In der Forschungspraxis gibt es unterschiedliche Lösungsvorschläge hierzu, die uns im Detail hier gar nicht so sehr interessieren. Wir achten aber auf diesen Punkt, wenn wir Publikationen lesen.

Eine andere Herausforderung betrifft ebenfalls die Messung zu verschiedenen Zeitpunkten. Die Frage ist, inwiefern wir davon ausgehen können, dass die Messung zu den unterschiedlichen Messzeitpunkten vergleichbar ist. In Abschnitt 3.3.4 hatten wir bei der Bestimmung der Anzahl der Faktoren bereits erwähnt, dass es in längsschnittlichen Studien besonders wichtig ist, dass die Faktoren stabil sind. Gemeint ist, dass ein bestimmtes Set an manifesten Variablen von einem bestimmten Faktor erklärt wird und dass dies zu einem anderen Messzeitpunkt in gleicher Form der Fall sein muss. Die Bedeutung der manifesten Variablen relativ zum latenten Faktor darf sich über die Zeit nicht ändern. Falls sie dies doch tut, dann können wir nicht davon ausgehen, dass die Messung wiederholbar war, und dann können wir letztlich auch nicht davon ausgehen, das Merkmal sinnvoll und vergleichbar zu mehr als einem Messzeitpunkt erfasst zu haben. Die Messung selbst muss also über die Zeit stabil sein und darf nicht variieren: Dies bezeichnet man auch als *Messinvarianz*. Messinvarianz ist eine Voraussetzung, die gegeben sein muss, damit Veränderungen auf den latenten Variablen interpretiert werden dürfen.

Um das Konzept der Messinvarianz verstehen zu können, müssen wir uns vergegenwärtigen, wie die längsschnittliche, latente Modellierung vonstatten geht. Da das interessierende Merkmal zu unterschiedlichen Messzeitpunkten modelliert wird, sieht das Gesamtmodell so aus, wie bei der Konfirmatorischen Faktorenanalyse (rechts in Abbildung 26, S. 143); nur mit dem Unterschied, dass die Faktoren nicht unterschiedliche Merkmale repräsentieren, sondern das gleiche Merkmal zu unterschiedlichen Zeitpunkten. Und die latenten Faktoren erklären jeweils die gleichen manifesten Variablen, nur zu unterschiedlichen Messzeitpunkten.

Um die Frage zu beantworten, ob die Messung zu den unterschiedlichen Zeitpunkten gleich ist, werden die gerichteten Verbindungen zwischen den Faktoren und den manifesten Variablen untersucht. Wenn die Messungen zu zwei Zeitpunkten vergleichbar wären, dann müssten die gerichteten Verbindungen zwischen dem Faktor und den manifesten Variablen zu beiden Messzeitpunkten gleich sein.

Genauer: Die gerichtete Verbindung zwischen dem Faktor f zum ersten Messzeitpunkt (t1) und dem ersten manifesten Merkmal y1 zu t1 muss vergleichbar sein mit der gerichteten Verbindung zwischen dem Faktor f zum zweiten Messzeitpunkt (t2) und dem ersten manifesten Merkmal y1 zu t2 (das heißt: „f(t1) ➔ y1(t1)" = „f(t2) ➔ y1(t2)"). Gleiches gilt für die weiteren manifesten Variablen; beispielsweise muss die Verbindung zwischen f zu t1 und y2 zu t1 gleich sein zur Verbindung zwischen f zu t2 und y2 zu t2. Wir wissen für gerichtete Verbindungen, dass es sich um Regressionen handelt; daher wissen wir auch, was „vergleichbar" bedeutet: Nämlich, dass der Achsenabschnitt und die Steigung gleich sein sollten.

Ist dies für alle Verbindungen gegeben, sprechen Forscher:innen auch von *starker faktorieller Invarianz*. Dieses Maß an Messinvarianz ist nötig, um Veränderungen sinnvoll interpretieren zu können. Schwächere Formen der Messinvarianz sind beispielsweise die schwache faktorielle Invarianz und die konfigurale Invarianz – beide sind im Normalfall nicht ausreichend, um als Beleg für eine vergleichbare Messung dienen zu können.

3.3.7 Modellierung der Veränderung

Wir haben im vorigen Abschnitt gesehen, dass es wichtig ist, theoretische Argumente für Veränderungen bestimmter Merkmale anzuführen. Auch Herausforderungen beim Messen zu verschiedenen Zeitpunkten sind uns nun im Prinzip bekannt. Die konkrete Modellierung – genauer: das spezifische Arrangement der Variablen, um in Analysen die Veränderungen der Merkmale abbilden zu können – ist Thema dieses Abschnitts.

Auch wenn es unterschiedliche Herangehensweisen gibt: Das Ziel ist stets, die einzelnen latenten und manifesten Variablen so zu arrangieren, dass die Veränderung sichtbar wird und dass sie in weiteren Analysen genutzt werden kann. Genauer gesagt wird die den Variablen zu unterschiedlichen Messzeitpunkten gemeinsame Variabilität extrahiert, sodass nur die Variabilität der Veränderung übrigbleibt. In der Überzeugung, dass die messfehlerbereinigte Modellierung (vgl. Abschnitt 3.3.3) entscheidende Vorteile bietet, werden die Veränderungsmodelle im Folgenden mit latenter Modellierung dargestellt. Es spricht aber im Grundsatz nichts gegen eine Modellierung in identischer Form mit manifesten Variablen (vgl. dazu Abschnitt 3.3.2; speziell auch Beispiel 50, S. 134).

Mit großem Abstand das verbreitetste Modell zur Modellierung der Veränderung eines Merkmals ist die sog. *Autoregression* (griech. autos, dt. selbst; sprich: Regression auf sich selbst). In Abbildung 28 ist ein autoregressives Modell dargestellt. Das meint, dass eine Variable zu einem bestimmten Zeitpunkt durch die gleiche Variable zum vorigen Zeitpunkt erklärt wird. Die Faktoren repräsentieren das Merkmal zum ersten (f(t1)), zweiten (f(t2)) und dritten Zeitpunkt (f(t3)). Die Anzahl der Messzeitpunkte können durchaus variieren: Das autoregressive Modell funktioniert mit zwei und mehr Messzeitpunkten.

Um das Modell zu durchschauen, blicken wir zunächst nur auf die ersten zwei Messzeitpunkte: Hier erklärt der Faktor f(t1) den gleichen Faktor zum nächsten Messzeitpunkt f(t2). Da es sich um Repräsentanten desselben Merkmals zu unterschiedlichen Zeitpunkten handelt, ist anzunehmen, dass viel Variabilität auf f(t2) durch f(t1) erklärt werden kann. Im Faktor f(t2) bleibt somit – in Form der latenten Residualvarianz (eingezeichnet als „e“) – eine gewisse Variabilität übrig. Sie repräsentiert die Variabilität des Faktors f(t2) nach Abzug der gemeinsamen Variabilität mit f(t1). Dies wird in Publikationen gerne so formuliert, dass die interessierende Variable zum vorigen Messzeitpunkt kontrolliert wurde. Gemeint ist: Der Faktor f(t2) enthält im Residuum die Veränderung von t1 zu t2.

Abbildung 28. Autoregressives Modell

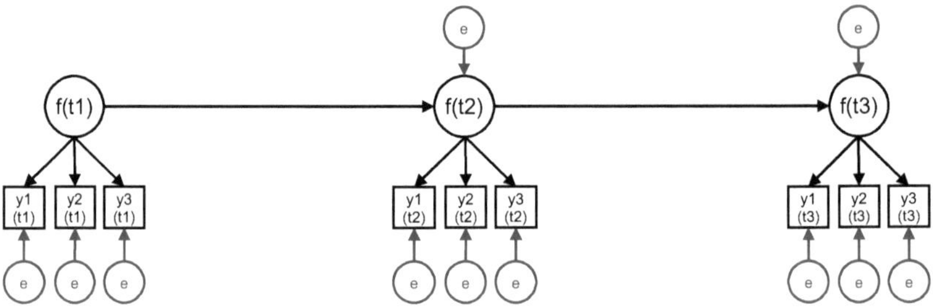

Quelle: Eigene Darstellung

Beispiel 58

Da dieses Prinzip sehr wichtig für das Verständnis der Veränderungsmodellierung ist, festigen wir es durch ein Beispiel. Die Publikation von Arnoldt (2021) hatten wir bereits in Beispiel 44 (S. 117) angeführt. Dort fokussierten wir das prosoziale Verhalten und haben gesehen, dass das prosoziale Verhalten zum ersten Messzeitpunkt das prosoziale Verhalten zum zweiten Messzeitpunkt zu 28 Prozent vorhersagen konnte (Arnoldt, 2021, S. 68).

An anderer Stelle geht es in der Publikation zudem um die Mathematiknote (Arnoldt, 2021, S. 67). Die Analyse geht so, dass hier ebenfalls die Mathenote zum ersten Messzeitpunkt die Mathenote zum zweiten Messzeitpunkt erklärt. Gemäß korrigiertem R^2 wird somit 40 Prozent der Variabilität der Mathematiknote zum zweiten Messzeitpunkt erklärt.

In beiden Modellen werden daraufhin weitere Variablen einbezogen, die das prosoziale Verhalten oder aber die Mathematiknote jeweils zum zweiten Messzeitpunkt – kontrolliert nach dem jeweiligen ersten Messzeitpunkt – erklären sollen.

> Wir verstehen erst jetzt die Bedeutung dieser Modellierung: Durch die Autoregression wird die interessierende Variable als Veränderung von Messzeitpunkt 1 zu 2 interpretiert. In der interessierenden Variable zu t2 bleibt – nach Kontrolle des vorhergehenden Messzeitpunkts – nur noch die Variabilität der Veränderung von t1 zu t2 übrig. Beispielsweise wird durch die Autoregression des prosozialen Verhaltens zum ersten Messzeitpunkt auf das prosoziale Verhalten zum zweiten Messzeitpunkt die Veränderung des prosozialen Verhaltens von t1 zu t2 modelliert.
>
> Interessiert uns nun beispielweise, ob Schüler:innen, die im Ganztagsbetrieb angemeldet sind, sich positiver hinsichtlich des prosozialen Verhaltens (von t1 zu t2) entwickeln, so lässt sich dies aufgrund der längsschnittlichen Modellierung analysieren (Arnoldt, 2021, S. 68).

In Abbildung 28 ist das autoregressive Modell als ein Modell mit drei Messzeitpunkten dargestellt. Hier ist die Interpretation nicht viel anders als im Falle von zwei Messzeitpunkten: Wir würden starke Regressionskoeffizienten zwischen den Variablen f(t1)➔f(t2) sowie f(t2)➔f(t3) erwarten. Und wir würden erwarten, dass die Erklärungskraft R^2 mit Blick auf f(t2) und f(t3) recht groß ist. Die autoregressive Kette ist im Prinzip weiterführbar, auch mit deutlich mehr als drei Messzeitpunkten.

Wenn man sich in Abbildung 28 einmal genauer überlegt, wo die Information der Veränderung eigentlich liegt, so wird deutlich, dass die Veränderung durch die jeweils übrigbleibende Variabilität – sprich: die latenten Residualvarianzen – repräsentiert wird. Das hat den Vorteil, dass dynamische Entwicklungsverläufe problemlos auf diese Weise modelliert werden können – praktisch gänzlich unabhängig davon, welchen Verlauf die Veränderungen nehmen. Es hat aber den Nachteil, dass es nicht den *einen* „Ort“ gibt, wo die Veränderung „liegt“ – daher kann die Veränderung nicht so leicht in weiteren Analysen genutzt werden (auf diesen Punkt kommen wir in Abschnitt 3.3.8 noch einmal zu sprechen). Damit verbunden ist, dass die Veränderung nicht so einfach in Zahlen (beispielsweise Mittelwert und Variabilität) ausgedrückt und beschrieben werden kann.

Es gibt unterschiedliche Modelle, um diese Nachteile zu beheben. Sie alle vereint, dass die Veränderung – statt im Residuum – in einer eigenen latenten Veränderungsvariablen gebündelt wird. Die Modellierung, die vielfach in Publikationen im Einsatz ist, ist in Abbildung 29 dargestellt. Dargestellt ist die Modellierung der Veränderung eines Merkmals. Die Faktoren repräsentieren das Merkmal zum ersten (f(t1)), zweiten (f(t2)) und dritten Zeitpunkt (f(t3)). Die Anzahl der Messzeitpunkte können durchaus variieren. Das dargestellte Modell funktioniert mit drei oder mit mehr als drei Messzeitpunkten.

Abbildung 29. Wachstumskurvenmodell

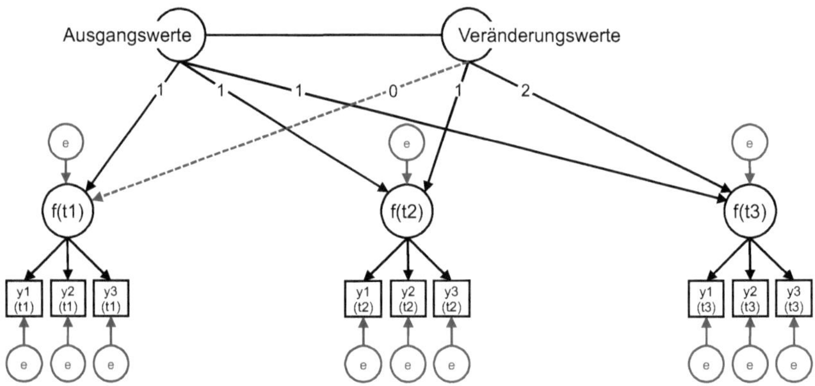

Quelle: Eigene Darstellung

Das *latente Wachstumskurvenmodell* (auch *LGCM*; Engl. latent growth curve model) besteht aus zwei Hauptelementen. Um sie zu verstehen, müssen wir die kleinen Zahlen an den Pfeilen wahrnehmen und kurz besprechen. Wir wissen bereits, dass die Pfeile Regressionen repräsentieren. Bei den Regressionen werden normalerweise der Achsenabschnitt und die Steigung vom Computerprogramm geschätzt. Die kleine Zahl am Pfeil weist nun darauf hin, dass die Steigung nicht frei geschätzt wird, sondern dass sie auf den jeweiligen Wert fixiert wird.

Wir nehmen im Wachstumskurvenmodell in Abbildung 29 zunächst einmal wahr, dass dort ein weiterer latenter Faktor eingefügt wurde, der die drei Faktoren zu den drei Messzeitpunkten mit derselben Faktorladung 1 vorhersagt. Beschriftet ist diese latente Variable mit „Ausgangswerte“. In Publikationen findet sich nicht selten der technische Begriff „Intercept“ (was „Achsenabschnitt“ bedeutet, wobei hier in diesem Fall der Achsenabschnitt des Graphen gemeint ist, der die mittlere Veränderung repräsentiert).

Der Faktor f(t1), der das interessierende Merkmal zum ersten Messzeitpunkt repräsentiert, wird nur von dem Ausgangswert-Faktor – mit der auf 1 fixierten Ladung – erklärt. Damit nimmt f(t1) die gesamte Variabilität von f(t1) auf. Hinzu kommt, dass der Ausgangswerte-Faktor auch die weiteren Messzeitpunkte mit auf 1 fixierter Ladung erklärt. Diese Art der Modellierung führt dazu, dass die weiteren Messzeitpunkte f(t2) und f(t3) um die Ausgangswerte f(t1) bereinigt werden. Damit bleibt in f(t2) und f(t3) nur noch die Abweichung von den Ausgangswerten übrig.

Der Faktor f(t2), wird – wie gesagt – einerseits vom Ausgangswerte-Faktor erklärt. Nach Abzug der Variabilität der Ausgangswerte bleibt die Variabilität, die ausschließlich zu Messzeitpunkt zwei zu finden ist, übrig. Diese wird nun – ebenfalls mit einer auf 1 fixierten Faktorladung von einem weiteren latenten Faktor erklärt. Dieser Faktor repräsentiert damit diese Veränderung von Messzeitpunkt eins zu zwei. Daher wird dieser Faktor „Veränderungswerte" genannt. In Publikationen findet man häufig den Begriff „Slope"-Faktor (was so viel heißt wie Steigung, wobei hier die Steigung des Graphen, der die Veränderung im Mittel repräsentiert, gemeint ist).

Der Faktor f(t3) – sowie alle potenziell folgenden Messzeitpunkte – wird ebenfalls vom Ausgangswert-Faktor erklärt und zusätzlich aber auch vom Veränderungswerte-Faktor. In der Abbildung 29 ist die Erklärungskraft des Veränderungswerte-Faktors auf f(t3) aber nicht auf 1 fixiert, sondern der Einfluss des Veränderungswerte-Faktors wird verdoppelt (Faktorladung fixiert auf 2). Gäbe es einen vierten Messzeitpunkt, würde die Faktorladung verdreifacht (fixiert auf 3) und so weiter. Dies repräsentiert eine lineare Veränderung des interessierenden Merkmals, indem nämlich die Veränderung von t1 zu t2 einfach gezählt wird; die Veränderung von t1 zu t3 ist zweimal die Veränderung von t1 zu t2; die Veränderung von t1 zu t4 wäre viermal die Veränderung von t1 zu t2 und so weiter.

Im einfachsten Fall geht man von einer linearen Veränderung aus: Wie in Abbildung 29 gezeigt, ist die Zahlenfolge an den Pfeilen des Veränderungswerte-Faktors 0, 1, 2, 3, 4, … . Dies findet sich in Publikationen entsprechend häufig. Eher selten finden sich – theoretisch problemlos machbare – Anpassungen, wie etwa nicht lineare Zeitabstände der Befragungen mit den Faktorladungen zu repräsentieren: Sind Schüler:innen beispielsweise in der 5. Klasse, der 6. Klasse und dann erst wieder in der 8. Klasse befragt worden, könnte man dies mit den Faktorladungen des Veränderungswerte-Faktors – sprich: 0, 1, 3 – repräsentieren. Die fehlende Befragung in der 7. Klasse hätte der Faktorladung 2 entsprochen, die dann weggelassen werden könnte. Oder es könnte – zusätzlich zum Faktor der linearen Veränderung – ein weiterer Faktor, der eine andere Veränderung (beispielsweise eine quadratische Veränderung mit den Faktorladungen 0, 1, 4, 9, 16, …) testet, postuliert werden. Solche Varianten sind sehr ‚speziell' und finden sich nicht sonderlich oft in Publikationen. Viel häufiger sind lineare Wachstumskurvenmodelle in Publikationen anzutreffen.

Beispiel 59

Wie so ein Wachstumskurvenmodell in Publikationen aussieht, sollten wir uns am Beispiel von Fischer, Brümmer, et al. (2011) vergegenwärtigen. In der Studie geht es unter anderem um die Entwicklung des schulischen Wohlbefindens von Schüler:innen von der 5. bis zur 9. Klasse. Das Wohlbefinden wurde zu drei Messzeitpunkten latent mit jeweils sieben manifesten Variablen erfasst. Die latente Modellierung der Veränderung des Wohlbefindens der Schüler:innen wurde mittels latentem Wachstumskurvenmodell abgebildet. Das Modell wurde vergleichbar zu dem in Abbildung 29 spezifiziert und mit 6.849 Schüler:innen an 210 Schulen berechnet. Folgende Ergebnisse hinsichtlich der Modellierung der Veränderung des Wohlbefindens werden in Fischer, Brümmer, et al. (2011, S. 239) berichtet.

Ausgangswerte:
 Mittelwert Intercept: 3,114**
 Varianz Intercept: 0,238**

Veränderungswerte:
 Mittelwert Slope: –0,163**
 Varianz Slope: 0,071**

Einfache Verbindung zwischen Ausgangs- und Veränderungswerten:
 Kovarianz Intercept/Slope: –0,053**

Mit Blick auf die Veränderung interessieren uns häufig insbesondere die Veränderungswerte (sog. Slope) – sprich: die Steigung, wenn man sich die hier dargestellte lineare Veränderung als Gerade vorstellt. Im Mittel liegt die Veränderung im negativen Bereich (negative Steigung = Veränderungslinie sinkt über die Zeit) und sie ist signifikant von Null verschieden (–0,163**). Das heißt, dass das Wohlbefinden über den betrachteten Zeitraum signifikant weniger wird.

Schauen wir uns nochmal genauer an, welche Werte man erwarten kann, wenn eine Veränderung mittels Wachstumskurvenmodell abgebildet wird. Wie in Beispiel 59 deutlich wurde, ist der mittlere Veränderungswert nicht die einzige Information, die für eine Interpretation zur Verfügung steht.

Zunächst einmal erhalten wir Informationen zu den Ausgangswerten (sog. Intercept Faktor). Sie werden in Form der mittleren Tendenz (Mittelwert) und der Variabilität (Varianz) zusammengefasst. Ein signifikanter Mittelwert der Ausgangswerte bedeutet, dass das Ausprägungsniveau des interessierenden Merkmals zu t1 sich signifikant von 0 unterscheidet. Eine signifikante Varianz bedeutet, dass die Individuen ungleiche Ausgangsniveaus hinsichtlich des interessierenden Merkmals haben.

Außerdem erhalten wir Informationen zu den Veränderungswerten (sog. Slope Faktor). Das ist häufig in Publikationen eine besonders wichtige Information, da die Entwicklung und Veränderung im Fokus der Fragestellungen stehen. Ein signifikant positiver Veränderungswert meint, dass die Werte im Mittel über die Zeitpunkte hinweg immer größer werden. Ist der Slopewert signifikant negativ, so ist im Mittel von einer Abnahme über die Zeit auszugehen. Eine signifikante Varianz auf dem Veränderungsfaktor deutet auf Unterschiede hinsichtlich der einzelnen Verläufe hin.

In Abbildung 29 (S. 160) ist zu sehen, dass zwischen den Faktoren der Ausgangswerte und der Veränderungswerte eine ungerichtete Verbindung (sog. Kovarianz) spezifiziert wird. Die Korrelation zwischen Ausgangswerte-Faktor und Veränderungswerte-Faktor prüft, inwiefern der Ausgangswert mit dem Verlauf verknüpft ist. Ein signifikant positiver Wert besagt, dass hohe Ausgangswerte mit einem stärkeren Anstieg einhergehen. Ein signifikant negativer Wert sagt aus, dass hohe Ausgangswerte eher mit einer stärkeren Abnahme einhergehen.

Beispiel 60

Im zuvor genannten Beispiel 59 hatten wir den Verlauf des Wohlbefindens in der Sekundarstufe I angesehen, wie Fischer, Brümmer, et al. (2011) ihn berichten. Wir wollen nun – mit dem zusätzlichen Wissen bzgl. der Interpretation der einzelnen Mittelwerte, Varianzen und der Kovarianz – noch einmal genauer auf die zuvor im Beispiel 59 berichteten Werte schauen.

Die Ausgangswerte unterscheiden sich signifikant von Null (3,114**), wobei zu konstatieren ist, dass sich die Individuen mit Blick auf ihre Ausgangsniveaus signifikant unterscheiden (0,238**).

Die Veränderungswerte weisen im Mittel auf eine signifikante Abnahme des Wohlbefindens im untersuchten Zeitraum hin (–0,163**), wobei es signifikante Unterschiede hinsichtlich des Verlaufs gibt (0,071**).

Die negative Verbindung zwischen Ausgangswerten und Veränderungswerten (–0,053**) bedeutet, dass höhere Ausgangswerte (höheres Wohlbefinden) mit negativeren Veränderungswerten (der Slope ist bereits im Mittel negativ; wenn die Werte noch weiter im negativen Bereich liegen, bedeutet das, dass es sich um ein stärkeres Absinken der Werte handelt) einhergeht. Und umgekehrt: Geringere Ausgangswerte gehen mit positiveren Veränderungswerten einher. Das heißt einfacher ausgedrückt, dass bei jenen mit höheren Ausgangswerten eine tendenziell stärkere Abnahme des Wohlbefindens zu verzeichnen ist.

Die bis hierhin besprochenen Varianten, die Veränderung zu modellieren (Autoregression, Wachstumskurvenmodell), erfordern, geübt in der Interpretation von Regressionsanalysen zu sein. Wir wollen uns nun noch zwei weitere Möglichkeiten vergegenwärtigen, die ebenfalls für Veränderungsanalysen genutzt werden.

Hierzu zählt einerseits die Nutzung der Varianzanalyse und andererseits die Nutzung der Mehrebenenanalyse.

Hinsichtlich der varianzanalytischen Vorgehensweise hatten wir in Abschnitt 3.2.5 kennengelernt, dass eine kategoriale Variable zur Erklärung einer metrischen Variablen herangezogen wird. Dabei hatten wir Merkmale im Blick, die zwei oder mehr Ausprägungen haben, mittels derer die Individuen in Gruppen eingeteilt werden können. Im Prinzip spricht nun nichts dagegen, dass die kategoriale erklärende Variable die Zeit ist (beispielsweise mit den Ausprägungen t1 und t2). Bislang sind wir bei der Varianzanalyse davon ausgegangen, dass unterschiedliche Individuen zu unterschiedlichen Mittelwerten beitragen (schlicht, weil die kategoriale Variable sie in unterschiedliche Gruppen einteilt). Wenn die Messzeitpunkte zur erklärenden kategorialen Variable werden, ändert sich dies insofern, als dass dieselben Individuen – zu unterschiedlichen Zeitpunkten – zu den unterschiedlichen Mittelwerten beitragen. Modelliert wird dies durch die sog. *Varianzanalyse mit Messwiederholung*. Das Ergebnis der Modellierung der Veränderung eines metrischen Merkmals über die Zeit (kategoriale erklärende Variable) lässt sich genau so interpretieren, wie bei der normalen Varianzanalyse/ANOVA (vgl. dazu Abschnitt 3.2.5).

Wichtig ist, dass mit dieser Art der Modellierung in den Blick kommt, wie sich die Mittelwerte des interessierenden Merkmals über die Zeit verändern, nicht aber, inwiefern sich die einzelnen Individuen verändern. Sofern die Fragestellung bloß auf die Veränderungen im Mittel abzielt, könnte die Varianzanalyse mit Messwiederholung durchaus geeignet sein.

Mittels *Mehrebenenanalysen* können ebenfalls Veränderungen modelliert werden. Das Mehrebenenmodell (sog. Hierarchisches Lineares Modell; HLM) sieht vor, dass sich die Variabilität auf unterschiedlichen Ebenen findet. Klassisch werden Mehrebenenmodelle – ohne Veränderung über die Zeit – auf Ebene der Individuen und einer Ebene darüber (beispielsweise der Schule) modelliert; die unterste Ebene wird als Level 1 und die darüber als Level 2 usw. bezeichnet. Die Idee ist, dass die Variabilität bzgl. eines Merkmals sich zwischen Individuen unterscheidet (Level 1), dass sich aber – mit Blick auf das Merkmal – Individuen beispielsweise einer Schule ähnlicher sind als zwischen Schulen (Level 2). Die Ausprägungen eines Merkmals zu unterschiedlichen Zeitpunkten sind innerhalb eines Individuums ähnlicher als zwischen Individuen. Dies führt zu der Überzeugung, dass Zeit noch eine Ebene unter dem Individuallevel darstellt, was zu folgender Reihung führt: Zeit – Level 1, Individuen – Level 2 (und ggf. beispielsweise Schule – Level 3). In dieser Weise kann mittels Mehrebenenanalysen die zeitliche Veränderung modelliert werden.

In diesem Abschnitt sind wir bislang davon ausgegangen, dass die Variablen, die das interessierende Merkmal zu unterschiedlichen Zeitpunkten repräsentieren, metrisch sind. In Publikationen im Bereich der empirisch-quantitativen erziehungswissenschaftlichen Forschung ist diese Annahme weit verbreitet und in den allermeisten Fällen auch durchaus gerechtfertigt. Dennoch soll zum Schluss der Betrachtung der Modellierung der Veränderung darauf hingewiesen werden, dass es ggf. auch inhaltliche Fragestellungen geben kann, bei denen das interessierende, sich verändernde Merkmal kategorial ist. Sollte dies der Fall sein, würden im Messmodell latente Profilanalysen oder latente Klassenanalysen zum Einsatz kommen (vgl. Abschnitt 3.3.3). Die kategoriale latente Variable zu Messzeitpunkt eins würde dann mittels logistischer Regression die kategoriale latente Variable zum zweiten Messzeitpunkt erklären. Das Ergebnis kann als Übergangswahrscheinlichkeit von einer Kategorie zur anderen interpretiert werden. Daher spricht man bzgl. eines solchen Modells auch von einer *Latent Transition Analyse* (LTA; transition dt. Übergang).

3.3.8 Erklärende Merkmale in Veränderungsmodellen

Es gibt kaum erziehungswissenschaftliche Fragestellungen, die sich ausschließlich für die Veränderung nur eines einzigen Merkmals interessieren. Vielmehr soll es durch die Analyse gelingen, die Veränderungen auf dem interessierenden Merkmal durch weitere Variablen zu erklären. Dies lenkt unseren Blick auf die Modellierung der erklärenden Merkmale. Wir gehen davon aus, dass das interessierende Merkmal als Veränderung modelliert wurde (vgl. dazu Abschnitt 3.3.7) und dass nun eine zusätzliche unabhängige Variable spezifiziert werden soll, die die Veränderung des interessierenden Merkmals erklärt.

Wie wir gelernt haben, werden Veränderungen so modelliert, dass es praktisch immer einen Ausgangspunkt der Veränderung gibt und von dort ausgehend wird die Veränderung beschrieben. Mit Blick auf die erklärenden Merkmale stellt sich damit die Frage, ob ein Effekt auf die Ausgangswerte einer Veränderung und/oder auf den Entwicklungsverlauf zu erwarten ist. Entsprechend müsste die unabhängige Variable entweder den Ausgangspunkt und/oder die Veränderung erklären, was im Modell entsprechend zu spezifizieren wäre.

Der Effekt einer erklärenden Variablen auf die Ausgangswerte der Veränderung würde wie folgt aussehen: Wir hatten zuvor das Autoregressive Modell kennengelernt. Hier würde man eine gerichtete Verbindung der erklärenden Variablen auf den ersten Messzeitpunkt der interessierenden Variablen (vgl. f(t1) in Abbildung 28) spezifizieren. Beim Wachstumskurvenmodell würde diese gerichtete Verbindung zum Ausgangswerte-Faktor (vgl. Abbildung 29; auch: „Intercept-Faktor“) spezifiziert werden. Die Interpretation wäre in beiden Fällen vergleichbar: Würde sich ein signifikanter Regressionskoeffizient zeigen, so wäre dies ein Hinweis für einen Effekt auf die Ausgangswerte.

Erklärende Merkmale können auch einen Effekt auf den Entwicklungsverlauf haben. Dies würde man bei einem Autoregressiven Modell so spezifizieren, dass eine gerichtete Verbindung der erklärenden Variablen zu allen Messzeitpunkten – außer dem ersten Messzeitpunkt – spezifiziert wird. Beim linearen Wachstumskurvenmodell ist dies etwas einfacher, da hier die Veränderung von einem einzigen Faktor (sog. Slope-Faktor) repräsentiert wird. Mittels gerichteter Verbindung würde die erklärende Variable mit diesem Veränderungswerte-Faktor verbunden werden. Die Interpretation eines signifikanten Regressionskoeffizienten wäre, dass die erklärende Variable die Veränderung der interessierenden Variablen beeinflusst.

Beispiel 61

Als Beispiel soll hier die Publikation von Fischer, Kuhn, et al. (2011) angeführt werden. Hier wurde das problematische Verhalten im Schulalltag (Beispielitem: „Ich habe bei Klassenarbeiten erheblich gemogelt.") auf einer fünfstufigen Skala (von nie bis fast täglich) zu drei Messzeitpunkten gemessen. Auch wurde zu allen drei Messzeitpunkten erfasst, ob schulische Ganztagsangebote dauerhaft besucht wurden. Eine Fragestellung war, ob „sich die [dauerhafte] Teilnahme an Ganztagsangeboten positiv auf die Entwicklung des Sozialverhaltens aus[wirkt]" (Fischer, Kuhn, et al., 2011, S. 252).

Das problematische Verhalten im Schulalltag wurde im Längsschnitt mittels Wachstumskurvenmodell abgebildet. Neben der dauerhaften Teilnahme sind sechs weitere Kontrollvariablen im Modell mit berechnet worden (beispielsweise sozioökonomischer Status, Migrationshintergrund, oder Geschlecht). Im Ergebnis sind die Effekte der dauerhaften Teilnahme auf das problematische Verhalten im Schulalltag getrennt für „Intercept" (.050) und „Slope" (–.054**) ausgewiesen.

Wir haben kennengelernt, dass mit „Intercept" die gerichtete Verbindung der erklärenden Variablen (dauerhafte Teilnahme) auf die Ausgangswerte der Veränderung gemeint sind. Der Koeffizient ist nicht signifikant, was bedeutet, dass die Ausgangswerte des problematischen Verhaltens nicht von der dauerhaften Teilnahme abhängig sind.

Die Veränderung im Mittel wird als „Slope"-Faktor bezeichnet. Dieser Veränderungswerte-Faktor wird signifikant von der dauerhaften Teilnahme erklärt, und zwar mit einem negativen Wert. Das heißt, bei gegebener dauerhafter Teilnahme an schulischen Ganztagsangeboten zeigen die Schüler:innen einen weniger starken Anstieg des problematischen Verhaltens über die Zeit. Die Autor:innen schreiben daher:

„Hier entwickeln sich die Schülerinnen und Schüler positiver, die dauerhaft an Ganztagsangeboten teilgenommen hatten" (Fischer, Kuhn, et al., 2011, S. 260).

Neben der Frage, was genau die unabhängige Variable erklären soll (ob Ausgangspunkt oder Veränderung), muss geklärt werden, wo im Zeitverlauf die Position der erklärenden Variablen ist. In Abschnitt 3.3.6 hatten wir festgestellt, dass man nur dann davon sprechen kann, dass eine unabhängige Variable auf eine interessierende Variable eine Wirkung hat, wenn die unabhängige Variable zeitlich gesehen vor der Wirkung liegt. Die zeitliche Position der erklärenden Variablen müsste daher beispielsweise zu Messzeitpunkt 1 erfolgen, während das interessierende Merkmal als Veränderung von Messzeitpunkt 1 zu 2 modelliert wird.

Beispiel 62

Als ein Beispiel hierfür wird noch einmal Fischer et al. (2009) herangezogen, die zwei Messzeitpunkte mit einem Abstand von etwa zwei Jahren analysieren. In einem Modell werden die Deutsch- und Mathematiknote sowie die Lernzielorientierung als Veränderung (Autoregression) modelliert. Neben weiteren Variablen wird unter anderem die Prozessqualität zu t1 auf die Veränderung der interessierenden Variablen (von t1 zu t2) modelliert.

Das Ergebnis zeigt, dass die Prozessqualität mit der Veränderung der Lernzielorientierung zusammenhängt. Die Prozessqualität ist zeitlich vorgelagert modelliert und einige alternative Erklärungen – zumindest im Sinne der Kontrolle der interessierenden Variablen zu t1 sowie weiterer Kontrollvariablen – können ausgeschlossen werden. Daher folgern Fischer et al. (2009): „Die zum ersten Messzeitpunkt wahrgenommene Angebotsqualität [...] führt zu einer positiven Entwicklung der Lernzielorientierung" (S. 159).

Die Frage ist allerdings, ob die erklärende Variable zum zweiten Zeitpunkt und zu weiteren Zeitpunkten – zu denen sich der Zeitraum der Veränderung der interessierenden Variablen aufspannt – überhaupt noch so ist, wie zum ersten Zeitpunkt. Oft sind *erklärende Variablen zeitvariant*, sodass davon ausgegangen werden muss, dass sie sich über die Zeit verändern. Dies kann bedeuten, dass der Einfluss der erklärenden Variable zu jedem Messzeitpunkt auf die längsschnittlich modellierte interessierende Variable spezifiziert werden muss.

Beispiel 63

Auch dies soll anhand eines Beispiels verdeutlicht werden. In einer Analyse von Fischer, Kuhn, et al. (2011) wurden drei Messzeitpunkte mit einem Abstand von jeweils zwei Jahren analysiert. Es sollte der Einfluss der Prozessqualität und der Schüler:innen-Betreuer:innen-Beziehungen auf das Sozialverhalten analysiert werden. Das Sozialverhalten wurde unter anderem als soziale Verantwortungsübernahme längsschnittlich modelliert (Latentes Wachstumskurvenmodell). Hinsichtlich der erklärenden Variablen wurde argumentiert, dass diese sich über die Zeit verändern dürften (zeitvariant), sodass die Prozessqualität und die Beziehungen jeweils zu allen drei Messzeitpunkten auf jeden jeweiligen Messzeitpunkt spezifiziert wurden. Das Ergebnis zeigt, dass die Skala soziale Verantwortungsübernahme zu allen drei Messzeitpunkten positiv mit der (Veränderung der) Prozessqualität zusammenhängt. Im Text interpretieren Fischer, Kuhn, et al. (2011) das Ergebnis so: „Eine hohe wahrgenommene Prozessqualität [...] geht mit einer höheren sozialen Verantwortungsübernahme [...] einher“ (S. 264–265). An anderer Stelle schreiben sie auch von „Auswirkungen der Erlebensqualität“ (Fischer, Kuhn, et al., 2011, S. 261) auf die soziale Verantwortungsübernahme.

Sofern es sich um zeitvariante erklärende Merkmale handelt, liegt die Überlegung nahe, warum diese nicht ebenfalls als Veränderung modelliert werden. Bislang sind wir eher Überlegungen nachgegangen, wie die Veränderung des interessierenden – nicht aber des erklärenden – Merkmals in geeigneter Form abgebildet werden kann.

Die Modellierung von Veränderung hatten wir mittels Autoregression und mittels Wachstumskurven kennengelernt. Diese Modellierung kann auch für das erklärende Merkmal verwendet werden. In Abbildung 30 ist dies dargestellt. Die Modellierung in Abbildung 30 nutzt hierfür autoregressive Modelle. Dargestellt ist die Modellierung des Einflusses der Veränderung eines erklärenden Merkmals x auf die Veränderung eines interessierenden Merkmals y. Beide Merkmale wurden zu drei Messzeitpunkten gemessen. Die Messmodelle sind hier der Übersichtlichkeit halber weggelassen worden, ebenso wie die Fehler (e) der Faktoren, auf die ein Pfeil zeigt. Dieses spezifische Arrangement mit zeitverzögerten Kreuzpfaden (beispielsweise von x(t1) auf y(t2) und von y(t1) auf x(t2)) wird auch als *Cross Lagged Panel Modell* bezeichnet.

Abbildung 30. Cross Lagged Panel Modell

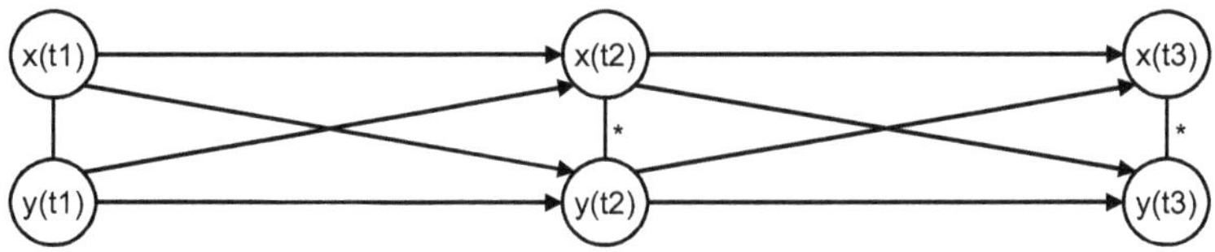

** bzgl. t2 und t3 handelt es sich genaugenommen nicht um eine einfache Verbindung zwischen den Faktoren, sondern um eine Korrelation zwischen den Residuen (e).*
Quelle: Eigene Darstellung

Beispiel 64

Ein solches Modell findet sich beispielsweise in Kuhn et al. (2016). Die Daten, die sie nutzen, haben drei Messzeitpunkte im Abstand von etwa jeweils zwei Jahren. Zielvariable ist die soziale Verantwortungsübernahme. Die Veränderung wird als Autoregression modelliert. Die erklärende Variable ist eine Subdimension der Prozessqualität, nämlich die Mitbestimmung in den Angeboten. Diese wird nun – nicht wie im Beispiel 63 messzeitpunktspezifisch modelliert, sondern – in ihrer Veränderung modelliert (Autoregression). Spezifiziert wird ein sog. Cross Lagged Panel Modell.

Heraus kommt ein Zusammenhang zwischen der Mitbestimmung in der 5. Klasse (T1) und der sozialen Verantwortungsübernahme zu T2 in der 7. Klasse. Die erklärende Variable ist in diesem Fall zeitlich vorgelagert. Allerdings werden in diesem Modell keine weiteren Kontrollvariablen einbezogen, wobei aber zu erwähnen ist, dass das Modell in einer weiteren Analyse dann für Mädchen und Jungen separat analysiert wurde. Diese ergab, dass der Zusammenhang speziell bei den Jungen zu finden war. Die jeweiligen vorigen Messzeitpunkte werden kontrolliert, und zwar sowohl hinsichtlich der erklärenden als auch hinsichtlich der zu erklärenden Variablen. In ihrer Interpretation sprechen Kuhn et al. (2016) daher von einem „längsschnittlichen Effekt".

Die Modellierung kann andererseits auch mit Wachstumskurven erfolgen. Hier bei interessiert zumeist, ob die Veränderung der erklärenden Variablen (s(x)) die Veränderung der interessierenden Variablen (s(y)) erklären können, wie dies in Abbildung 31 dargestellt ist. Dargestellt ist die Modellierung des Einflusses der Veränderung eines erklärenden Merkmals x auf die Veränderung eines interessierenden Merkmals y. Beide Merkmale wurden zu drei Messzeitpunkten gemessen. Die Messmodelle sind hier der Übersichtlichkeit halber weggelassen worden, ebenso wie die Fehler (e) der Faktoren, auf die ein Pfeil zeigt.

Abbildung 31. Verbindung zweier Wachstumskurven

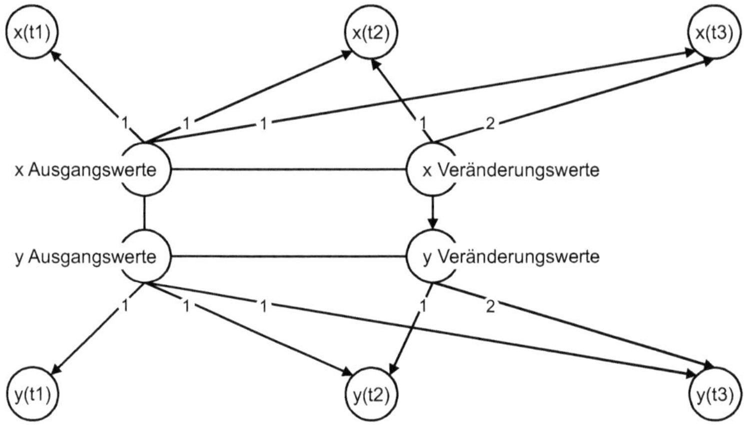

Quelle: Eigene Darstellung

Beispiel 65

Diese Art der Modellierung soll anhand des Beispiels von Kuhn und Fischer (2011) illustriert werden. Untersucht wurde hier unter anderem, ob die Entwicklung des problematischen Sozialverhaltens die Entwicklung der Noten erklären kann. Entsprechend wurde für beide Merkmale jeweils ein Wachstumskurvenmodell spezifiziert und der Slope (Veränderungswerte) für das problematische Sozialverhalten wurde als gerichtete Verbindung auf den Slope (Veränderungswerte) für die Noten spezifiziert (vergleichbar zum Modell in Abbildung 31). Das Ergebnis belegt, dass „eine positive Entwicklung des Sozialverhaltens […] sich positiv auf die Entwicklung der Noten aus[wirkt] (β = –0,23**)“ (Kuhn & Fischer, 2011, S. 156). Der negative Koeffizient kommt zustande, da die Noten negativ gepolt sind – hohe Werte bedeuten eine schlechtere Note.

4 Diskussionsteil

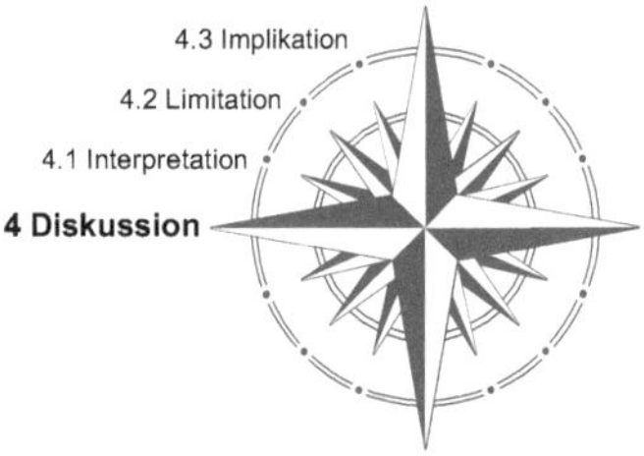

Die Diskussion ist laut Kompass (vgl. Abbildung 3, S. 25) der letzte Teil einer empirisch-quantitativen Publikation. Hier werden die Ergebnisse auf die Fragestellung, den Forschungsstand, sowie die methodische Anlage der Studie bezogen und es wird reflektiert, inwiefern sich aus der Publikation bestimmte Implikationen ableiten lassen.

Für uns, die wir empirisch-quantitative Publikationen verstehen und nutzen wollen, ist fraglos der Ergebnisteil von zentraler Bedeutung und wir hatten in allen Kapiteln dieses Buchs systematisch die Weichen gestellt, damit wir uns selbstständig ein Bild der Ergebnisse einer empirisch-quantitativen Untersuchung machen können. Sollte man dann überhaupt noch das Diskussionskapitel von empirisch-quantitativen Publikationen lesen?

Die Antwort lautet ‚ja'. Leser:innen, die sich kein eigenes Bild empirisch-quantitativer Ergebnisse machen können, müssen im Diskussionsteil den jeweiligen Autor:innen alles, was dort geschrieben steht, glauben. Da wir uns aber selbst ein Bild gemacht haben, wie das komplexe Puzzle der einzelnen Bestandteile einer Publikation zusammengehören, werden wir unsere persönliche Interpretation mit der im Diskussionskapitel dokumentierten Interpretation der Studienautor:innen vergleichen können. Dies ist der Ausgangspunkt für unsere kritische Auseinandersetzung mit dem Text und für die Erweiterung unserer Sichtweise auf empirische Ergebnisse.

Die Diskussion hat eine ganz spezifische Funktion im Gesamtgefüge einer empirisch-quantitativen Publikation, die wir im Folgenden genauer ansehen wollen. Den Aufbau des Diskussionskapitels konnten wir insbesondere aus den APA-Richtlinien ableiten, die auch im deutschsprachigen Bereich weit verbreitet sind und die konkrete Vorgaben machen, wie unter anderem empirisch-quantitative Studien in Form von Publikationen berichtet werden sollten. Wir können festgehalten, dass das Diskussionskapitel mit einer Interpretation der Ergebnisse beginnt, dass danach Limitationen genannt werden und dass abschließend überlegt wird, was die Ergebnisse für die Politik, Praxis und weitere Forschung bedeuten (Implikationen).

Die Teile der Diskussion stellen – mit unterschiedlichem Fokus – die Ergebnisse in Relation zu den übrigen Teilen der Publikation. Tabelle 7 zeigt dieses Schema. Die Zahlen in der Tabelle beziehen sich auf die Nummerierung im Kompass (Abbildung 3, S. 25).

Tabelle 7. Aufbau und Funktion des Diskussionskapitels

4	**Diskussion**	**Ergebnisse (3) reflektieren mit Blick auf…**
4.1	Interpretation	…die Fragestellung (1.3) …den Forschungsstand (1.2)
4.2	Limitation(en)	…die Methode (2)
4.3	Implikation(en)	…die Bedeutung (1.1)

Quelle: Eigene Darstellung

Hier wird deutlich, dass die Ergebnisse zunächst an die Fragestellung(en) rückgebunden werden. Die Ergebnisse werden zusammenfassend berichtet und direkt auf die gestellten Fragestellungen bezogen. Danach folgt eine Reflexion der Ergebnisse mit Blick auf den Forschungsstand. Die Ergebnisse werden dahingehend interpretiert, inwiefern sie das theoretische Wissen und/oder das empirische Wissen zum Thema erweitern können.

Ein weiterer Punkt, der in der Diskussion gemacht wird, betrifft die Limitationen der jeweiligen Studie. Es wird reflektiert, wie die methodische Anlage der Studie die Ergebnisse hervorgebracht hat und was durch den spezifischen methodischen Zugang ggf. übersehen wurde oder bewusst nicht im Fokus war.

Wie in Tabelle 7 dargestellt, werden zuletzt die Ergebnisse mit Blick auf deren grundsätzliche Bedeutung interpretiert. Dies stellt einen Rückbezug auf die empirische Welt dar, indem reflektiert wird, was aus den jeweiligen Ergebnissen für Schlüsse – nicht nur für weitere Forschung, sondern auch – für die Praxis und Politik im Bildungsbereich gezogen werden können.

Wir können also festhalten, dass das Diskussionskapitel die Funktion hat, die Ergebnisse vor dem Hintergrund des Einleitungskapitels und des Methodenkapitels zu interpretieren. In diesem Sinne bindet das Diskussionskapitel alle drei aufbauenden Kapitel – Einleitung, Methode und Ergebnis – systematisch zusammen.

Beispiel 66

Der Aufbau des Diskussionskapitels soll am Beispiel der Publikation von Fischer et al. (2016) verdeutlicht werden. Da das Diskussionskapitel die Einleitung, die Methode und die Ergebnisse zusammenbindet, sollen diese Teile hier zunächst sehr kurz vorgestellt werden. Die Auswertung des Diskussionsteils von Fischer et al. (2016) findet sich dann in den nachfolgenden Beispielen.

Einleitung: Grundsätzlich geht es um das Lesenlernen in der Ganztagsschule. Der von Fischer et al. (2016) angeführte Literaturstand betont Lesemotivation, Leseselbstkonzept und Leseverstehen als wichtige Größen beim Lesenlernen. In Ganztagsangeboten könnte – wie im Literaturstand ebenfalls betont – das Lesen weiter gefördert werden. Die Fragestellungen sind: „[1.] Fördert die Teilnahme an Lese- oder Medienangeboten die Aufrechterhaltung von Leselernzielorientierung und Leseselbstkonzept sowie das Leseverstehen in der Jahrgangsstufe 5? [...] [2.] Hängt das Erleben von Autonomie in der in Lese- und Medienangeboten im ersten Schulhalbjahr der fünften Klasse mit der Veränderung von Leselernzielorientierung, Leseselbstkonzept und Leseverstehen zusammen? [...] [3.] Trägt die Freiwilligkeit der Teilnahme an Lese- und Medienangeboten zur Vorhersage von Lernzielorientierung, Leseselbstkonzept und Leseverstehen bei?“ (Fischer et al., 2016, S. 783–784)

Methode: Die analysierten Daten stammen aus dem Projekt StEG-S (2012–2015), in dem unter anderem die Schüler:innen der 5. Klasse zu zwei Messzeitpunkten befragt und getestet wurden (Paneldesign). Der Zeitraum ist ein Schulhalbjahr. Von den 2.105 einbezogenen Schüler:innen wurden Schüler:innen in Leseangeboten (n = 115) und in Medienangeboten (n = 142) besonders fokussiert. Abhängige Variablen (aV) waren die Leselernzielorientierung (als Indikator für die Lesemotivation), das Leseselbstkonzept und das Leseverstehen. Sie wurden in der Hauptanalyse als Veränderung mittels Autoregression modelliert. Mit Blick auf die Analyse der Gesamt-Stichprobe war die unabhängige Variable (uV) die Teilnahme an Lese- oder an Medienangeboten. Mit Blick auf die Analyse nur derjenigen Schüler:innen, die an Lese- bzw. Medienangeboten teilgenommen haben, waren die uV das Autonomieerleben und ob die Schüler:innen freiwillig am Lese- oder Medienangebot teilnehmen. Als Kontrollvariablen wurden Geschlecht, Gymnasium und die Anzahl Bücher im Haushalt einbezogen.

Folgende deskriptive Befunde lassen sich identifizieren:

Kinder in Medienangeboten haben eine höhere Leselernzielorientierung.
Kinder in Medienangeboten haben ein ausgeprägteres Leseselbstkonzept.
Kinder in Leseangeboten haben ein geringeres Leseverstehen.
Kinder in Medienangeboten haben ein höheres Leseverstehen zu t1.

Die Ergebnisse belegen folgende Effekte für Lese- und für Medienangebote:

Autonomieerleben ➔ Entwicklung der Leselernzielorientierung
Autonomieerleben ➔ Entwicklung des Leseselbstkonzepts

Folgende Effekte zeigen sich nur für Leseangebote:
Freiwillige Teilnahme ➔ Entwicklung der Leselernzielorientierung
Freiwillige Teilnahme ➔ Entwicklung des Leseverstehens

Einen wichtigen Grundsatz einer guten Diskussion können wir hier festhalten: Im Diskussionskapitel werden Informationen der vorigen Kapitel miteinander vernetzt und zusammen dargestellt. Das heißt im Umkehrschluss aber auch, dass hier keine gänzlich neuen oder überraschenden Aspekte zum Tragen kommen.

Teils findet sich in empirisch-quantitativen Publikationen im Bereich der Erziehungswissenschaft dieses letzte, wichtige Kapitel in unterschiedlicher Ausgestaltung. Beispielsweise werden lediglich die Ergebnisse wiederholt (nicht selten wird der Abschnitt dann folgerichtig als „Fazit" – statt als Diskussion – bezeichnet). Die Unterschiedlichkeit liegt unter anderem daran, dass Informationen zu guten Diskussionskapiteln eher spärlich vorliegen. Die Lehrwerke zu empirischen Methoden enden mit der (Darstellung der) Datenanalyse und die Lehrwerke zum akademischen Schreiben erwähnen höchstens kurz das Diskussionskapitel als ein notwendiger Bestandteil von Publikationen. Auch die genannten APA-Richtlinien sind wenig facettenreich, was die Gestaltung des Diskussionsteils angeht. Das heißt für uns, die wir Publikationen lesen, verstehen und nutzen wollen, dass wir darauf vorbereitet sein müssen, dass das letzte Kapitel einer Publikation weniger deutlich unserem Kompass folgt. Ggf. müssen wir die in Tabelle 7 dargestellten Informationen aktiv suchen und ggf. müssen wir fehlende Reflexionen selbst ergänzen.

4.1 Interpretation

Das Diskussionskapitel startet zunächst einmal damit, die Ergebnisse zu nutzen, um die ursprüngliche(n) Forschungsfrage(n) zu beantworten. Da wir die Fragestellungen selbst zur Kenntnis genommen und diese für uns visualisiert haben (vgl. Abschnitt 1.3), und da wir die Ergebnisse vor diesem Hintergrund für uns herausgearbeitet haben, können wir diesen Vergleich – nämlich: beantworten die im Ergebnisteil präsentierten Analysen die Forschungsfrage(n)? – zunächst unabhängig vom Text machen. Und erst in einem zweiten Schritt suchen wir dann, wie in der Publikation, am Anfang des Diskussionsteils, die Forschungsfragen beantwortet werden. Sofern die Darstellung der Studienautor:innen weitestgehend unserer Lesart der Ergebnisse mit Blick auf die Fragestellung entspricht, so fühlen wir uns in unserer Wahrnehmung der Message der Publikation bestätigt.

Im Vergleich zur eigenen Reflexion der Ergebnisse mit Blick auf die Fragestellung fällt uns ggf. aber auf, dass im Diskussionskapitel der Publikation bestimmte Aspekte besonders hervorgehoben oder besonders intensiv aufgegriffen werden und andere weniger. Wenn dies der Fall ist, sollten wir hierauf besonders aufmerksam und neugierig reagieren. Die offenkundigen Schwerpunktsetzungen der Forscher:innen werden auf diese Weise – im Kontrast zu unserer Interpretation – deutlich. Diese können wir nutzen, um uns ggf. von deren Position überzeugen zu lassen. Oder wir distanzieren uns von deren Position begründet und fühlen uns ggf. veranlasst, noch einmal bestimmte Aspekte in der Publikation erneut nachzulesen, um die Gründe für die unterschiedliche Interpretation in Erfahrung zu bringen. In jedem Fall sind Diskrepanzen hinsichtlich der Interpretation als Chance zu verstehen, noch tiefer in die betreffende Publikation einzutauchen.

Beispiel 67

Die Rückbindung der Ergebnisse zur Fragestellung soll am Beispiel der Publikation von Fischer et al. (2016) illustriert werden. Die einzelnen Teile – Einleitung, Methode, Ergebnisse – wurden in Beispiel 66 bereits kurz skizziert. Hieran schließen wir jetzt an und suchen im letzten Teil der Publikation von Fischer et al. (2016) zunächst nach Antworten auf die Forschungsfragen und gleichen diese mit unserer Lesart der Befunde ab.

Hinsichtlich der ersten Fragestellungen betonen die Autor:innen: „Weder Kinder, die Leseförderangebote besuchten, noch Befragte in Medienangeboten unterscheiden sich [mit Blick auf die Leselernzielorientierung, das Leseselbstkonzept, oder das Leseverständnis] nach einem Schulhalbjahr signifikant von Nichtteilnehmenden“ (Fischer et al., 2016, S. 790). Da die deskriptiven Befunde sehr wohl Unterschiede zwischen Teilnehmenden und Nicht-Teilnehmenden aufweisen (Fischer et al., 2016, S. 787), scheint mit der Formulierung hier eher der fehlende „Effekt“ gemeint zu sein: Es konnte kein signifikanter Effekt der bloßen Teilnahme an Lese- und Medienangeboten mit Blick auf die Entwicklung der interessierenden Variablen im Laufe eines Schulhalbjahrs (unter Einbezug von Kontrollvariablen) gefunden werden.

Die zweite und dritte Fragestellung wird von Fischer et al. (2016) jeweils in zwei unterschiedlichen Abschnitten diskutiert. Zur zweiten Fragestellung findet sich zunächst folgender Hinweis: „Autonomieerleben wirkt sich in beiden untersuchten Angebotskategorien [Lese- und Medienangebote] positiv auf die Leselernzielorientierung und das Leseselbstkonzept aus“ (S. 790) und in einem weiteren Abschnitt heißt es: „Erleben von Autonomie in Lese- und Medienangeboten ist mit positiven Entwicklungen des Leseselbstkonzepts und der Leselernzielorientierung [...] assoziert" (S. 791). Im ersteren Abschnitt geht es eher um Wirkungen und in letzterem speziell um die positiven Entwicklungen mit denen Autonomie verbunden ist.

Die Antwort auf die dritte Fragestellung lautet gemäß Fischer et al. (2016), „dass sich Effekte auf Lesemotivation und Lesekompetenz dann einstellen können, wenn sich die Schüler/-innen freiwillig und aus eigenem Interesse für die Teilnahme an einem Angebot entscheiden" (S. 790). An anderer Stelle im Diskussionsteil wird noch einmal gesondert hervorgehoben, dass sich „Einflüsse auf die Veränderung der Lesekompetenz [...] nur in gezielten Leseförderangeboten [ergeben,] falls die Teilnahme freiwillig erfolgt" (S. 790).

Grundsätzlich folgen wir den Einschätzungen der Studienautor:innen, bemerken aber auch, dass Fischer et al. (2016) bestimmte Ergebnisse in ihrer Bedeutung hervorheben, indem sie in der Diskussion mehrfach aufgegriffen werden.

Als nächstes eröffnet das Diskussionskapitel die Perspektive auf das Verhältnis der Studienergebnisse mit dem Forschungsstand. Dabei geht es um Ähnlichkeiten und Unterschiede der Ergebnisse hinsichtlich der empirischen Arbeiten von anderen Forschenden sowie aber auch hinsichtlich der einschlägigen Theorien zum Thema.

Dieses Verhältnis kann sich so darstellen, dass das jeweilige Ergebnis den allgemeinen empirischen Forschungsstand unterstreicht. Es kann aber auch sein, dass der Forschungsstand durch die Ergebnisse erweitert wird. Oder aber das Ergebnis widerspricht dem, was laut Forschungsstand eigentlich erwartbar wäre. Wie genau Ergebnisse und Forschungsstand zueinander stehen, ist Teil der Reflexion, die im Diskussionsteil an dieser Stelle angestellt wird (vgl. dazu auch das in Abschnitt 1.3 besprochene Verhältnis von Forschungsstand zu Forschungsfrage, das sich im Diskussionskapitel entsprechend widerspiegeln muss). In jedem Fall sind die empirischen Ergebnisse rückzubinden an und einzubinden in die aktuell für einschlägig gehaltenen Theorien, Modelle und empirischen Befunde.

Beispiel 68

Wir können diese Rückbindung an den Forschungsstand auch bei Fischer et al. (2016) klar erkennen. Wie in Beispiel 66 aufgezeigt liegen die Hauptergebnisse bei Fischer et al. (2016) im Bereich des Autonomieerlebens und der freiwilligen Teilnahme.

Konzentrieren wir uns hier für dieses Beispiel einmal auf das Autonomieerleben. Im Forschungsstand wurde hervorgehoben, dass nach dem Übergang in die weiterführende Schule die Diskrepanz zwischen wachsendem Autonomiebedürfnis und der Kontrolle in formellen Lernsettings besonders beobachtbar ist. Gleichzeitig zeigt die Forschung zum Unterricht sowie zu Ganztagsangeboten, dass ein intensiveres Autonomieerleben positive Effekte auf die Schüler:innen haben kann (Fischer et al., 2016, S. 782–783).

Die Ergebnisse von Fischer et al. (2016) werden damit in Verbindung gebracht und es wird betont, dass der Forschungsstand bislang diese Effekte eher allgemein bzgl. außerunterrichtlicher Angebote herausgearbeitet hat – sprich: weder mit Zuschnitt auf das Lesen noch mit fokussiertem Blick auf Lern- und Medienangebote. Daher stellen die Forschenden mit Blick auf ihre eigene Studie heraus: „Die Daten der vorliegenden Studie zeigen, dass dies [die Wichtigkeit von Autonomieerleben in Ganztagsangeboten] auch in Bezug auf die Leseförderung gilt" (Fischer et al., 2016, S. 791).

Gleichzeitig betonen Fischer et al. (2016), dass die Effekte des Autonomieerlebens in Lese- und Medienangeboten für die Motivation und das Selbstkonzept identifiziert werden konnten, nicht aber für das Leseverstehen. Diesbezüglich reflektieren Fischer et al. (2016), dass es gemäß des Forschungsstands Hinweise gibt, dass das Leseverstehen von der Lesemotivation und dem Leseselbstkonzept beeinflusst werden. Dies könnte bedeuten, dass sich der nachweisbare Effekt der Lese- und Medienangebote auf die Motivation und das Selbstkonzept erst langfristig – vermittelt über Motivation und Selbstkonzept – auf das Leseverstehen ausweiten könnte (Fischer et al., 2016, S. 791).

4.2 Limitationen

Die Interpretation im Diskussionskapitel bezieht sich auf das Verhältnis zwischen Einleitung und Ergebnissen. Unter dem Begriff Limitationen folgt daraufhin eine Reflexion des Verhältnisses zwischen den Ergebnissen und den verwendeten Methoden. Hervorgehoben werden in diesem Teil zunächst einmal mögliche Quellen für Verzerrungen der Genauigkeit und Zuverlässigkeit der Messungen (in der Fachsprache ist teilweise von ‚Bias' die Rede). Auch die (Größe und/oder Art der) Stichprobe und/oder die Stichprobenziehung werden hier kritisch reflektiert. Damit hängt zusammen, auf Einschränkungen der Generalisierbarkeit der Befunde hinzuweisen.

Beispiel 69

Ähnliche Überlegungen zu Limitationen finden sich auch in der Publikation von Fischer et al. (2016). Zunächst einmal geben die Studienautor:innen an, dass sich die Ergebnisse nur auf die Domäne Lesen beziehen – ob die Ergebnisse auch in anderen Domänen zu finden sind, ist aus den Ergebnissen nicht herauszulesen. Zweitens verweisen sie auf die geringe Stichprobengröße, was die Aussagekraft einschränkt. Gemeint ist hier die Schüler:innenzahl aus Lese- und Medienangeboten, die mit n = 115 bzw. n = 142 in der Tat nicht sonderlich groß ist. Einen dritten Punkt führen Fischer et al. (2016) an, nämlich dass pro Ganztagsangebot nicht alle Schüler:innen eine Bewertung abgegeben haben – in diesem Fall hätte analysiert werden können, inwiefern sich beispielsweise die Autonomie-Einschätzungen individuell unterscheiden, oder ob sie sich nicht vielmehr von Angebot zu Angebot, oder gar von Schulstandort zu Schulstandort unterscheiden (sog. Mehrebenenanalysen).

Wie sich in den Ergebnissen zeigte, konnte kein Effekt der Teilnahme an Lese- und Medienangeboten auf die Lesekompetenz (=Leseverstehen) identifiziert werden. Fischer et al. (2016) reflektieren, ob dies möglicherweise zum Teil mit an der Art der Erfassung des Leseverstehens liegen könnte: Der eingesetzte Test (Frankfurter Leseverständnistest für die fünfte bis achte Klasse – FLVT) war „möglicherweise [...] zu schwer“ (S. 791) für die untersuchten Schüler:innen.

4.3 Implikationen

Bis hierhin wurden die Ergebnisse mit den Fragestellungen, dem Forschungsstand sowie den Methoden verknüpft. Nun fehlt noch, ganz am Ende den Blick zu schärfen, wie die Ergebnisse zur Bedeutung der Studie insgesamt stehen. Mit anderen Worten: Welche Implikationen leiten die Forscher:innen mit Blick auf die Gestaltung der empirischen Welt aus den Befunden ab. Forschende sind heute gefordert, hierzu explizit Stellung zu beziehen. Gängig ist, Implikationen für weitere Forschung von Implikationen für die Verwaltung und die Praxis zu unterscheiden.

Dieser Punkt fällt Forschenden teils schwer; einerseits will man hier nicht einfach nur die Ergebnisse nochmal wiederholen und andererseits will man vermeiden, Forderungen zu stellen, die sich gar nicht aus den Ergebnissen der jeweiligen Studien ergeben. Zudem darf man nicht vergessen, dass Forscher:innen in den allermeisten Fällen nun mal keine Personen aus der Bildungsverwaltung oder Bildungspraxis sind. Daher sind wir gefragt, an dieser Stelle die Implikationen in einer Publikation eher als Überlegungen zu verstehen, die uns zu weiteren Reflexionen anregen können.

Beispiel 70

Unter dem Abschnitt „Ausblick“ innerhalb des Diskussionskapitels nennen Fischer et al. (2016) einerseits Implikationen für Politik und Praxis. Sie stellen heraus, „dass autonomieunterstützende Ganztagsangebote motivationale Voraussetzungen des Lernens fördern können“ und fügen hinzu: „Gezielte Förderangebote [gemeint sind: Lese- und Medienangebote] werden in Bezug auf die zu fördernde Kompetenz wirksam, wenn sich die Schüler/-innen freiwillig [...] für die Teilnahme entscheiden“ (S. 792). Die Politik und Praxis könnte sich hieran anknüpfend aufgefordert fühlen, die Angebotswahl so zu gestalten, dass sich Schüler:innen freiwillig für die Teilnahme entscheiden können und die Angebote selbst so zu gestalten, dass für die Schüler:innen im Ganztagsangebot Autonomie erlebbar wird.

Auch geben Fischer et al. (2016) Empfehlungen für weitere Forschung. Sie betonen, dass man sich von der „groben Unterteilung in Ganztags- versus Halbtagsschüler/-innen“ (S. 792) verabschieden sollte; die Ergebnisse weisen darauf hin, dass künftige Forschung stärker als bisher „den Gegenstand Ganztagsschule in seiner Komplexität“ (S. 792) abbilden müsse, was „die Entwicklung neuer Designs unter Einbezug von Interventionen und vielfältigen Methoden“ (S. 792) nötig macht.

C · Zusammenfassung und Materialien

Fazit

Wir sind nun am Ende des Buchs angenommen. Daher wollen wir die einzelnen Abschnitte noch einmal durchgehen und uns den roten Faden noch einmal vergegenwärtigen.

Empirisch-quantitative Forschung im Bereich der Erziehungswissenschaft nimmt ihren Ausgangspunkt in einem kleinen Ausschnitt aus der empirischen Welt und mündet in Aussagen über diesen Ausschnitt. Die Welt der Zahlen hilft, die empirische Welt aus einer anderen Perspektive zu betrachten. In diesem Sinne verstehen wir quantitativ-empirische Forschung als doppelte Übersetzung: Von der empirischen Welt in die Welt der Zahlen und zurück von der Welt der Zahlen in die empirische Welt.

Publikationen, die Ergebnisse aus empirisch-quantitativen Analysen im Bereich der Erziehungswissenschaft präsentieren, folgen einem ganz konkreten Schema. Zwar gibt es im Detail Unterschiede, aber die grundsätzliche Struktur ist immer gleich. Entsprechend dient uns die Grundstruktur empirisch-quantitativer Publikationen als Kompass zur Orientierung (vgl. Abbildung 3, S. 25).

Die *Einleitung* in einer empirisch-quantitativen Publikation dient der Eingrenzung des konkreten Ausschnitts aus der empirischen Welt. Hier wird referiert, welche anderen Ausschnitte der empirischen Welt in anderen Publikationen bereits bearbeitet wurden. Dies wird auch als Forschungsstand bezeichnet. Der konkrete Forschungsplan wird als Forschungsfrage – und ggf. auch als Hypothesen (sprich: als Erwartungen, was laut Theorie und/oder laut bisherigen empirischen Publikationen aus der Analyse rauskommen müsste) – formuliert.

Daraufhin haben wir den *Methodenteil* kennengelernt. Empirisch-quantitative Forschung benötigt konkrete Forschungs- bzw. Untersuchungsobjekte. Sie müssen Träger:innen der interessierenden Merkmale sein und/oder über diese Auskunft geben können. Die Gesamtheit aller Untersuchungsobjekte, über die Aussagen getroffen werden sollen (Grundgesamtheit), definiert die Reichweite der Studie. Die Stichprobe und die Art, wie die Stichprobe gezogen wird, legt die Aussagekraft der empirisch-quantitativen Forschung fest.

Bei der Erhebung von empirischen Daten wird davon ausgegangen, dass durch gute Datenerhebungsinstrumente die relevanten Aspekte der empirischen Welt erfasst werden. Gleichzeitig ist die Messung aber nie perfekt – mit Messfehlern muss stets gerechnet werden. Die Datenerhebung ist in ein umfassendes Forschungsdesign eingebettet, das mit Blick auf die Beantwortung der Forschungsfrage gewählt wurde.

Die Analyse von empirisch-quantitativen Daten umfasst verschiedene Variablentypen und verschiedene Typen von Verbindungen dieser Variablen untereinander. Komplexe Analyse erfolgen in drei Schritten: Die Analyse einzelner Variablen (univariat), die Analyse von zwei Variablen zusammen (bivariat) und die gleichzeitige Analyse von mehr als zwei Variablen (multivariat). Die spezifische Analysestrategie ergibt sich aus der Fragestellung, der Datenerhebung und dem Forschungsdesign.

Der *Ergebnisteil* macht einen erheblichen Anteil des Buchs aus, da wir uns mit einer sehr großen Bandbreite an teils höchst-komplexen Analyseverfahren befasst haben. Bei der Analyse empirisch-quantitativer Daten interessiert zu allererst die Variabilität der Ausprägungen pro Variable. Hierbei geht es primär darum, ob die Ausprägungen angemessen verteilt sind. Dies ist die Voraussetzung dafür, die Variablen auch in komplexeren Analysen verwenden zu können.

Bei den Verbindungen zweier Variablen gibt es die einfachen Verbindungen. Um eine einfache Verbindung handelt es sich, wenn beide Variablen gleichwertig nebeneinanderstehen. Mittels der Analyse wird dann der Zusammenhang beider Variablen in einem möglichst einfach zu interpretierenden Wert ausgedrückt. Zudem ergibt die Analyse Informationen, inwiefern das Ergebnis voraussichtlich auch in der empirischen Welt zu finden sein wird.

Die Verbindung zweier Variablen kann auch als gerichtete Verbindung spezifiziert werden: Das heißt, die Variabilität auf der einen Variable (abhängige Variable, aV) wird durch die Variabilität auf der anderen Variablen (unabhängige Variable, uV) erklärt. Durch die Analyse erhält man – vergleichbar zur einfachen Verbindung – Informationen zur eigentlichen Verbindung und dazu, inwiefern diese Verbindung auch in der empirischen Welt zu finden sein dürfte. Hinzu kommt noch eine weitere Information: Nämlich wie viel von der Variabilität auf der abhängigen Variablen durch die unabhängige Variable erklärt wird.

Die empirisch-quantitative Bearbeitung von Fragestellungen in der Erziehungswissenschaft erfordert häufig die gleichzeitige Analyse von mehr als zwei Variablen. Dabei interessiert besonders der individuelle – man sagt auch: der bereinigte – Einfluss jeder einzelnen Variablen auf die zu erklärenden Variablen im Modell. Es gibt verschiedene Arten, die Variablen in komplexeren Modellen zu arrangieren.

Im Bereich der Erziehungswissenschaft gibt es relevante Merkmale, die nicht einfach und direkt gemessen werden können. In solchen Fällen, werden stattdessen leicht(er) erfassbare Merkmale gemessen, die als Indikatoren für das eigentlich interessierende Merkmal gelten. Damit in den Berechnungen die nicht direkt messbaren Merkmale aber einbezogen werden können, müssen sie in Form sog. latenter Variablen modelliert werden.

In der Erziehungswissenschaft geht es häufig auch um Fragen nach der Entwicklung bestimmter Merkmale und um Fragen nach der Wirkung. Arrangiert man komplexe Modelle in einer bestimmten Art und Weise, so kann die Veränderung abgebildet werden. Es gibt unterschiedliche Möglichkeiten dies zu tun und je nach Veränderungsmodell findet sich die Veränderung im berechneten Modell an einer etwas anderen Stelle.

Abschließend findet sich in empirisch-quantitativen Publikationen im Bereich der Erziehungswissenschaft immer ein *Diskussionsteil*. Diskussion meint zunächst, den besonders wichtigen Rückbezug der Datenanalyse auf die empirische Welt. Weiterhin werden Einschränkungen aufgrund des Forschungsdesigns und der eingesetzten Methoden reflektiert. Abschließend reflektieren empirisch-quantitative Publikationen Implikationen für die Politik, die Praxis und für weitere Forschung.

Wie wir gesehen haben, ist der Diskussionsteil ein entscheidender Bestandteil wissenschaftlicher Publikationen. Die Leser:in kann die Diskussion dazu nutzen, sich über das „Was" und das „Wie" der Ergebnisse sowie der Publikation insgesamt zu informieren. Diese Informationen erarbeitet die interessierte Leser:in selbstständig aus der Einleitung, dem Methoden- und dem Ergebnisteil, um die eigene Perspektive mit der Perspektive der Studienautor:innen vergleichen zu können. Durch den Vergleich mit der eigenen informierten Perspektive lässt sich auf die individuelle Perspektive der Forscher:innen schließen, die sich besonders in der Diskussion widerspiegelt. In diesem Sinne stecken in der Diskussion Informationen über das „Was" und „Wie" der Studie sowie auch über das „Warum" und das „Was noch".

Die Forscher:innen bringen ihre Erfahrungen und Fachkenntnisse bei ihrer Diskussion der Ergebnisse ein. Entsprechend basieren Einschätzungen, Verknüpfungen und weiterführende Überlegungen auf dieser Expertise. In der Diskussion können Forscher:innen alternative Sichtweisen und verschiedene Blickwinkel offerieren und damit den Raum für mögliche Interpretationen erweitern. Für uns, die wir quantitative Publikationen lesen, stellt dies womöglich eine Bereicherung dar, die unser kritisches Denken herausfordert und uns dazu anregt, unsere gewohnten Denkweisen zu erweitern. Dies fördert unsere Fähigkeiten Ergebnisse einer differenzierten Betrachtungsweise zu unterziehen.

Nicht zuletzt ist der Diskussionsteil ein Rahmen, in dem die Forscher:innen sich mit dem von ihnen gewählten methodischen Zugang kritisch auseinandersetzen. Diese Reflexion nutzen wir, um besser verstehen zu können, warum bestimmte Entscheidungen getroffen wurden und inwiefern die jeweiligen Entscheidungen die Ergebnislage ggf. beeinflusst. Mitunter trägt dies zur Transparenz und

Glaubwürdigkeit des Vorgehens der Forscher:innen bei und bietet uns erweiterte Möglichkeiten die Robustheit der Studie insgesamt einzuschätzen.

Die Diskussion hilft der Leser:in, die Position der Forscher:innen im breiteren Forschungskontext zu verstehen. Einseitige Urteile und Entscheidungen fallen besonders im Diskussionsteil auf; wenn etwa eine selbst-kritische Betrachtung ausbleibt. Die Bevorzugung bestimmter theoretischer Positionen oder bestimmter eigener Ergebnisse seitens der Forscher:innen werden ebenfalls im Diskussionsteil besonders augenscheinlich; wenn etwa mehrfach auf bestimmte Dinge eingegangen wird oder wenn etwas besonders hervorgehoben wird.

Um eine ausgewogene Bewertung vornehmen zu können, ist es unsere Aufgabe als Leser:innen von empirisch-quantitativen Publikationen, die Position der Forscher:innen zunächst zu verstehen – daher lesen wir empirisch-quantitative Publikation in der Weise, wie es hier in diesem Buch erläutert und demonstriert wurde. Erst wenn wir uns ein eigenes Bild gemacht haben und die betreffende Publikation verstehen, können wir fundiert Kritik üben.

Unsere persönliche Einschätzung ergibt sich aus der Kontrastierung der Position der Forscher:innen mit unserer eigenen. Daher ist es auch besonders nützlich, kontinuierlich empirisch-quantitative Studien zu lesen. Jede empirisch-quantitative Publikation, die wir lesen und mit der wir uns aktiv auseinandersetzen, ist somit Inspirationsquelle für mögliche Reflexionen, differente Interpretationen, differenzierte Kritikpunkte und solide Schlussfolgerungen.

Dies kann uns niemand abnehmen. Zwar kann man eine KI damit beauftragen, die Inhalte einer Publikation zu identifizieren. Große Mengen an Informationen besonders schnell zu verarbeiten ist fraglos eine Stärke von KI. Die Zahl interessanter neuer KI-Tools, die Inhalte von Studien zusammenfassen, ist jüngst explodiert. Lohnt es sich überhaupt, selbst Publikationen zu lesen, wenn eine Inhaltszusammenfassung nur einen Klick entfernt ist. Die Antwort ist ein entschiedenes Ja. Inhaltszusammenfassungen, die wir mittels KI generieren, sind nützlich und wir sollten alle Möglichkeiten ausschöpfen, um möglichst gut arbeiten zu können. Aber Zusammenfassungen – ganz gleich wie gut sie sind – projizieren keine Erkenntnisse in unseren Verstand. Unser einzigartiges kreatives und vernetztes Denken, unsere emotionale und erfahrungsbasierte Intelligenz sowie unsere Einschätzungen, die die soziale empirische Welt betreffen, müssen zum Einsatz kommen beim Lesen von empirisch-quantitativen Studien. Es geht im Kern nämlich gar nicht darum, möglichst schnell den Inhalt zu erhalten – vielmehr zählt die kritische Auseinandersetzung mit Forschung. Jeder Funke, der durch die Reibung unserer Position mit jener von Forscher:innen entsteht, trägt zur Entwicklung unseres wissenschaftlich fundierten – und dadurch professionellen – Urteils bei.

Das vorliegende Buch soll zu kritischer Reflexion und zur aktiven Auseinandersetzung mit empirisch-quantitativen Publikationen im Bereich der Erziehungswissenschaft motivieren. Jeder der in diesem Buch beschriebenen Schritte bringt uns einen Schritt weiter in Richtung der Entwicklung einer eigenen individuellen Perspektive und einer informierten Position, sodass wir Forschungsergebnisse lesen und wirklich auch verstehen und nutzen können.

Gliederung in zwölf Einheiten

Das vorliegende Buch bietet sich für die Nutzung in Lehrveranstaltungen an. Es ist möglich, das Buch begleitend zu einer Vorlesung oder einem Seminar zu lesen. Ein Semester hat häufig 14 oder 15 Sitzungen. Erfahrungsgemäß werden zwei oder drei Sitzungen für Formalia und Organisatorisches benötigt. Daher wird im Folgenden ein Vorschlag zur Bearbeitung des Buchs in zwölf Einheiten gemacht.

Thema der Sitzung		Kapitel zu lesen	Seitenanzahl
#1	Begriffsklärungen, Kompass	Teil A	14
#2	Thema, Forschungsstand, Fragestellung	Kapitel 1	15
#3	Stichproben	Abschnitt 2.1	12
#4	Datenerhebung, Forschungsdesign	Abschnitt 2.2	14
#5	Analysestrategie	Abschnitt 2.3	13
#6	Univariate Analysen	Abschnitt 3.1	12
#7	Einfache Verbindungen	Abschnitte 3.2.1–3.2.3	16
#8	Gerichtete Verbindungen	Abschnitte 3.2.4–3.2.5	13
#9	Komplexe Modelle	Abschnitte 3.3.1–3.3.2	14
#10	Latente Modelle	Abschnitte 3.3.3–3.3.5	16
#11	Längsschnittmodellierung	Abschnitte 3.3.6–3.3.8	20
#12	Interpretation, Limitation, Implikation	Kapitel 4	9

Empfehlungen zu weiterführender Literatur

Im vorliegenden Buch haben wir uns darauf konzentriert, empirisch-quantitative Publikationen im Bereich der Erziehungswissenschaft zu lesen, zu verstehen und zu nutzen. Ggf. haben sich aus den ein oder anderen Ausführungen aber weiterführende Fragen ergeben. Daher sollen im Folgenden einige ausgewählte Hinweise zu den einzelnen Kapiteln gegeben werden, welche Bücher und Beiträge sich eignen, um in bestimmte Themen tiefer einzusteigen. Es handelt sich hier lediglich um Schlaglichter auf Vertiefungsmöglichkeiten und Empfehlungen.

Grundbegriffe und Kompass

Eine grundsätzliche Hinführung zur empirischen Sozialforschung – wie wir sie in *Teil A* dieses Buchs besprochen haben – findet sich in den beiden klassisch zu nennenden Lehrbüchern „Methoden der empirischen Sozialforschung" (Schnell et al., 2011) sowie „Empirische Sozialforschung" (Kromrey, 2009). Eine lesenswerte und auf erziehungswissenschaftliche Forschung zugespitzte Einführung bietet das Buch „Quantitative Methoden in der Erziehungswissenschaft" (Böhm-Kasper et al., 2009). Eine Vertiefung des Verhältnisses der empirischen Welt und der Welt der Zahlen sowie des Begriffs des Messens findet sich im Kapitel „Testtheoretische Grundlagen" des Buchs „Einführung in die Test- und Fragebogenkonstruktion (Bühner, 2011) sowie insbesondere im „Lehrbuch Testtheorie – Testkonstruktion" (Rost, 2004).

Wir haben uns auch mit dem Forschungsprozess auseinandergesetzt. Hier lohnt sich zur Vertiefung die vergleichsweise einfache Darstellung des Forschungsprozesses in Schnell et al. (2011) mit der deutlich komplexeren Darstellung im Buch „Methoden empirischer Sozialforschung" (Friedrichs, 1980) zu vergleichen. Besonders interessiert uns der Aufbau empirisch-quantitativer Publikationen. Hier sind ganz klar die APA-Richtlinien (APA, 2020) zu empfehlen.

APA (2020). *Publication Manual of the American Psychological Association*. Washington, DC: American Psychological Association.

Böhm-Kasper, O., Schuchart, C. & Weishaupt, H. (2009). *Quantitative Methoden in der Erziehungswissenschaft*. Darmstadt: WBG.
Bühner, M. (2011). *Einführung in die Test- und Fragebogenkonstruktion*. München: Pearson Studium.
Friedrichs, J. (1980). *Methoden empirischer Sozialforschung*. Opladen: Westdeutscher Verlag.
Kromrey, H. (2009). *Empirische Sozialforschung*. Stuttgart: Lucius & Lucius.
Rost, J. (2004). *Lehrbuch Testtheorie – Testkonstruktion*. Bern: Hans Huber.
Schnell, R., Hill, P. B. & Esser, E. (2011). *Methoden der empirischen Sozialforschung*. München: Oldenbourg.

Einleitungsteil einer Publikation

An diese eher allgemeinen Vorbemerkungen schloss sich an, zu überlegen, wie in einer empirisch-quantitativen Publikation ins Thema eingeführt wird und wie der einschlägige Forschungsstand präsentiert wird. Dies war Thema in *Kapitel 1*. Eine vergleichsweise umfassende Reflexion der Wahl des Forschungsthemas und der Erarbeitung des Forschungsstands bzw. des theoretischen Hintergrunds findet sich in Döring und Bortz (2016). Eine wirklich umfassende Vertiefung zum Thema Literaturrecherche bieten die Bücher „Systematic reviews in the social sciences“ (Petticrew & Roberts, 2006) und „An introduction to systematic reviews“ (Gough et al., 2017). Wie daraus dann die Forschungsfrage abgeleitet wird findet sich unter anderem im Beitrag „Forschungsthema und Forschungsfrage“ von Stecker und Tausendpfund (2022) sowie ebenfalls in Döring und Bortz (2016). Interessante Überlegungen zum Thema „was ist eine gute Forschungsfrage?“ finden sich im gleichnamigen Beitrag von Sebe-Opfermann (2016). Wie aus der Forschungsfrage eine Hypothese formuliert wird, findet sich beispielsweise im Kapitel zur Wissenschaftstheorie im Einführungsbuch von Häder (2019).

Döring, N. & Bortz, J. (2016): *Forschungsmethoden und Evaluation in den Sozial- und Humanwissenschaften*. Berlin: Springer.
Gough, D., Oliver, S. & Thomas, J. (Hrsg.). (2017). *An introduction to systematic reviews*. London: SAGE.
Häder, M. (2019). *Empirische Sozialforschung: Eine Einführung*. Wiesbaden: Springer VS.
Petticrew, M. & Roberts, H. (2006). *Systematic reviews in the social sciences. A practical guide*. Malden, MA: Blackwell.
Sebe-Opfermann, A. (2016). Die Fragen der Fragen – was ist eine gute Forschungsfrage? In N. Dunker, N.-K. Joyce-Finnern & I. Koppe (Hrsg.), *Wege durch den Forschungs-*

dschungel: Ausgewählte Fallbeispiele aus der erziehungswissenschaftlichen Praxis (S. 21–36). Wiesbaden: Springer VS.

Stecker, C. & Tausendpfund, M. (2022). Forschungsthema und Forschungsfrage. In M. Tausendpfund (Hrsg.), *Forschungsstrategien in den Sozialwissenschaften: Eine Einführung* (S. 105–124). Wiesbaden: Springer VS.

Methodenteil einer Publikation

Kapitel 2 beschäftigte sich daraufhin zunächst mit dem Thema Stichproben. Die getroffene Unterscheidung in repräsentanz- und relevanzorientierte Stichproben kann in Stecher (2005) nachgelesen werden. Die Themen Repräsentativität und Gewichtung können im Grundsatz im Herausgeber:innenband „Gewichtung in der Umfragepraxis" (Gabler et al., 1994) vertieft werden. Und es empfiehlt sich, die umfassende Beschreibung der konkreten Vorgehensweise im Rahmen der StEG-Schulleitungsbefragung 2018 (Furthmüller, 2019) zur Kenntnis zu nehmen. Einen guten Überblick zum Thema Stichprobengrößen bietet das englischsprachige Lehrbuch von Cohen et al. (2007) und eine intensive Auseinandersetzung mit diesem Thema liefert das Buch „Sample size determination and power" (Ryan, 2013).

Um die Datenerhebungsmethoden und das Forschungsdesign ging es danach. Zur Fragebogengestaltung liefert zunächst einmal das Buch von Porst (2014) eine Übersicht. Auch das Buch von Bühner (2011) und das Kapitel von Jonkisz et al. (2012) liefern gute Übersichten zur Fragebogen- bzw. zur Testkonstruktion. Durchaus erkenntnisreich und fruchtbar kann es sein, einen der absoluten Klassiker der Fragebogenmethode einmal im Original anzusehen, nämlich das Papier zur Einstellungsmessung von Likert (1932). Eine vertiefende Reflexionsrichtung ist, zu überlegen, inwiefern Personen überhaupt motiviert und bereit sind, an Fragebogenstudien teilzunehmen (Konradt & Fary, 2015). Eine besonders tiefgehende Reflexion der Situation des Fragebogenausfüllens liefern Tourangeau et al. (2000) mit ihrem Buch „The psychology of survey response".

Eine Übersicht zur Analysestrategie, wie sie am Ende von Kapitel 2 Thema war, findet sich in den bereits genannten allgemeinen Einführungen. Speziell Übersichten mit Anwendungsbezug auf die Umsetzung in Computerprogrammen bieten hier Vertiefungsmöglichkeiten, so etwa das Buch von Kuckartz et al. (2010) oder auch das englischsprachige Buch von Field (2013). Eine gute Übersicht über die verschiedenen Themen der Analysemöglichkeiten bietet das umfassende „Handbuch der sozialwissenschaftlichen Datenanalyse" (Wolf & Best, 2010); auch dem Thema fehlende Werte wurde hier ein Kapitel gewidmet. Ein besonders viel beachtetes Papier zu diesem Thema handelt vom „Umgang mit fehlenden Werten in der psychologischen Forschung“ (Lüdtke et al., 2007). Umfassend wurde das Thema im Buch „Missing data: Analysis and design“ (Graham, 2012) diskutiert.

Bühner, M. (2011). *Einführung in die Test- und Fragebogenkonstruktion*. München: Pearson Studium.

Cohen, L., Manion, L. & Morrison, K. (2007). *Research methods in education*. London: Routledge.

Field, A. (2013). *Discovering statistics using IBM SPSS Statistics*. London: Sage.

Furthmüller, P. (2019). *Methodenbericht Systemmonitoring 2018: Stichprobe und Erhebungsverfahren*. München: StEG.

Gabler, S., Hoffmeyer-Zlotnik, J. H. P. & Krebs, D. (Hrsg.). (1994). *Gewichtung in der Umfragepraxis*. Opladen: Westdt. Verl.

Graham, J. W. (2012). *Missing data: Analysis and design*. New York: Springer.

Jonkisz, E., Moosbrugger, H. & Brandt, H. (2012). Planung und Entwicklung von Tests und Fragebogen. In H. Moosbrugger & A. Kelava (Hrsg.), *Testtheorie und Fragebogenkonstruktion* (S. 27–74). Berlin: Springer.

Konradt, U. & Fary, Y. (2015). Determinanten der Motivation und der Bereitschaft zur Teilnahme an Fragebogenstudien. *Zeitschrift für Psychologie, 214*(2), 87–96.

Kuckartz, U., Rädiker, S., Ebert, T. & Schehl, J. (2010). *Statistik: Eine verständliche Einführung*. Wiesbaden: VS.

Likert, R. (1932). *A technique for the measurement of attitudes*. Archives of Psychology, No. 140.

Lüdtke, O., Robitzsch, A., Trautwein, U. & Köller, O. (2007). Umgang mit fehlenden Werten in der psychologischen Forschung. *Psychologische Rundschau, 58*(2), 103–117.

Porst, R. (2014). *Fragebogen: Ein Arbeitsbuch*. Wiesbaden: Springer VS.

Ryan, T. P. (2013). *Sample size determination and power*. Hoboken, NJ: Wiley.

Stecher, L. (2005). Quantitative und qualitative Auswahlverfahren – Widerspruch oder Ergänzung? *Zeitschrift für Soziologie der Erziehung und Sozialisation, 25*(4), 440–448.

Tourangeau, R., Rips, L. J. & Rasinski, K. (2000). *The psychology of survey response*. Cambridge: Cambridge University Press.

Wolf, C. & Best, H. (Hrsg.). (2010). *Handbuch der sozialwissenschaftlichen Datenanalyse*. Wiesbaden: VS.

Ergebnisteil einer Publikation

Für das *Kapitel 3* stellt das Buch von Eid et al. (2011) ein gutes allgemeines Nachschlagewerk dar. Für die grundständige Analyse einzelner Variablen und einfacher Zusammenhänge bietet das Einführungsbuch von Benninghaus (2007) eine gute Übersicht. Dieses Buch bietet auch Hinweise zu gerichteten Verbindungen – hierzu bietet es sich aber an, spezifischere Literatur zur Vertiefung heranzuziehen: Zu Regressionsanalysen etwa das Buch von Schendera (2008), zu Varianzanalysen das Buch von Bortz und Schuster (2010) und zur Logistischen Regression das Buch von Behnke (2015). Alle drei Methodentypen finden sich ebenfalls in dem Buch von Backhaus et al. (2023), das auch zu weiteren komplexen Modellen die Brücke schlägt. Wer es etwas anwendungsorientierter braucht, und für wen Englisch keine Hürde darstellt, kann diese Modelle auch in dem Buch von Field (2013) nachvollziehen und vertiefen. Danach ging es um explorative und konfirmatorische Faktorenanalysen, die in Bühner (2011) verständlich dargestellt sind. Auch wenn das Buch von Geiser (2010) sehr klar die Umsetzung in einem spezifischen Computerprogramm (M*plus*) adressiert, so sind die dort getroffenen Erklärungen zu Faktorenanalysen und speziell auch zu Strukturgleichungsmodellen sehr klar und verständlich. Eine Vertiefung in Strukturgleichungsmodelle liefern Weiber und Mühlhaus (2010). Hier finden sich auch die in Abschnitt 3.3.2 referierten Cutoff-Werte der Fit-Indices, „die üblicherweise in der Literatur verwendet werden" (Weiber & Mühlhaus, 2010, S. 176–178).

Zur Längsschnittmodellierung liefert der Beitrag von Becker und Schmiedek (2022) eine gute Übersicht über die verschiedenen Möglichkeiten und Herausforderungen. Auch Dietrich (2019), Rudinger (2010) sowie auch Reinecke et al. (2011) können in dieser Weise als Überblicksbeiträge gut gelesen werden. Die Frage nach Kausalität adressieren die Beiträge von Legewie (2012), Reinders (2006) und Fiege et al. (2010). Das Buch von Geiser (2010) liefert, was die faktorenanalytische Längsschnittmodellierung angeht, umfassende Hinweise – und es wird über die faktorenanalytische Betrachtung hinausgehend auch Bezug genommen auf die Mehrebenenmodelle. Wie Mehrebenenmodelle auch für eine Längsschnittmodellierung eingesetzt werden können, findet sich umfassend erklärt im Buch von Langer (2009) zur Mehrebenenanalyse.

Backhaus, K., Erichson, B., Gensler, S., Weiber, R. & Weiber, T. (2023). *Multivariate Analysemethoden: Eine anwendungsorientierte Einführung*. Wiesbaden: Springer Gabler.

Becker, M. & Schmiedek, F. (2022). Längsschnitt in der Schulforschung. In T. Hascher, T.-S. Idel & W. Helsper (Hrsg.), *Handbuch Schulforschung* (S. 195–217). Wiesbaden: Springer VS.

Behnke, J. (2015). *Logistische Regressionsanalyse: Eine Einführung*. Wiesbaden: Springer VS.

Benninghaus, H. (2007). *Deskriptive Statistik: Eine Einführung für Sozialwissenschaftler*. Wiesbaden: VS.

Bortz, J. & Schuster, C. (2010). *Statistik für Human- und Sozialwissenschaftler*. Berlin: Springer.

Bühner, M. (2011). *Einführung in die Test- und Fragebogenkonstruktion*. München: Pearson Studium.

Dietrich, J. (2019). Methoden der Veränderungsmessung. In B. Kracke & P. Noack (Hrsg.), *Handbuch Entwicklungs- und Erziehungspsychologie* (S. 541–563). Wiesbaden: Springer.
Eid, M., Gollwitzer, M. & Schmitt, M. (2011). *Statistik und Forschungsmethoden*. Weinheim: Beltz.
Fiege, C., Kröhne, U. & Steyer, R. (2010). Theorie und Analyse kausaler Effekte. In H. Holling & B. Schmitz (Hrsg.), *Handbuch Statistik, Methoden und Evaluation* (S. 487–495). Göttingen: Hogrefe.
Field, A. (2013). *Discovering statistics using IBM SPSS Statistics*. London: Sage.
Geiser, C. (2010). *Datenanalyse mit Mplus. Eine anwendungsorientierte Einführung*. Wiesbaden: VS.
Langer, W. (2009). *Mehrebenenanalyse: Eine Einführung für Forschung und Praxis*. Wiesbaden: VS.
Legewie, J. (2012). Die Schätzung von kausalen Effekten: Überlegungen zu Methoden der Kausalanalyse anhand von Kontexteffekten in der Schule. *Kölner Zeitschrift für Soziologie und Sozialpsychologie, 64*, 123–153.
Reinders, H. (2006). Kausalanalysen in der Längsschnittforschung. Das Cross-Lagged-Panel Design. *Diskurs Kindheits- und Jugendforschung, 1*(4), 569–587.
Reinecke, J., Kunadt, S. & Pollich, D. (2011). Längsschnitt- und Panelanalyse. In S. Maschke & L. Stecher (Hrsg.), *Enzyklopädie Erziehungswissenschaft Online* (S. 1–44). Weinheim: Juventa.
Rudinger, G. (2010). Längsschnittstudien. In H. Holling & B. Schmitz (Hrsg.), *Handbuch Statistik, Methoden und Evaluation* (S. 612–623). Göttingen: Hogrefe.
Schendera, C. F. G. (2008). *Regressionsanalyse mit SPSS*. München: Oldenbourg.
Weiber, R. & Mühlhaus, D. (2010). *Strukturgleichungsmodellierung: Eine anwendungsorientierte Einführung in die Kausalanalyse mit Hilfe von AMOS, SmartPLS und SPSS*. Berlin: Springer.

Diskussionsteil einer Publikation

Zuletzt hatten wir in *Kapitel 4* Überlegungen zur Gestaltung der Diskussion angestellt. Hierzu gibt es nur wenig gute Möglichkeiten der Vertiefung. Die APA (2020) Guidelines bieten einige Hinweise zum Aufbau eines guten Diskussionskapitels. Auch finden sich Hinweise im Studienbuch zum „Empirischen wissenschaftlichen Arbeiten“ (Aeppli et al., 2016).

Aeppli, J., Gasser, L., Gutzwiller, E. & Tettenborn, A. (2016). *Empirisches wissenschaftliches Arbeiten: Ein Studienbuch für die Bildungswissenschaften*. Bad Heilbrunn: Julius Klinkhardt.
APA (2020). *Publication Manual of the American Psychological Association*. Washington, DC: American Psychological Association.

Stichwortverzeichnis

A

B

C

D

E

F

L

M

N

O

P

Q

R

S

T

U

V

W

Z

Literaturverzeichnis

Aeppli, J., Gasser, L., Gutzwiller, E. & Tettenborn, A. (2016). *Empirisches wissenschaftliches Arbeiten: Ein Studienbuch für die Bildungswissenschaften.* Bad Heilbrunn: Julius Klinkhardt.

APA (2020). *Publication Manual of the American Psychological Association.* Washington, DC: American Psychological Association.

Arnoldt, B. (2021). Nutzung außerunterrichtlicher Angebote und individuelle Entwicklungen: Ist der ganztagsschulische Rahmen ein Vorteil? In S. Kielblock, B. Arnoldt, N. Fischer, J. M. Gaiser & H. G. Holtappels (Hrsg.), *Individuelle Förderung an Ganztagsschulen. Forschungsergebnisse der Studie zur Entwicklung von Ganztagsschulen (StEG)* (S. 60–69). Weinheim: Beltz Juventa.

Arnoldt, B., Furthmüller, P. & Steiner, C. (2016). Zur Relevanz der Ganztagsteilnahme bei der Bewältigung kritischer Passagen am Ende der Schullaufbahn. *Zeitschrift für Pädagogik, 62*(6), 812–829.

Backhaus, K., Erichson, B., Gensler, S., Weiber, R. & Weiber, T. (2023). *Multivariate Analysemethoden: Eine anwendungsorientierte Einführung.* Wiesbaden: Springer Gabler.

Becker, M. & Schmiedek, F. (2022). Längsschnitt in der Schulforschung. In T. Hascher, T.-S. Idel & W. Helsper (Hrsg.), *Handbuch Schulforschung* (S. 195–217). Wiesbaden: Springer VS.

Behnke, J. (2015). *Logistische Regressionsanalyse: Eine Einführung.* Wiesbaden: Springer VS.

Bellin, N. & Tamke, F. (2010). Bessere Leistungen durch Teilnahme am offenen Ganztagsbetrieb? *Empirische Pädagogik, 24*(2), 93–112.

Benninghaus, H. (2007). *Deskriptive Statistik: Eine Einführung für Sozialwissenschaftler.* Wiesbaden: VS.

Böhm-Kasper, O., Schuchart, C. & Weishaupt, H. (2009). *Quantitative Methoden in der Erziehungswissenschaft.* Darmstadt: WBG.

Bortz, J. & Schuster, C. (2010). *Statistik für Human- und Sozialwissenschaftler.* Berlin: Springer.

Brisson, B. M. & Theis, D. (2020). Traditionelle Hausaufgaben oder integrierte Lernzeiten? Ein Vergleich der Erfahrungen und Leistungsentwicklungen von Schülerinnen und Schülern mit unterschiedlichen Übungsformaten. *Psychologie in Erziehung und Unterricht, 67*(4), 294–312.

Bühner, M. (2011). *Einführung in die Test- und Fragebogenkonstruktion.* München: Pearson Studium.

Cohen, L., Manion, L. & Morrison, K. (2007). *Research methods in education.* London: Routledge.

Dietrich, J. (2019). Methoden der Veränderungsmessung. In B. Kracke & P. Noack (Hrsg.), *Handbuch Entwicklungs- und Erziehungspsychologie* (S. 541–563). Wiesbaden: Springer.

Dohrmann, J., Brisson, B. M. & Kielblock, S. (2021). Qualität und Wirkung von Peer Mentoring aus Sicht der jüngeren Schülerinnen und Schüler. In S. Kielblock, B. Arnoldt, N. Fischer, J. M. Gaiser & H. G. Holtappels (Hrsg.), *Individuelle Förderung an Ganztagsschulen. Forschungsergebnisse der Studie zur Entwicklung von Ganztagsschulen (StEG)* (S. 105–119). Weinheim: Beltz Juventa.

Döring, N. & Bortz, J. (2016). *Forschungsmethoden und Evaluation in den Sozial- und Humanwissenschaften.* Berlin: Springer.

Eid, M., Gollwitzer, M. & Schmitt, M. (2011). *Statistik und Forschungsmethoden.* Weinheim: Beltz.

Fiege, C., Kröhne, U. & Steyer, R. (2010). Theorie und Analyse kausaler Effekte. In H. Holling & B. Schmitz (Hrsg.), *Handbuch Statistik, Methoden und Evaluation* (S. 487–495). Göttingen: Hogrefe.

Field, A. (2013). *Discovering statistics using IBM SPSS Statistics.* London: Sage.

Fischer, N., Brümmer, F. & Kuhn, H. P. (2011). Entwicklung von Wohlbefinden und motivationalen Orientierungen in der Ganztagsschule. Zusammenhänge mit der Prozess- und Beziehungsqualität in den Angeboten. In N. Fischer, H. G. Holtappels, E. Klieme, T. Rauschenbach, L. Stecher & I. Züchner (Hrsg.), *Ganztagsschule: Entwicklung, Qualität, Wirkungen. Längsschnittliche Befunde der Studie zur Entwicklung von Ganztagsschulen (StEG)* (S. 227–245). Weinheim: Beltz Juventa.

Fischer, N. & Kielblock, S. (2021). Was leistet die Ganztagsschule? Grundlagen, Designs und Ergebnisse der Ganztagsschulforschung. In T. Hascher, T.-S. Idel & W. Helsper (Hrsg.), *Handbuch Schulforschung* (S. 411–431). Wiesbaden: Springer VS.

Fischer, N., Kuhn, H. P. & Klieme, E. (2009). Was kann die Ganztagsschule leisten? Wirkungen ganztägiger Beschulung auf die Entwicklung von Lernmotivation und schulischer Performance nach dem Übergang in die Sekundarstufe. In L. Stecher, C. Allemann-Ghionda, W. Helsper & E. Klieme (Hrsg.), *Ganztägige Bildung und Betreuung. Beiheft 54 der Zeitschrift für Pädagogik* (S. 143–167). Weinheim: Beltz.

Fischer, N., Kuhn, H. P. & Züchner, I. (2011). Entwicklung von Sozialverhalten in der Ganztagsschule. Wirkungen der Ganztagsteilnahme und der Angebotsqualität. In N. Fischer, H. G. Holtappels, E. Klieme, T. Rauschenbach, L. Stecher & I. Züchner (Hrsg.), *Ganztagsschule: Entwicklung, Qualität, Wirkungen. Längsschnittliche Befunde der Studie zur Entwicklung von Ganztagsschulen (StEG)* (S. 246–266). Weinheim: Beltz Juventa.

Fischer, N., Sauerwein, M. N., Theis, D. & Wolgast, A. (2016). Vom Lesenlernen in der Ganztagsschule: Leisten Ganztagsangebote einen Beitrag zur Leseförderung am Beginn der Sekundarstufe I? *Zeitschrift für Pädagogik, 62*(6), 780–796.

Friedrichs, J. (1980). *Methoden empirischer Sozialforschung*. Opladen: Westdeutscher Verlag.

Furthmüller, P. (2016). Retrospective measurement of students' extracurricular activities with a self-administered calendar instrument. *methods, data, analyses, 10*(1), 73–96.

Furthmüller, P. (2019). *Methodenbericht Systemmonitoring 2018: Stichprobe und Erhebungsverfahren*. München: StEG.

Gabler, S., Hoffmeyer-Zlotnik, J. H. P. & Krebs, D. (Hrsg.). (1994). *Gewichtung in der Umfragepraxis*. Opladen: Westdt. Verl.

Geiser, C. (2010). *Datenanalyse mit Mplus. Eine anwendungsorientierte Einführung*. Wiesbaden: VS.

Gough, D., Oliver, S. & Thomas, J. (Hrsg.). (2017). *An introduction to systematic reviews*. London: SAGE.

Graham, J. W. (2012). *Missing data: Analysis and design*. New York: Springer.

Häder, M. (2019). *Empirische Sozialforschung: Eine Einführung*. Wiesbaden: Springer VS.

Holtappels, H. G. (2008). Angebotsstruktur, Schülerteilnahme und Ausbaugrad ganztägiger Schulen. In H. G. Holtappels, E. Klieme, T. Rauschenbach & L. Stecher (Hrsg.), *Ganztagsschule in Deutschland: Ergebnisse der Ausgangserhebung der „Studie zur Entwicklung von Ganztagsschulen" (StEG)* (S. 186–206). Weinheim: Juventa.

Holtappels, H. G. (2009). Qualitätsmodelle – Theorie und Konzeptionen. In I. Kamski, H. G. Holtappels & T. Schnetzer (Hrsg.), *Qualität von Ganztagsschule – Konzepte und Orientierungen für die Praxis* (S. 11–25). Münster: Waxmann.

Holtappels, H. G., Lossen, K., Spillebeen, L. & Tillmann, K. (2011). Schulentwicklung und Lehrerkooperation in Ganztagsschulen – Konzeption und Entwicklungsprozess als förderliche Faktoren der Kooperationsentwicklung? In L. Stecher, H.-H. Krüger & T. Rauschenbach (Hrsg.), *Ganztagsschule – Neue Schule? Eine Forschungsbilanz (15. Sonderheft der Zeitschrift für Erziehungswissenschaft)* (S. 25–42). Wiesbaden: VS.

Jonkisz, E., Moosbrugger, H. & Brandt, H. (2012). Planung und Entwicklung von Tests und Fragebogen. In H. Moosbrugger & A. Kelava (Hrsg.), *Testtheorie und Fragebogenkonstruktion* (S. 27–74). Berlin: Springer.

Kielblock, S., Arnoldt, B., Fischer, N., Gaiser, J. M. & Holtappels, H. G. (2021). Ganztagsschulen, individuelle Förderung und die Studie zur Entwicklung von Ganztagsschulen (StEG). In S. Kielblock, B. Arnoldt, N. Fischer, J. M. Gaiser & H. G. Holtappels (Hrsg.), *Individuelle Förderung an Ganztagsschulen. Forschungsergebnisse der Studie zur Entwicklung von Ganztagsschulen (StEG)* (S. 13–24). Weinheim: Beltz Juventa.

Kielblock, S. & Gaiser, J. M. (2017). Professionenvielfalt an Ganztagsschulen. In S. Maschke, G. Schulz-Gade & L. Stecher (Hrsg.), *Jahrbuch Ganztagsschule 2017.*

Junge Geflüchtete in der Ganztagsschule. Integration gestalten – Bildung fördern – Chancen eröffnen (S. 113–123). Schwalbach/Ts.: Debus Pädagogik.

Kielblock, S., Gaiser, J. M. & Stecher, L. (2017). Multiprofessionelle Kooperation als Fundament der inklusiven Ganztagsschule. *Gemeinsam leben, 25*(3), 140–148.

Kielblock, S., Maschke, S. & Stecher, L. (2020). Extended Education: eine internationale Entwicklung. In P. Bollweg, J. Buchna, T. Coelen & H.-U. Otto (Hrsg.), *Handbuch Ganztagsbildung* (S. 1233–1245). Wiesbaden: Springer VS.

KMK (2023). *Allgemeinbildende Schulen in Ganztagsform in den Ländern in der Bundesrepublik Deutschland. Statistik 2017 bis 2021*. Berlin.

Konradt, U. & Fary, Y. (2015). Determinanten der Motivation und der Bereitschaft zur Teilnahme an Fragebogenstudien. *Zeitschrift für Psychologie, 214*(2), 87–96.

Kromrey, H. (2009). *Empirische Sozialforschung*. Stuttgart: Lucius & Lucius.

Kuckartz, U., Rädiker, S., Ebert, T. & Schehl, J. (2010). *Statistik: Eine verständliche Einführung*. Wiesbaden: VS.

Kuhn, H. P. & Fischer, N. (2011). Zusammenhänge zwischen Schulnoten und problematischem Sozialverhalten in der Ganztagsschule: Entwickeln sich Ganztagsschüler/-innen besser? In L. Stecher, H.-H. Krüger & T. Rauschenbach (Hrsg.), *Ganztagsschule – Neue Schule? Eine Forschungsbilanz. Sonderheft 15 der Zeitschrift für Erziehungswissenschaft* (S. 143–162). Wiesbaden: VS.

Kuhn, H. P., Fischer, N. & Schoreit, E. (2016). Soziales Lernen von Jungen und Mädchen in der Ganztagsschule. Zur Bedeutung der Mitbestimmung in den Angeboten für die Entwicklung der schulbezogenen sozialen Verantwortungsübernahme. In N. Fischer, H. P. Kuhn & C. Tillack (Hrsg.), *Was sind gute Schulen? Teil 4. Theorie, Praxis und Forschung zur Qualität von Ganztagsschulen* (S. 148–167). Immenhausen bei Kassel: Prolog.

Langer, W. (2009). *Mehrebenenanalyse: Eine Einführung für Forschung und Praxis*. Wiesbaden: VS.

Legewie, J. (2012). Die Schätzung von kausalen Effekten: Überlegungen zu Methoden der Kausalanalyse anhand von Kontexteffekten in der Schule. *Kölner Zeitschrift für Soziologie und Sozialpsychologie, 64*, 123–153.

Likert, R. (1932). A technique for the measurement of attitudes. *Archives of Psychology*, No. 140.

Lossen, K., Tillmann, K., Holtappels, H. G., Rollett, W. & Hannemann, J. (2016). Entwicklung der naturwissenschaftlichen Kompetenzen und des sachunterrichtsbezogenen Selbstkonzepts bei Schüler/-innen in Ganztagsgrundschulen. Ergebnisse der Längsschnittstudie StEG-P zu Effekten der Schülerteilnahme und der Angebotsqualität. *Zeitschrift für Pädagogik, 62*(6), 760–779.

Lüdtke, O., Robitzsch, A., Trautwein, U. & Köller, O. (2007). Umgang mit fehlenden Werten in der psychologischen Forschung. *Psychologische Rundschau, 58*(2), 103–117.

Ludwig, H. (2005). Die Entwicklung der modernen Ganztagsschule. In V. Ladenthin & J. Rekus (Hrsg.), *Die Ganztagsschule. Alltag, Reform, Geschichte, Theorie* (S. 261–277). Weinheim: Juventa.

Petticrew, M. & Roberts, H. (2006). *Systematic reviews in the social sciences. A practical guide.* Malden, MA: Blackwell.

Porst, R. (2014). *Fragebogen: Ein Arbeitsbuch.* Wiesbaden: Springer VS.

Quellenberg, H. (2009). *Studie zur Entwicklung von Ganztagsschulen (StEG): Ausgewählte Hintergrundvariablen, Skalen und Indices der ersten Erhebungswelle.* Frankfurt am Main: Gesellschaft zur Förderung Pädagogischer Forschung.

Radisch, F., Stecher, L., Klieme, E. & Kühnbach, O. (2007). Unterrichts- und Angebotsqualität aus Schülersicht. In H. G. Holtappels, E. Klieme, T. Rauschenbach & L. Stecher (Hrsg.), *Ganztagsschule in Deutschland. Ergebnisse der Ausgangserhebung der „Studie zur Entwicklung von Ganztagsschulen“ (StEG)* (S. 227–260). Weinheim: Juventa.

Reinders, H. (2006). Kausalanalysen in der Längsschnittforschung. Das Cross-Lagged-Panel Design. *Diskurs Kindheits- und Jugendforschung, 1*(4), 569–587.

Reinecke, J., Kunadt, S. & Pollich, D. (2011). Längsschnitt- und Panelanalyse. In S. Maschke & L. Stecher (Hrsg.), *Enzyklopädie Erziehungswissenschaft Online* (S. 1–44). Weinheim: Juventa.

Rost, J. (2004). *Lehrbuch Testtheorie – Testkonstruktion.* Bern: Hans Huber.

Rudinger, G. (2010). Längsschnittstudien. In H. Holling & B. Schmitz (Hrsg.), *Handbuch Statistik, Methoden und Evaluation* (S. 612–623). Göttingen: Hogrefe.

Ryan, T. P. (2013). *Sample size determination and power.* Hoboken, NJ: Wiley.

Sauerwein, M. N. & Heer, J. (2020). Warum gibt es keine leistungssteigernden Effekte durch den Besuch von Ganztagsangeboten? Oder: Über die Paradoxie individueller Förderung. Zeitschrift für Pädagogik, 66(1), 78–101.

Sauerwein, M. N., Theis, D. & Fischer, N. (2016). How youths' profiles of extracurricular and leisure activity affect their social development and academic achievement. *International Journal for Research on Extended Education, 4*(1), 103–124.

Scheerens, J. (1990). School effectiveness research and the development of process indicators of school functioning. *School Effectiveness and School Improvement, 1*(1), 61–80.

Schendera, C. F. G. (2008). *Regressionsanalyse mit SPSS.* München: Oldenbourg.

Schnell, R., Hill, P. B. & Esser, E. (2011). *Methoden der empirischen Sozialforschung.* München: Oldenbourg.

Sebe-Opfermann, A. (2016). Die Fragen der Fragen – was ist eine gute Forschungsfrage? In N. Dunker, N.-K. Joyce-Finnern & I. Koppe (Hrsg.), *Wege durch den Forschungsdschungel: Ausgewählte Fallbeispiele aus der erziehungswissenschaftlichen Praxis* (S. 21–36). Wiesbaden: Springer VS.

Stecher, L. (2005). Quantitative und qualitative Auswahlverfahren – Widerspruch oder Ergänzung? *Zeitschrift für Soziologie der Erziehung und Sozialisation, 25*(4), 440–448.

Stecker, C. & Tausendpfund, M. (2022). Forschungsthema und Forschungsfrage. In M. Tausendpfund (Hrsg.), *Forschungsstrategien in den Sozialwissenschaften: Eine Einführung* (S. 105–124). Wiesbaden: Springer VS.

StEG-Konsortium (2010). *Ganztagsschule: Entwicklung und Wirkungen.* Frankfurt am Main.

StEG-Konsortium (2019). *Ganztagsschule 2017/2018. Deskriptive Befunde einer bundesweiten Befragung.* Frankfurt am Main.

Steiner, C. (2011). Ganztagsteilnahme und Klassenwiederholung. In N. Fischer, H. G. Holtappels, E. Klieme, T. Rauschenbach, L. Stecher & I. Züchner (Hrsg.), *Ganztagsschule: Entwicklung, Qualität, Wirkungen. Längsschnittliche Befunde der Studie zur Entwicklung von Ganztagsschulen (StEG)* (S. 187–206). Weinheim: Beltz Juventa.

Strietholt, R., Manitius, V., Berkemeyer, N. & Bos, W. (2015). Bildung und Bildungsungleichheit an Halb- und Ganztagsschulen. *Zeitschrift für Erziehungswissenschaft, 18*(4), 737–761.

Tillmann, K., Lossen, K., Rollett, W., Holtappels, H. G. & Wutschka, K. (2021). Wirkungen eines förderorientierten Lernarrangements im Ganztag auf die Entwicklung des Leseverständnisses von Schülerinnen und Schülern der vierten Jahrgangsstufe. In S. Kielblock, B. Arnoldt, N. Fischer, J. M. Gaiser & H. G. Holtappels (Hrsg.), *Individuelle Förderung an Ganztagsschulen. Forschungsergebnisse der Studie zur Entwicklung von Ganztagsschulen (StEG)* (S. 179–203). Weinheim: Beltz Juventa.

Tillmann, K., Sauerwein, M. N., Hannemann, J., Decristan, J., Lossen, K. & Holtappels, H. G. (2018). Förderung der Lesekompetenz durch Teilnahme an Ganztagsangeboten? Ergebnisse der Studie zur Entwicklung von Ganztagsschulen (StEG). In M. Schüpbach, L. Frei & W. Nieuwenboom (Hrsg.), *Tagesschulen. Ein Überblick* (S. 289–307). Wiesbaden: Springer VS.

Tourangeau, R., Rips, L. J. & Rasinski, K. (2000). *The psychology of survey response.* Cambridge: Cambridge University Press.

Weiber, R. & Mühlhaus, D. (2010). *Strukturgleichungsmodellierung: Eine anwendungsorientierte Einführung in die Kausalanalyse mit Hilfe von AMOS, SmartPLS und SPSS.* Berlin: Springer.

Wolf, C. & Best, H. (Hrsg.). (2010). *Handbuch der sozialwissenschaftlichen Datenanalyse.* Wiesbaden: VS.